문학 속 우리 도시 기행 2

문학 속

우리 도시 기행 2

김정동 교수의 문학동선 文學動線

푸른역사

문학과 도시 건축 사이

옛오늘에서 《문학 속 우리 도시 기행》 1권을 낸 지 3년이 흐른 지금 푸른역사에서 2권을 독자들 앞에 내놓게 되었다. 여전히 문학을 문학 그대로 읽지 않고 건축가의 눈으로 이리 재고 저리 뜯어보며 제멋대로 읽은 결과물이다.

우리 근대 건축사를 정리하다보면 자료에 한계를 느끼곤 한다. 실물(實物)이 필요한데 실물이 없어진 경우가 너무 많았다. 우리는 근대를 설명할 실체를 잃고 있다. 건축이 도자기와 같은 것이라 한다면 파편이 되었고 그나마 일실(逸失)되어버렸다. 따라서 우리 근대사는 자료로만 그 모습이 남아 있는 것이다. 건축물들은 나이를 먹으면 헌집이 되어 헐려나간다. 도심지에 있는 유서 깊은 건축물은 하늘 높은 줄 모르고 치솟는 땅값을 못 이겨 철거되거나 도로 공사니 도시 개발이니 하는 통에 일시에 한 줄로 뜯겨버리기도 했다. 종로 거리가 대표적인 예다. 오늘날 종로에서는 근대사의 흔적을 찾아볼 수 없다. 지금도 그런 현상은 속절없이 이어지고 있다. 피맛길도 무분별한 도시 개발, 그리고 전통 보전에 대한 무지함과 무관심이 낳은 희생자 중 하나일 뿐이다.

그러나 나는 근·현대 소설들에서 한 줄기 희망을 찾았다. 그곳에는 도회지, 농어촌뿐 아니라 당대의 각종 건축물, 거리 풍경들이 그려져 있었다. 소설가들은 종이 속에 소설적 상상력과 표현을 발휘하여 지금은 사라지고 볼 수 없는 옛모습들을 남겨놓은 것이다. 특히 해방 전의 소설들은 북한이 무대가 된 경우가 많았다. 어떤 소설은 만주로부터 일본·미국에 이르는 넓은 무대를 종횡무진 했다. 역사적인 건축물과 거리를 직접 눈으로 확인하고 만져볼 수 없는 나에게 이만큼 현실적인 단서가 되는 자료도 없었다.

그동안 나는 우리 근대사 100여 년 동안의 단·장편소설, 그리고 시 등을 읽는 데 그치지 않고 그 속에 건축물과 도시 풍경을 끼워 넣는 작업을 해왔다. 주인공의 뒤를 좇아 도시 건축을 섭렵하며 그것을 '이동동선'이라 명명하고 책의 부제를 '문학동선(文學動線)'이라 붙였다. 특정한 목적을 가지고 원래의 글을 재구성하였기 때문에 작품 자체가 가진 순수성과는 거리가 있을지 모르나, 문학적 분석틀을 벗어나 건축이라는 분야와 문학과의 접목을 시도한 의미 있는 작업이었다고 생각한다. 한편 문학동선을 따라가는 동안 오늘의 젊은이들에 대한 걱정도 생겼다. 그들은 이미 동양척식주식회사, 화신백화점, 조선총독부의 생김을 모르는데 당시 소설을 읽고 어떻게 이해할지 궁금했다. 이것이 단지 상상만으로 가능한 세계인가. 그래서 문학동선을 찾은 후는 사진을 삽입하는 일에 우선을 두었다. 서울과 부산 그리고 평양 등 대도시의 경우는 그런대로 자료가 남아 있었다. 종로라든가 명동 일대도 마찬가지다. 그러나 대도시의 변두리 지역이나 지방 소도시는 자료를 구하기가 힘들었다. 또한 1910, 20년대 등을 무대로 한 소설의 배경 사진을 구해야 하는데, 불가능에 가까운 일이었다. 해방 전후, 특히 6·25 전쟁 전후의 사진은 더욱 적어 애를 먹었다.

그런데, 왜 이토록 지난한 작업에 매달려왔는가. 우리는 이제 문학 속 도시 건축 현장을 명소화할 필요가 있다. '프랑크푸르트는 괴테로부터' 라는 말이 있다. 평범하여 이렇다할 볼거리도 없는 로렐라이 언덕은 누구나 한번쯤 가고 싶어 한다. 프랑스에서는 모파상의 《여자의 일생》에 나온 장소가 관광지가 되었고, 미국의 《바람과 함께 사라지다》도 마찬가지이다. 세계 곳곳에는 이런 사례들이 넘쳐난다. 그러나 우리에겐 세계적인 문학 명소가 없다. 우선 우리 문학의 국외 인지도가 낮다는 이유도 있지만, 앞으로 우리 문학이 세계에 널리 알려질 때를 생각해서라도 이제 우리는 새로운 길을 모색해야 한다. 건축사가의 길은 여러 갈래가 있지만, 문학과 역사의 접점을 찾아주는 데도 있다. 나 자신 그런 일을 위해 지금 과거 건축의 역사를 천착하고, 오늘날 건축의 흐름을 기록하려 하고 있는 것이다. 오늘도 나는 옛 자료를 뒤적거리며 과거와 현재 두 시대를 살고 있다. 과거 속에 오늘날의 모습이 엿보이고, 오늘 속에서 아스라한 과거의 원형이 스쳐간다. 우리 모두 아름다운 건축물 속에서 값진 삶을 누리기를 소망한다.

마지막으로 이 작업을 묵묵히 지켜봐준 몇 사람에게 고마움을 전하고자 한다. 집안일에도 형편없는 남편을 잘 참고 받아준 집사람, 학문의 길로 들어선 아들, 그리고 딸과 사위에게도 감사의 말을 전하고 싶다. 아울러 이 작업에 불평 없이 따라준 우리 연구실 멤버들(이기욱, 조홍석, 한수형, 구명화)에게도 감사를 전한다. 더 큰 감사는 건축잡지 〈포아〉를 비롯해 글을 실어준 매체들이다. 그리고 책을 펴내준 푸른역사 박혜숙의 대표와 이소영 씨께 다시 한번 감사드린다.

프랑스 파리 알레지아(Alésia) 쥴리앙 넬바(Julien Nelva)의 아파트에서
2005년의 첫 달 김 정 동

차 례

1부

해방 전의 문학동선을 찾아서

이인직의 《귀의 성》
파란만장한 공간을 떠도는 그 소리

나라를 버린 문인

우리는 신소설이라 하면 먼저 국초(菊初) 이인직(李人稙, 1862~1916)을 떠올리게 된다. 한산(韓山) 이씨로 경기도 이천군에서 태어난 그는 통감부 시대인 1900년대 초, 《혈(血)의 루(淚)》(1906)와 《귀(鬼)의 성(聲)》을 〈만세보(萬歲報)〉에 발표하고, 우리나라 최초의 신극이라 일컬어지는 《은세계(銀世界)》(滙東書館, 1908)를 써 필명을 날렸다.

원래 《귀(鬼)의 셩(聲)》으로 발표되었던 《귀의 성》은 1906년 10월부터 이듬해인 1907년 5월까지 〈만세보〉에 연재됐었다. 집필 시점은 러일전쟁 직후였다. 〈만세보〉는 천도교에서 발행한 일간신문으로, 1906년 6월 17일 창간되었다. 손병희가 재정 지원을 하고, 오세창이 사장을 이인직이 주필을 맡았다. 그러나 경영난에 빠져 1907년 6월 29일 293호를 마지막으로 문을 닫았다. 그 후 이완용(李完用, 1858~1926)

가정소설 《귀의 성》 광고
(〈대한매일신보〉 1907년 6
월 29일자).

이 이를 인수, 〈대한신문〉으로 제호를 바꾸고 이인직에게 발행 책임을 맡겨 7월 18일부터 발행을 시작했다. 〈대한신문〉은 시종 일본을 옹호하는 논조를 펼쳤으며, 이인직의 소설도 친일 방향으로 흘러갔다. 그는 당시 일본 신소설의 영향을 크게 받고 있었는데, 《혈의 루》가 그 대표적인 예다.

암흑기의 조국 현실은 청년 지식인들에게 큰 벽이었다. 그들에게는 고독과 실의, 병고와 실연, 가난과 파탄의 생을 지낼 수밖에 없는 상황이 기다리고 있었다. 나약한 군상들은 힘이 부쳐 조국의 현실을 외면한 채 친일이라는 극악(極惡)의 길로 빠져들었다. 이인직도 예외가 아니었다. 그는 1902년 유학 가기에는 비교적 늦은 나이인 40에 제1회 관비유학생으로서 일본으로 건너가 도쿄 전문학교(이 학교는 그 해 9월 2일 와세다 대학으로 이름을 바꾸었다)에 들어갔다.

이인직은 어려서 한학을 배운 터라 정신적으로 중국의 지대한 영향을 받고 있었으나, 일본에 매료된 후로는 자발적 친일파가 되었다. 그는 1904년 2월 일본 육군성에 한국어 통역관으로 들어가 제1군에 배치되었다. 그리고 같은 해 5월까지 러일전쟁에서 일본을 위해 종군하였다. 그 후에는 학부대신 이완용의 개인비서로 나라를 일본에 파는 일을 거들고, 모교 교수였던 고마쓰 미도리(小松綠)의 하수인으로 전락한다.

1905년 8월 16일에는 통감부 외사국장이 된 스승 고마쓰가 중간에서 직접 다리를 놓아, 이인직은 이완용과 도쿄 전문학교 동기생 조중응(趙重應, 1860~1919)과 함께 남산 통감 관저를 찾았다. 와세다 출신들이 이처럼 매국공작을 펼친 결과, 그 일주일 후인 22일 치욕적인 식민 역사의 시작을 알리는 을사보호조약이 체결되었다. 그 후 이인직은 승승장구하여 친일 언론가로 이름을 날렸고, 1912년에는 다이쇼(大

正) 천황 즉위식을 맞아 헌송문(獻頌文)까지 자발적으로 지어 바친다. 1916년 11월 25일 신경통에 걸려 총독부 의원에서 55세의 나이로 세상을 뜸으로써 마침내 친일 행적의 종지부를 찍었다.

이인직은 비록 1급 친일파이긴 하지만 우리나라 신문학뿐 아니라 연극계에도 공헌하였다. 1902년 8월 서울에 협률사(協律社)라는 극장이 문을 열었는데, 1906년 4월에 "흥행이 저속하고 난잡하다"는 수구적(守舊的) 관료들의 반발에 밀려 문을 닫았다. 이인직이 이 극장을 황실에서 대여받아 1908년 7월 26일 건물 내부를 개수하고 이름을 원각사(圓覺社)로 바꾸었다. 이렇게 연극 전용극장으로 탈바꿈하여 대중들에게 창(唱)과 신극(新劇)을 선보였다. 이로써 본격적인 사설극장 시대가 열린 것이다. 《은세계》도 1908년 11월 1일 이곳에서 공연되었다. 이러한 이인직의 공과는 단순히 친일파라는 이유로 간과할 수만은 없는 일이다.

춘천에서 출발

《귀의 성》은 발표 당시 독자들에게 큰 인기를 끌었고, 김동인 등 여러 평자들에게 신소설 중에서 가장 뛰어난 작품이라는 평가를 받았다.

《귀의 성》은 상편은 1907년 광학서포(廣學書鋪)에서, 하편은 1908년 중앙서관(中央書館)에서 각각 초판되었다.

소설의 동선은 달, 해, 그리고 바람 등이 이끌어 춘천에서 서울로 그리고 부산으로 이어진다. "깊은 밤 지난 달이 춘천 삼학산(三鶴山) 그림자를 끌어다가 남내면(南內面) 솔개(松峴) 동네 강동지(姜同知) 집 건너방 서창에 들었더라"라는 장면 묘사나, "남대문 밖 도동(桃洞) 남관왕묘(南關王廟) 동편에 강소사 가(家)라 문패 붙은 집"과 같은 묘사는 탁월하다. 게다가 실제로 걸어서 또는 가마나 인력거를 타고서 도

《귀의 성》 표지. 이 작품은 전차·전보·지폐 등 근대 문물을 등장시켜 개화하기 시작한 당대 사회상을 생생히 보여준다.

달할 수 있는 거리를 계산하고 있다. 전체 줄거리는 3～4년에 걸쳐 진행된다. 또한 나무바리, 말바리, 쇠바리 그리고 인력거가 내달리고 전차가 달리는 종로 거리 풍경을 현장감 있게 그렸다.

이제 작품의 줄거리를 따라가보자. 역사적 배경은 1894년 청일전쟁에서 1902년 러일전쟁 때까지다. 여기서는 '일로전쟁'의 강화 담판을 미국 대통령이 하고 있다고 씌어 있다. 그가 26대 시어도어 루즈벨트(Theodore Roosevelt, 1858～1919)이다.

강원도 춘천 삼학산 밑 남내면 솔개에 사는 강동지는 50세의 소시민이다. 특별히 하는 일 없이 동내(同內) 막걸리집에서 하루를 버리는 자였다. 강동지의 집은 안방·건넌방이 있고 마당이 딸린 전형적인 농촌 주택이었다.

창호지를 한 겹만 바른 홑창이 달린 건넌방이 첫 장면이다. 강동지는 돈에 눈이 어두워 무남독녀 길순이를 김 승지의 첩으로 보낸다. 서울의 양반 사위를 얻고자 하는 욕심이 있어 부인의 반대에도 불구하고 무리하게 일을 벌인 것이다. 또 딸 덕에 서울 구경도 하고 싶었다. 그의 표현에 따르면 "서울은 만호천문(萬戶千門)이 낱낱이 열리고 구매 장안에 사람이 물 끓듯 하는 곳"이었다. 종로 보신각(普信閣)에서 밤낮 12시면 울려 퍼지는 종소리도 듣고 싶었으리라.

그리하여 19살의 이 아리따운 처녀는 졸지에 춘천군수로 와 있던 김 승지의 첩이 된다. 김 승지라는 자는 '지방 정치에는 눈이 컴컴하나 어여쁜 계집이 있다는 소문에는 귀가 썩 밝은 사람' 즉, 무능오리(無能汚吏)의 전형이었다. 고위 공무원직에 있으면서 충청도 내포(內浦)와 황해도 연안(延安) 등 여러 곳에 땅을 두고 소작을 놓아 년 1～2,000석을 해 먹는 자였다. 더구나 제 할 일은 하지 않고 조선에 와서 권력을 휘두르는 일본공사 하야시(林)의 뒤나 졸졸 좇고 있다.

일제 초기의 강원도청. 김
승지가 춘천군수로 있던
건물도 이런 모습이 아니
었을까.

본처의 박대

얼마 후 김 승지는 서울 본부인 즉, 실내(室內)의 투기와 공작으로
서울로 거처를 옮겨온다. 본부인을 '실내'라 표현한 것이 재미있다.
덕수궁 고종 대황제 폐하의 비서승(秘書丞)으로 발령받아 올라온 것
인데, 이 인사 이동에는 서울 진고개에 있는 통신국의 전보가 이용되
고 있다. 이 당시에는 전보가 서울과 춘천을 연결하는 최신 수단이었
음을 알 수 있다.

춘천 솔개에 홀로 남은 길순이는 서울로 떠난 김 승지의 소식만을
기다리며 임신 9개월의 무거운 몸으로 하루하루를 보낸다. 이를 보다
못한 강동지는 길순이를 서울로 데리고 오라는 김 승지의 기별이 있었
다는 거짓말로 부인과 길순이를 속이고 길순이와 상경한다.

강동지는 만삭의 길순이를 단패 교군(單牌轎軍, 가마로 먼 길을 갈 때

두 사람이 한 패로 메고 가던 교군)이 이끄는 인력거에 태우고 서울까지 내달린다. 이른바 '콜가마'를 타고 가는 셈이다. 강동지는 "열 발가락이 툭툭 터지게 부르튼 발을 제겨 디디어가며 산을 넘고 물을 건너" 190리 길을 달려 신연강(新延江)을 건너 사흘 만에 한양성(漢陽城)에 닿는다.

서울 전동(典洞)의 김 승지 집은 솟을대문이 있고 대청, 줄행랑, 그리고 하인청까지 딸린 전형적인 고관대작의 집이다. 밖으로는 멀리 남산이 한눈에 들어온다. 김 승지는 집안에 있는 많은 돈을 종로에 있는 전(廛, 물건을 늘어놓고 파는 가게)에 맡겨놓고 그가 주는 전표를 가지고 가는 자에게 돈을 내주게 한다. 은행의 옛 모습이라 할 수 있다.

길순이 아무 연락도 없이 불쑥 집에 도착하고 보니, 강짜가 심한 한 살 위의 본부인이 길순이를 문전 박대한다. 무능한 김 승지는 어찌할 바를 몰라 하다가 길순에게 당분간 계동(桂洞)의 박 참봉 집에 가 있으라 한다. 그 집은 계동궁 담 밑을 지나 잿골 네거리를 건너 병문까지 오르면, 계동 큰길 막바지에 있는 오막살이 초가집이었다. 사람이 겨우 기어들고 기어나는 정도의 납작집을 보고 자포자기한 길순이는 계동궁 담 밑 우물터에서 자살을 기도한다. 그런데 마침 재동 네거리에 있던 순포막(巡捕幕, 오늘날의 파출소)의 순검(巡檢)에게 발각되어 한성병원에 넘겨진다. 한성병원은 1895년 조선 정부 위생고문이던 세노와키(瀨脇壽雄)가 명동에 세운 일본 해군 관할 병원으로, 일본인 의사와 간호부가 일하고 있었다. 지금 재동 네거리에는 볼품없는 현대건설 사옥이 덩그러니 들어서 있다.

복사꽃 천지 남산

그 후 길순이는 김 승지의 부하 박 참봉의 도움으로 남대문 밖 남산

1900년대 초 한성전보사.
전보는 근대를 상징하는 대
표적인 문물 중 하나였다.

두 명의 가마꾼이 가마를
들고 가는 1900년대 초 서
울 거리 풍경. 옆에 선로가
놓인 것으로 보아 전차가
개통된 후다.

남대문 밖. 성벽 가까이에 가옥이 늘어서 있고, 왼쪽 성 밑 좁은 길을 따라 올라 가면 복사꽃 마을, 도동이 나온다.

쪽 복사골 즉, 도동(桃洞)으로 이사한다. 남대 문 밖 왼쪽 성 밑 좁은 길을 따라 올라가면 도 동이 나온다. 도동은 남관왕묘 동편에 있는 동 네였다. 이사한 집은 "하얀 막새가 꼭꼭 끼워 져 있는" 나지막한 기와집이었다.

남관왕묘는 남관묘(南關廟) 혹은 남묘(南 廟), 관제묘(關帝廟)라고 불렀는데, 중국의 관 우(關羽)의 영을 모신 사당이다. 묘 앞에는 홍 문(紅門)이 서 있었다. 서울 동쪽에 있는 것은 동관왕묘라 했는데 지금은 동대문 밖에 있다.

기다리는 것이 있으면 세월이 더딘 듯하나 무 심중에 지내면 꿈결 같은 것은 세월이라. 철환보 다 빨리 가는 속력으로 도루라미 돌아가듯 빙빙 도는 지구는 백여 도 자전 하는 동안에 적설이 길길이 쌓였던 산과 들에 비단을 깔아놓은 듯이 푸른 풀이 우거지고, 남산 밑 도동 근처는 복사꽃 천지러라.

남산에는 소나무만 있었던 것이 아니다. 길순이 집 부근은 봄이면 복사꽃 천지에 과목밭이 즐비해 꽃구경오는 사람이 많았다고 한다. 그 녀의 집에서 "서창 미닫이를 드윽 열면 연소정 산비탈이 보인다"고 했 으니 무척 아름다운 풍경이었으리라.

아직 아니 떨어질 꽃도 몹쓸 바람을 만나더니 떨어집니다.…… 우리는 저 남산에 떨어지는 꽃을 보고 아쉽다 하거니와, 저 남산은 우리를 보고 무 엇이라 할는지.……

남관왕묘. 관우의 영을 모시는 사당이다. 남대문경찰서 남동쪽에 있었으나 지금은 없어졌다.

　도동은 남산에서 남대문 시장 쪽을 내려다보고 있는 곳이다. 그러나 한마디로 난가(亂家)였다.

　이승만 대통령의 전기에도 도동이 등장한다. 이승만(1875~1975)은 여섯 살 때인 1881년 4월 황해도 평산(平山)에서 이곳 복사골(도동)로 이사를 왔다. 도동에는 이승만의 친척들이 많이 살고 있었고, 양녕대군의 사당도 이곳에 있었다.

　그는 해방 후 귀국하여 이곳을 찾아 다음과 같은 시를 남겼다.

　복사골의 옛 벗들 연기처럼 흩어져
　어수선히 지나간 50여 년이여
　모두 변한 터전에 흰머리로 돌아와
　옛 사당 앞 빗긴 해에 눈물을 뿌리다니

종로 보신각 앞을 달리던
전차. 1898년 서울 시내에
처음으로 등장하였는데,
1969년 모두 철거되었다.

길순이는 홀로 아들을 낳고 이름을 거북
이라 했다. 그녀는 본부인의 심한 투기로 인
해 자신의 앞날에 불안을 느끼고 아들 거북
이를 남겨둔 채 또 다시 죽을 결심을 한다.
이번에는 남대문 밖 남대문정거장을 지나
경성창고회사 벽돌집 앞 '전기 철도'에 뛰
어들려고 한다. 용산에서 서울로 들어오는
기차에 치어 죽으려는 것이다. 마침내 철로
에 드러누웠으나 지나가는 인력거가 걸려
뒤집어지는 바람에 또 실패하게 된다.

건물에 포위된 봉은사

김 승지는 삼청동으로 이사한다. 본부인은 삼청동 집에서 여종 점순
이를 꾀어 길순을 음해할 목적으로 길순네로 보낸다. 본부인의 사주를
받은 점순은 도동의 길순 집에 와 살면서 길순 모자를 극진히 받드는
척 한다.

이렇게 1년을 지내면서 길순이의 환심을 사게 된 점순은, 때가 왔다
싶어 정부(情夫) 최춘보와 결탁하여 침모가 길순 모자를 죽인 것처럼
꾸며 모든 죄를 뒤집어씌울 모의를 한다.

어느 날 최춘보는 자신이 김 승지의 사촌 동생이라고 길순이를 속여
길순 모자를 집 밖으로 유인해내고, 점순이는 길순이가 서방질하던 놈
과 도망쳤다는 헛소문을 낸다. 길순 모자는 서빙고강을 건너 강 모래
톱을 지나 서빙고 '어영급이 주막'에 묵는다. 결국 길순 모자는 경기
도 광주부 서면(西面) 학당동, 정선릉(靖宣陵) 봉은사(奉恩寺) 주변
산비탈에서 최춘보에게 비참하게 살해당하게 된다.

한편, 강동지는 부인과 함께 서울 딸 집을 찾으나 딸과 외손자의 종적은 묘연하기만 하다. 강동지는 하룻밤을 그 집에서 새면서 살해 사건을 짐작하게 되고, 길순이의 비녀와 가락지에서 확실한 단서를 얻는다.

그날 밤 박 참봉을 찾아간 강동지는, 마침 한강을 건너 봉은사에 휴양차 가 있던 김 승지에게서 딸과 외손자의 송장을 보았다는 전갈이 온 것을 알고 정선릉 골짜기에 들어가 두 송장을 발견하고 매장한다.

봉은사는 정선릉 안에 자리한다. 정선릉은 정릉과 선릉이 이 산속에 있어서 붙여진 이름이고, 봉은사는 정선릉을 지키기 위해 나라에서 세운 사찰이었다. 정선릉은 원래 선정릉이라 했었다. 선릉은 성종의 능이고 정릉은 중종의 능이다. 이 두 왕릉이 임진왜란 때 왜군에 의해 파헤쳐져 조일 간에 큰 문제가 됐었다. 도쿠가와 이에야스(德川家康, 1542~1616)는 조선의 요구에 굴복, 발굴범 두 명을 호송해왔다. 이에 조선 정부는 그 왜인들을 한양 저잣거리에서 처형했다.

강동지가 봉은사를 찾아가던 길은 서빙고에서 반포대교를 건너가는 길이었다. 1960년대 초만 해도 그곳을 가려면 성수동 쪽 뚝섬에서 배를 타고 한강을 건너가는 길밖에 없었다. 이인직은 정선릉과 봉은사 일대를 "고목이 굼틀어져 하늘을 닿았고 봄풀이 우거졌던 곳"이라고 아름답게 묘사하고 있다.

1980년대 초 어느 날 필자는 가족과 함께 그 일대를 다시 찾은 적이 있었는데, 그곳은 너무 변해버려 옛 모습의 정취라고는 찾을 수가 없었다. 이미 서울 강남구의 핵심이 되어 있었고, 정선릉은 선정릉 사거리 일대의 개발로 능침의 기저부마저 위협받고 있었다. 구황실 재산이 모리배들에 의해 절단난 것이다. 삼성동(三成洞) 봉은사 주변은 학교와 상점 등이 잠식해가고, 그 터에는 아셈(ASEM) 건물이 들어서서 온통 옛 흔적을 지우고 있다.

임인식이 1952년 촬영한
봉은사 일주문. 봉은사 내
의 진여문과 천왕문 중간
지점에 있었다고 한다(자
료;《한국불교 100년》).

정선릉과 봉은사 주변의
옛 모습은 완전히 잊혀지
고, 아셈 건물군이 대신 자
리를 메워가고 있다. 멀리
표시된 곳이 봉은사. 1990
년대 사진.

그 옛날 봉은사의 지로승(指路僧, 산속에서 길을 인도해주는 중)은 다 어디로 갔을까. 지하에 있는 길순 모자의 귀곡성(鬼哭聲)이 어디선가 들려오는 듯했다.

낙향하는 사람들

점순이와 최춘보는 속량(贖良)문서와 돈을 갖고 대전을 거쳐 부산으로 낙향한다.

> 부산으로 도망한 때에 남대문 정거장에서 오후에 떠나는 기차를 타고 대전 가서 내렸는데, 어떠한 주막으로 가든지 주막 방이 터지도록 사람이 들었거늘……

당시에는 여관과 같은 숙박업소가 없었기 때문에 여행객들은 주막에서 저녁을 해결하고 짐을 풀었다. 때문에 지방 도시의 주막 장사가 만만치 않았을 것이다. 여기서 속량문서라 함은 '종을 풀어주어 양민이 되게 하는 문서'를 말한다. 그러나 이 소설에서는 문서보다 돈이 더 중한 것으로 그려지고 있다. 어차피 개화 세상이 된 마당에 종문서가 뭐 그리 대순가 하는 인식이 퍼져 있던 터였다.

부산은 철도를 이용한 범죄자의 도피처가 된다. 경부선은 1905년 1월 1일 개통되어 운행되기 시작했는데, 천릿길을 하룻길로 달려 도망하기에 최적의 수단이었다. 소설의 시점은 개통 후 1년이 지난 때다. 경인선에 이은 두 번째 철도인 경부선은 정확히 영등포와 부산의 초량을 연결하였다. 이어 세 번째 철도인 경의선은 1906년 4월 3일 개통된다. 〈경의철도가〉(지은이와 지은 연대 미상)가 울려퍼졌다. 서울에서 개성까지만 우선 한번 불러본다.

남대문을 떠나는 기적 일성은
삼천만구(三千萬口) 경성 천지 진동을 하고
한 바퀴 두 바퀴 차례로 굴러
천여 리 의주를 달하려 하네

어언 듯 천지를 진동하느니
태산을 뚫고 교악(橋岳)을 넘어
경성의 번화함은 뒤에 버렸고
의주의 앞길이 차차로 가까워

터어널과 터어널을 차례로 지나
신촌의 정거장을 잠간 거치니
보이다가 안 보이는 저 녹번리(碌磻里)엔
천연적의 자연동(銅) 산출지로다

독일의 약재가 세계를 덮고
독일의 의술이 천술 같으나
천연적 약품의 자연동만은
동위(同位)된 특산이 없을지로다

구르는 바퀴는 쉬임이 없이
어언 듯 수객역(水色驛) 당도하니
강류(江流)의 물빛은 새로이 빛나
일면(一面)의 수객(水色)이 가려(佳麗)하도다

일산(一山)의 고릉(古陵)을 멀리 배관코
파평산(坡平山) 죽립석(竹立石) 금촌(金村)서 보아
순식간에 문산역(汶山驛) 당도해보니
상선의 돛대가 포구에 가득

임진강 철교월편 화석정(華石亭) 거쳐
장단역(長端驛) 잠간 쉬어 개성이르니
시가의 번화함과 물화(物貨)의 번창
경성을 떠난 후로 제일이로다

선죽교 충열혼은 혈적을 두고
만월대 옛 궁궐은 빈터뿐이라
공원의 홍백도도(紅白挑花) 무르 녹았고
삼포(蔘浦)의 청엽(春葉)들은 새로 푸르다

1908년 4월 부산 신의주 간 급행열차 융희호(隆熙號)가 운행되기 시작했다. 바야흐로 철도의 시대가 열린 것이다.

이제 복수의 화신이 된 강동지는 딸과 외손자의 원수를 갚으러 경부선을 탄다. 서울을 떠나 부산으로 내려가는 것이다.

그렇게 은밀한 편지가 나는 듯한 경부철도 직행차를 타고 하루 내에 서울로 들이닥치더니, 우편국을 잠깐 지내서 소문없이 삼청동 김 승지의 부인의 손으로 들어갔더라.…… 오늘 그 편지가 한성재판소로 들어갔구나. 내일은 일요일, 모레 낮 전에 부산재판소로 전보가 올 터인데.……

이인직은 근대의 상징인 철도와 우편을 소품으로 사용하고 있다. 한편 살인자들은 부산을 도피처로 삼고 초량에 집을 얻는다.

그 빛이 부산 초량 들어가는 어귀 산모퉁이에 거진 다 쓰러져가는 외딴집 흙벽에 들이비쳤드라.…… 그 집은 담도 울도 아무것도 없이 길가에 순포막 짓듯 한 길갓집이라.

초량은 번화한 항구였다. 동래 범어사(梵魚寺)는 도망자와 추적자의 공간이 된다. 그리고 마침내 음력 4월 보름날이 점순과 최춘보의 제삿날이 된다.

강동지가 한숨 휘 쉬면서 돌아다보니, 바다 위에 아침 안개가 걷히며 오륙도에 해가 돋아 불 같더라.

《혈의 루》에 이미 등장하였던 오륙도도 나온다.

일을 마친 강동지는 그길로 경성으로 되돌아와서는 김 승지의 본부인을 처단한다. 이것으로 드라마틱한 복수극은 막을 내린다. 그리고 나서 다시 부산으로 도망친 강동지는 부산에서 원산으로 그리고 함경도를 거쳐 며칠 후에는 러시아의 해삼위(海參衛) 즉, 블라디보스토크로 떠난다. 그 후 그의 소식을 아는 사람은 아무도 없다.

한설야의 《과도기》

근대화의 변두리, 북쪽 농어촌에서 벌어진 일들

북(北)의 문인

한설야(韓雪野, 1900~1979)는 1924년 4월 〈조선지광(朝鮮之光)〉에 단편소설 《과도기(過渡期)》를 발표한다. 당시 잡지 〈조선지광〉은 서울 청진동에 사무실이 있었다. 《과도기》는 1929년 1월 22일 탈고된 것으로 필명을 만년설(萬年雪)로 했고, '일명 새벽'이라는 부제를 달고 있었다. 한설야가 함흥(咸興)에서 조선일보 지국을 경영할 때 쓴 듯하다. 한설야는 1925년 《그날 밤》을 〈조선문단〉 1월호에 발표함으로써 등단하였다. 많은 근대 작가들이 그러했듯 그도 데뷔 때는 이광수의 영향을 받았으나, 그 후 이광수와는 다른 길을 걸었다.

한설야는 1900년 8월 3일 함경남도의 도청소재지인 함흥군 주서면 하구리에서 한직연의 차남으로 출생했다. 아명은 병도(秉道)였다. 1906년 함흥군 공립보통학교 입학, 신학문을 접하게 된다. 1917

년 서울의 경성고등보통학교에 입학하여 상경하였고, 후에 남로당의 핵심 간부로 활동한 박헌영과 동기동창으로 학우의 정을 쌓는다. 그러나 가정 문제로 서울을 떠나 낙향한 후 함흥고보에 전학, 함흥법전에까지 진학했으나, 1919년 3·1 동맹휴교사건으로 제적당하고 친형과 함께 베이징(北京)으로 떠난다. 1921년에는 도쿄의 일본대학 사회학과에 입학했으나 1923년 관동대지진으로 휴학하고 귀국했다. 이렇듯 학문을 계속하려는 열정에도 비교적 학문운은 따르지 못한 것 같다.

1927년에는 카프(KAPF, 조선 프롤레타리아 예술가 동맹)에 가입하여 팔판동·사직동·삼청동 등 부잣집 동네의 골방과 인왕산·세검정·북한산·우이동 등 으슥한 골짜기에서 모임을 가졌다. 경찰의 눈을 피하기 위함이었다. 한설야의 동지이자 술친구는 연배의 리기영(李箕永, 1895~1984. 북한에서 최초로 문학학사 학위를 받은 월북작가)이었다. 한설야는 1934년 신건설사사건(제2차 카프사건)으로 체포되어 전주감옥으로 이송, 투옥되기도 했다. 1935년 12월 집행유예로 석방된 후에는 함흥으로 귀향하여 인쇄소를 경영하였다. 그러던 중인 1936년 장편소설 《황혼》을 〈조선일보〉에 연재(1933. 4. 27~5. 2), 문명(文名)을 크게 날린다. 《황혼》은 전주감옥에서 쓴 작품이었다.

한설야는 정치적으로 몇 차례 노선을 갈아탔다. 1940년 임화(林和), 김남천(金南天), 안막(安漠) 등과 함께 친일단체인 '조선문인보국회'에 가담한다. 해방 후인 1946년에는 북한의 정치노선을 선택, 리기영 등과 '북조선예술총동맹'을 결성하여 김일성의 신임을 얻는다. 한설야는 1953년 남로당 박헌영 계열의 문인 1차 숙청 때도 건재했으나, 1962~1963년의 2차 숙청 때 마침내 거세되었다. 1963년 노동교화소로 보내졌다고 알려져 있지만, 그 후 기록은 전해지지 않는다. 한 시대를 풍미했던 작가가 시대사의 비운으로 역사의 뒤안길로 사라져버린 것이다.

만주로 가라

《과도기》는 농어촌이 근대화로 이행하는 과정에서 붕괴되고, 그곳에서 누대에 걸쳐 삶의 뿌리를 내리며 살아온 농어민들이 탈향(脫鄕)하는 모습을 그린 작품이다. 또한 농어민들이 차차 노동자로 전락해가는 상황도 보여준다. 일제하에 쓴 글이라 많은 제약이 따랐던 흔적이 보인다.

일제 강점기에 조선총독부는 '토지조사사업'(1910.3.15)을 벌여 농민들의 토지와 생활 기반을 빼앗았으며, 조선인을 대거 만주로 이주시키는 정책을 폈다. 남만주를 침략하기 위한 초석으로 만주 이민을 획책했던 것이다. 또 비단 정책적 의도에서 뿐만 아니라, 조선에서 살기 힘든 민중에게 만주는 유일한 탈출구이기도 했다. 그러나 일제가 홍보했던 이미지와 달리 간도(間島)의 실상은 처참했다.

최근 나온 《21세기로 매진하는 중국 조선족 발전 방략 연구》라는 책에는, "중국의 조선족은 그 절대다수가 조선반도에서 건너온 최하층 평민 계층과 그들의 자손"이라고 서술되어 있다. 중국 조선족 스스로 자신들의 선조가 어떤 사람들인지를 알고 있는 것이다.

《과도기》의 주인공 창선은 만주 땅 간도에서 생활한 지 4년 만에 다시 두만강을 건너 고향 함흥으로 돌아온다. "도라왔다느니보다 몰녀왔다"고 토로한 데서 보듯이, 조선인의 간도 생활이라는 것이 되놈의 등쌀에 견딜 수 없을 지경이었다. 왜놈과 되놈이 번갈아가며 횡포를 부렸던 것이다. "되놈의 땅에서 생선을 못 먹어 창자에 탈이 나 고국산천이 더 그리웠다. 죽어도 돌아가 보리라". 이것이 간도에서 고생하던 창선의 염원이었다.

되놈들 등쌀에 물녀댄니기에 볼일을 못 봅니다. 우리 살든 고장에서도 쉰 아무 집 되는 데서 발서 열 집이나 어데로 떠낫슴니다. 무지막지하게 땅을 떼고 모라내는 데야 엇지함니가.…… 아래ㅅ동리 령남 사람은 한집이 몰살을 햇담니다.

배불리 먹고 살 수 있으리라는 희망을 안고 경상남도, 전라도 등에서 그 먼 간도까지 갔으나, 삶의 뿌리를 못 내리고 처참히 사라지는 조선인의 모습이 보이는 듯하다.

파괴되는 농어촌

만주로 가기 전, 창선의 집안은 고기잡이를 하였기 때문에 풍족한 생활을 하고 있었다. 창선도 나이가 차 사랑하는 동네 처녀 순남과 결혼하여 행복한 가정을 꾸렸다.

겨울이 되면 해사(海事) 소식이 짜~ 퍼진다. 은어(도룩멕이)가 잡히고 명태 배가 들여오면 고기 풍년이 낫다고 살판을 만낫다고 남녀로소 업시 야단들이다. 안악들은 함지를 니고 남자들은 수레를 끌고 고기바지를 댄닌다. 해변에 몰닌다.…… 창선이는 자긔집 고긔ㅅ배만 포구에 들어오면 불이나케 나가서 고기파리를 판다. 가장 깃분 생각으로…….

참으로 아름다운 포구 풍경이다. 갓 잡아 올린 싱싱한 생선처럼 삶이 살아 있는……. 필자의 부친도 은어를 좋아하셨다. '도루묵' 이라 하셨다. 나도 도루묵을 먹을 때면 돌아가신 부모님을 생각하게 된다. 은어, 명태잡이……다 이젠 옛 일이다.

그러나 일제가 해안선에 기찻길을 놓자 포구는 사라져버렸고 집안은 쪽박을 차게 됐다. 이내 가족들은 뿔뿔이 흩어지는 꼴이 되었다. 그래

간도 용정의 조선인 거리.
생계고에 시달리던 조선인
들과 독립운동 투사들이 많
이 이주해왔다.

일제시대 일제는 우리 백성
을 만주로 내몰았다. 꼭두
각시 만주국이 만들어진 이
후로는 '만주로 가라'는 선
전 포스터까지 등장하였다.

영흥만을 끼고 있는 함흥
바닷가 풍경.

서 창선은 새로운 희망을 갖고 만주로 찾아든 것이었다. 그러나 만주
에서도 여전히 생계고에 시달리자, 창선은 어느 추운 겨울 날 처와 아
들을 데리고 남부여대(男負女戴)하여 귀향길에 오른다. 아들의 이름
은 간도에서 나 간남(間男)이라 지었다. 혹독한 추위와 가난에 시달렸
던 만주보다는 나으리라 태산같이 믿고 다시 찾는 고향 땅이다. 4년
만의 귀향이었다.

　　겨울 해는 발서 서산머리에 나불그린다. 검은 바다에서 부러오는 짜듸짠
　　바람이 살을 어이는 눈긔운을 머금고 휙휙 분다.

　　그러나 돌아온 고향 역시 겨울 바람이 몰아치던 만주 벌판 못지 않
게 살벌하게 변해 있었다.
　　한설야의 고향 함흥은 함흥평야에 자리잡고 있는데, 조선조 이성계
의 본거지기도 했다. 일제시대에는 공업도시로 변했다. 일제는 함흥을

'간고우'라고 불렀다. 이웃한 도시 흥남 (興南)은 1930년대 초 서호진(西湖津)을 중심으로 새로 만들어진 도시였다. 함흥의 남쪽 도시란 의미의 흥남은 흥남 질소 비료공장과 해안을 끼고 있는 정어리공장으로 대표된다.

창선이 다시 찾은 고향은 옛날과 많이 달라져 있었다.

창선의 고향 창리(昌里)는 바닷가에 자리한 전형적인 반농반어촌이었는데, 이미 예전 모습을 찾아볼 수 없었다.

"여보! 이거 영 딴판이 됐구려!"

그는 흘깃 안악을 보며 눈이 둥그래젓다. 고향은 알아볼 수가 업게 변하엿다. 변하엿다니보다 업서진 듯했다. 그리고 우중충한 벽돌ㅅ집 쇠집 굴뚝들이 잠뿍 드러섯다. "저게 무슨 긔게ㅅ간인가?"

"참 원, 저 검언게 다 뭐유?…… 아, 저ㅅ족이 창리(그들이 살든 곳)가 아니우?"

창선 부부가 처녀총각 시절 련애(戀愛)를 하던 땅이었다. "순남아 먼 훗날 잘 살아 보자고—", "이렇게 애든 이 고장이요, 이렇게 친한 이 바다였다". 그러한 그곳 바닷가까지 몇 년 새 공장이 들어서고 있는 것이다. 동리 이름도 신창리(新昌里)로 바뀌었다. 고향 주변 땅은 어딘가로 한꺼번에 이사 간 느낌이었다.

검은 굴뚝이 새 소리를 웨치고 눈 서투룬 무서운 공장이 새 일꾼을 차즈나 그것은 너무도 자긔 몸과 거리가 먼 것 갓했다.……꿈도 안꾸던 뚱딴지 가튼 일터가 제 맘대로 버러저 잇다.

함흥 옛 거리에는 신건축물이 우후죽순같이 들어서며 우리 전통가옥을 밀어내고 있다.

마을 전체에 과도기의 공포와 설움이 농어민을 짓누르고 있었다. 창선의 어머니와 형 창룡의 집도 이제 온데간데없고, 동리에서 사 오백 년 대대로 국록(國祿)을 먹으며 힘깨나 쓰던 최 면장(面長) 댁도 박 순검(巡檢)네까지도 다 사라졌다. 공연스레 고향에 돌아온 듯했다. 그들은 턱도 없는 곳으로 찾아든 꼴이었다.

고향 파괴의 원흉 기찻길

한설야는 1925년 가계가 곤란하여 중국 무순(撫順)으로 솔가하여 이주한 적이 있었는데, 그 경험을 글속에 재현하고 있다.

그는 일본에서도 공부한 적이 있어 도시의 근대화에 대해 잘 알았다. 이 북쪽 땅에도 근대식 건물의 상징인 붉은 벽돌조 건물들이 들어선다. 공장·굴뚝으로 대표되는 도시의 근대화 모습이다. 거리에는 청나라 사람, 일본 사람 등 "종간나색기"들의 북적거림도 볼 수 있다.

길죽길죽한 벽돌집(관사)이 왜병대가티 규측 잇게 산비탈에 나라니 섯다. 평바닥에는 고래 가튼 커다란 공장들이 잇다. 놉다란 굴뚝이 거만스럽게 웃뚝웃뚝 버치고 잇다.

이쪽에는 잘방게(蟹) 가튼 큰돌막이 벽돌ㅅ집 서슬에 불녀갈 드시 황송히 짜그리고 잇다.…… 검퍼런 공장복에다 진흙빗 감발을 친 청인인지 조선 사람인지 일인인지 모를 눈에 서투른 사람이 밧부게 쏘대닌다.

창선은 이제 무슨 짓을 해서라도 처자식을 먹여 살려야 할 입장이었다. 창리 사람들은 고개 넘어 구룡리로 모두 이주하고 있었다. 창선 부

함경역의 모습. 근대화의 상징인 벽돌 건물이다. 이웃할 만한 서양식 건물 하나 없이 허허벌판에 덩그러니 놓인 모습에서 이제 막 시작된 근대화의 바람을 느낄 수 있다.

부도 구룡리에 들어섰다. 부부는 고개턱에 올라서 근대 바람을 몰고 온 기찻길을 바라보았다.

구룡리 뒤ㅅ재는 끈어젓다. 철도 길이 살 때 가티 해변으로 내달앗다.
'후미기리'에 올라서니 '래ㅡㄹ'이 남북으로 한업시 느러저 잇다.……
어데서 왓는지 어데까지 갓는지 끗간 데가 아물아물 사라진다. 놀나웁고 야단스러워 뵈엿다. 그러나 그만치 눈에 서툴고 인정모가 뵈이지 안앗다. 소수레나 고기ㅅ배가 얼마나 정답게 생각켜지는지 몰낫다. '풍…… 왕ㅡ왕ㅡ' 하는 긔차ㅅ소리는 귀에 야즈라웟다.

북상하는 기찻길 함경선(咸境線)과 남하하는 함남선(咸南線)이 함흥역을 거치고 있다. 함경선은 1913년 함경도 지방의 자원 개발을 위해 놓은 것이다. 기찻길은 아름다운 해변을 따라 남북으로 놓여 있다. 1920년대 도시 풍경을 보며 한설야 역시 옛날이 좋았다고 한탄한다.

철도ㅅ길이 고개를 갈나먹고 창리 포구에 어선이 끈어젓다. 구수한 흙냄
새나는 마을이 업서지고 맵 짠 쇄냄새 나는 공장과 벽돌집이 거만스러히
배를 부치고 잇다. 소수레가 끈어지고 부수레(기차)가 웽웽거린다.

어느 도시, 농어촌 할 것 없이 기찻길이 들어섰다. 일제는 민중의 정
서나 그 마을의 역사 등은 아예 무시하고 편리주의에 의해 철도를 뚫
고 있었다. 우리의 소중한 문화재는 침략과 약탈에 눈이 먼 그들에게
아무런 의미가 없었다.

자본주의의 상징인 철도가 '구룡리' 한가운데로 지나고 있었다. 갑
자기 어린 시절이 떠오르고, 이 생소한 곳이 두렵기까지 하다. 동네를
지키던 고목들도 하나 둘 잘려나갔다.

마을 어구를 파수보던 솔나무들이 늙은니 압니가티 뭉청 빠저벌렷다.
긔차ㅅ굴뚝에서 나온 곤돌초막은 무서운드시 쪼그리고 잇다. 작고 더 쪼
그릴 것 갓다. 그리되면 그 속의 식구들이 모조리 깔니고 말 것이다.

노동자로 전락한 농민들

마을은 괴멸하고 있었다. 함경북도 도청과 결탁한 유력자들이 포구
를 인천 같은 항구로 키운다고 설쳐대며 어촌을 절단내고 있었다.

시장 학교 무슨 우편소니 큰길이니 다 내준다고⋯⋯야단스러운 지도를
가지고 와서 구룡리를 가르치며 제 이의 인천을 보라고⋯⋯

농사도 고기잡이도 못하게 된 그들을 기다리는 것은 기아와 죽음뿐
이었다. 오늘날 근대화로 이행하는 과도기에 몸살을 앓고 있는 개발도

함경도 마을 풍경. 근대화의 거센 바람은 농어민들에게서 그물과 호미를 앗아갔다.

상국들과 다를 바가 없다.

포구에는 배따라기가 떠보지 못하고 산야에는 격양의 노래가 끈어젓다. 다만 들니나니 저녁놀이 사라지는 황혼의 로동자 노래뿐이다.

씨앗을 뿌리고 그물을 끌어올리며 풍년과 풍어를 기원하던 노랫소리 대신 로동자 노래만이 들려오는 농어촌이다. 장날마다 시끌벅적하던 함흥 우시장도 이제 문을 다 닫으려 하고 있다. 부수레(기차. 함경도 지역에서 쓰던 말로, 불이 끌고 가는 수레라는 뜻) 없이 소수레나 고깃배로 아리랑을 부르며 다니던 시절과 함께.

농군은 산비탈 으슥한 곳으로 밀녀가고 노가다(로동자) 패가 제노라고 쏘댄닌다. 땅은 석탄 몬지에 껌엇케 절고 배따라기 요란하든 포구는 파도ㅅ소리 홀노 쓸쓸하다. 그의 눈에는 땅도 바다도 한결가티 죽은 듯햇다. 긔게ㅅ간 벽돌집 쇠사슬 떼굴뚝이 아모리 야단스러위도 그저 하잘 것 업는

번창하던 때의 함흥 우시
장 풍경.

까닭모를 것이다.

> 꿀보다 더 단건 진고개 사탕
> 아리랑 아리랑 아라리요
> 시내가 강변에 돌도 만코
>
> 놀기나 조키는 세벌 상투
> 아리랑 고개로 날 넘겨라
> 이내 시집에 말도 만타

뿌리 뽑힌 민중

구룡리라고 해서 옛 모습 그대로는 아니었다. 역시 도시 한복판이 철
도로 절단나 있었다. 덮어놓고 발끝이 향하는 곳은 예나 지금이나 예 살
던 고향 땅이었다. 하지만 민중은 이미 낯선 공장지대로 변해버린 고향
을 목격한다.

애초에 도청에서 설계를 햇느니 저이는 그대
로만 햇스니 모른다는 게지……그래 오늘은 잇
는 데로 가보았네…… 나와서 가라구만 하지 어
데 꼴이나 볼 수 잇나!

구룡리를 찾아간 창선은 형에게서 집단 이
주 경위를 듣는다. 그 결과 부도덕으로 가득
찬 식민지 권력과 이에 기생하는 자본가들의
본성을 발견한다. 창선은 한심스러웠다. 그의

우리의 산간벽지로 기차가
달리고 있다. 이 두 청년은
이를 보면서 무엇을 생각
하고 있을까.

귀향은 뿌리 뽑힌 자신의 모습을 확인시켜준 것에 불과하였기 때문이
다. 일하고 싶어도 할 일이 없고 힘을 쓸래도 쓸 일이 없고, 고기를 잡
아먹을 수도 농사를 지을 수도 없었다. 이제 농민의 노동자화는 필연
적이 되어버렸다. 또 다른 아리랑이 울려퍼진다.

장진물이 넘어서 수력 뎐긔 되고
내호바닥 긔게 속은 질소 비료가 되네
아―령―아―령 아라리가 낫네
아리랑 고개로 넘겨겨겨 주소
논밧ㅅ간 조흔 건 긔게ㅅ간이 되고
게집에 잘난 건 요리ㅅ간만 가네

총독부와 도청 그리고 유력자들이 손을 잡고 강제로 농어민들을 공장
노동자로 만들었다. 그러나 거기도 선발이 있고 특혜가 있었다.

그 후 얼마 못 되야서 이 고장 백성들은 상투를 자르고 공장으로 몰녀갓

장진에 수력발전소가 들어
서고 댐이 생겼다. 이를 짓
기 위해 많은 농민들이 동
원되었다.

다. 그러나 그러케 함부로 써주는 것이 아니다. 맨 힘차고 뼈 굵고 거슬거슬하고 나 젊은 우등하고 미욱스럽게 생긴 사람만 뽑히엿다. 그리고 거기서 까불여난 늙고 약한 사람이 개똥밧 농사나 짓고 은어 부스러이 고기잽이나 하는 수밧에 업섯다. 엇던 사람은 온 가장을 봇다리에 꾸둥쳐 지고 영원 장진으로 떠나갓다. 화면(火田)이나 해 먹을가 하는 것이다.

장진(長津)에 새로운 수력 시설 사업이 시작되어 인건비 싼 농민들이 동원되었다. 힘 좋고 말 잘 들을 듯한 순한 사람 즉, 소 같은 사람이 제일이었다. 노동조합이나 노동운동이 일어날까 두려웠기 때문이다.

1920년을 전후로 조선에 급격한 공업화가 이루어져 농민들은 공장 노동자로 편입되었고, 1929년 무렵에는 공장 노동자 수가 10만여 명에 달한다.

창선이는 요행 공장 로동자로 뽑혓다. 상투 짜고 감발 치고 부삽 들고 콩크리―트 반죽하는 생소한 사람이 되엿다.

창선도 아마 10만여 명 중 하나로서, 도로, 철도, 하천, 발전소의 건축·토목 공사장에서 날품팔이 노동자가 되어 입에 풀칠을 했을 것이다. 1920년대 조선 청년들의 모습이란 것이 이러했다.

조명희의《낙동강》

어진 사람들의 삶이 흐르던 칠백 리 물길

한 지식인의 고초

포석(砲石) 조명희(趙明熙, 1894~1938)는 1894년 8월 10일 충북 진천면(鎭川面) 벽암리(碧岩里)에서 가난한 양반의 아들로 태어났다. 그런데 그의 출생년도가 북한에서는 1892년, 러시아에서 발견된 '직업동맹원증'에는 1899년으로 각각 나와 있다. 어느 게 맞는지 모르겠으나, 어쨌든 그는 세 살 때인 1897년 아버지를 여의었다. 동네 서당과 진천소학교를 거쳐 1910년 서울로 가 중앙고보에 입학하였으나 중퇴하고 방황하였다. 1914년 봄 베이징에 갔다가 일경에게 붙잡히기도하고, 25세 때 3·1 운동에 참가, 투옥된 일도 있었다.

1919년 겨울에는 일본으로 건너가 도쿄의 토요 대학(東洋大學) 철학과에 들어갔다. 야나기 무네요시(柳宗悅, 1889~1961)는 같은 해인 1919년부터 이 대학의 종교철학 교수가 되어 있었다. 조명희가 야나기에게 배웠는지는 알 수 없다.

포석은 그즈음 연극에도 관심을 보였다. 1920년 세 살 아래인 김우진(金祐鎭, 1897~1926)과 극예술연구회를 조직하여 활동했다. 1921년에는 희곡 〈김영일의 사〉를 창작, 유학생들이 겪는 갈등 · 가난 등의 문제를 다룬 바 있다. 그러나 1923년 경제적인 어려움으로 졸업을 못하고 4년 만에 귀국한다.

1924년 〈조선일보〉 학예부 기자로 있으면서 투르게네프의 《그 전날 밤》을 번역 게재한다(1924.8.4~10.26). 포석은 빈곤해 끼니를 굶는 일도 많았다고 한다. 글도 단칸 셋방에서 사과 상자를 책상으로 삼아 쓸 정도였다. 그런데도 도쿄 시절에 만났던 한 살 아래의 리기영을 적극 후원하여 당시 좌익잡지였던 조선지광에 취직도 시켜주고 한집에서 지냈다.

1925년 카프에 가담, 리기영과 2년 뒤에 가담하는 한설야와 사회주의 사상을 학습하는 모임을 갖기도 했다. 그즈음 자전적 단편소설 《땅 속으로》를 개벽에 발표하여 소설가로 등단한다. 조선일보를 그만둔 후로는 별다른 호구책이 없어 김우진에게 기댔다. 한번은 그에게 돈을 빌려 팥죽장사를 하다가 한 달 만에 밑천을 다 날렸다고 한다. 이렇게 한창 어려운 때인 1927년 포석은 단편소설 《낙동강(洛東江)》을 〈조선지광〉(1927.7)에 발표한다.

망명의 땅, 연해주

포석은 이듬해인 1928년 8월 21일 일제의 가혹한 검열과 탄압으로 러시아 극동시베리아 지역의 연해주(沿海州)로 망명, 블라디보스토크의 한인촌(韓人村)으로 들어간다. 그리고 그 후 다시는 고국에 돌아오지 못하는 신세가 된다.

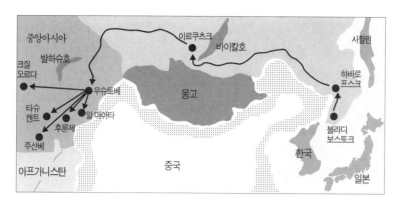

블라디보스토크에서 중앙 아시아로 이어지는 한인 이주 경로.

포석은 일제의 탄압을 피해 연해주의 한인촌으로 망명하였다.

연해주는 1858년 아이훈(愛琿) 조약에 의해 청나라와 러시아의 공동관리 지역이 되었다가, 1860년 북경조약에 따라 러시아제국에 편입되었다. 연해주 자치공화국의 행정 수도는 항구도시 블라디보스토크이고, 나홋카가 이웃하고 있다. 좀 북쪽으로는 하바로프스크가 있다. 연해주는 러시아 말로 '쁘리모리예'라 한다. '쁘리'는 물에 접해 있다는 말이고 '모리예'는 바다란 뜻이다. 즉, 바다에 접해 있는 땅이란 의미다.

연해주의 한인들은 1830~1840년대부터 계절 영농이민으로 들어오기 시작, 1910년엔 약 4만 명으로 늘어났고 이후 계속 증가하였다. 그러다가 1937년 한인 20만 명이 중앙아시아로 강제 이주 당했다. 현재는 약 3만 5,000명이 연해주에 살고 있으며, 이들을 고려인이라 부른다.

블라디보스토크는 유럽풍 항구도시로 시베리아 철도의 종착역이기도 해서 급격히 발전하고 있었다. 시내에는 신한촌(新韓村)도 형성되었다. 포석이 말하는 한인촌이 그것이다. 1919년 3·1 운동 이후 항일 이민이 급증, 1923년에는 이미 11만 명 이상이 거주하고 있었다.

포석은 연해주에서 1934년에 결성된 '소련작가동맹'의 원동(遠東) 지부 간부를 맡는다. 한인촌에 정착하여 교사로 일하면서 재혼도 했다. 1937년 스탈린은 '고려인 소개정책(高麗人 疏開政策)'을 세워 원동에 거주하는 한인 약 19만 명을 중앙아시아의 우즈베키스탄, 카자흐스탄 등으로 강제 이주시킨다.

포석은 1938년 니콜라스의 집에서 소련 KGB에게 체포된다. 부인과 세 자녀는 곧바로 타슈켄트로 강제 이주되어 가족과 생이별을 한다. 그 후 가족들이 포석의 생사 여부를 수소문하던 중, 1956년 흐루시초프 당국에게서 억울하게 죽었다는 답신을 받았다. 사형 당한 날짜와

하바로프스크 시청과 레닌
광장.

카자흐스탄의 크질오르다 역. 고려인이 연해주에서 강제
이주 당해 첫발을 내 디딘 곳이다(자료: 〈동아일보〉,
1989. 9. 15).

블라디보스토크 역. 블라디보스토크의 한인촌에 항일 이
민자가 많이 몰려들었는데, 포석도 그 중 하나였다.

장소는 1989년에야 알게 되었다.

조명희의 딸 선아(왈렌치나)가 하바로프스크 안전위원회 고문서과에서 찾아낸 공식 사망신고서에는 그가 1938년 4월 15일 하바로프스크 형무소에서 총살당했다고 적혀 있다. "일본을 위한 간첩 행위를 하는 자들에게 협력한 죄로 형법 제58조에 따라 취조와 재판 없이 최고형 사형선고를 받았다"는 게 그 내용이다(《동아일보》, 1990.5.1).

1959년 러시아 내의 조명희문학유산위원회 주관으로 소련과학원 동방도서출판사가 《조명희 선집》을 발간했고, 1990년 조명희박물관이 타슈켄트에 세워졌다. 지금은 러시아 문학계에서 러시아 한인 문학의 아버지라 불리면서 그 입지를 확고히 인정받고 있다. 타슈켄트 문학박물관에는 '조명희기념실'이 따로 있고, 시내에는 '조명희거리'도 있다. 국내에서도 그에 대한 관심이 높아져 충북 진천에서는 그를 기리는 '포석문화제(砲石文化祭)'가 1994년부터 해마다 열리고 있다.

낙동강 어귀, 구포

단편소설 《낙동강》은 일제 식민지시대, 1920년대를 살다간 독립운동가의 모습을 그리고 있다. 장소는 낙동강 어귀 동래군(東萊郡) 구포면(龜浦面) 구포리(龜浦里)다. 현재의 부산시 북구 구포동 구포역 일대다.

《낙동강》은 다음과 같이 시작된다.

낙동강 칠백 리 길이길이 흐르는 물은 이곳에 이르러 곁가지 강물을 한 몸에 뭉쳐서 바다로 향하여 나간다. 강을 따라 바둑판 같은 들이 바다를 향하여 아득하게 열려 있고 그 넓은 들 품안에는 무덤무덤의 마을이 여기저기 안겨 있다.

여기서 바다는 부산 앞바다 남해다. 낙동강
은 옛날에는 황산강(黃山江) 또는 황산진(黃
山津)이라 불리던 것으로 경주와 김해를 잇고
있다. 낙수(洛水), 가야진(伽倻津)이라고도
하다가 낙동강으로 명칭이 굳어졌다. 락동(洛
東)은 가락의 동쪽이란 뜻인데, 상주(가락) 동

1990년 발견된 조명희 사
진. 왼쪽이 조명희고 오른
쪽은 미상이다(자료: 〈동
아일보〉).

쪽으로 흐르는 강이란 뜻에서 락동이란 이름이 나왔다. 역사상 일본과
의 교통무역 요충지였고, 임진왜란과 식민지시대, 6 · 25의 비극들을
고스란히 간직한 지역이기도 하다. '낙동강 전투', '낙동강 오리알' 이
란 표현으로 자주 입에 오르내린다.

    천 년을 산, 만 년을 산
    낙동강! 낙동강!
    하늘가에 간들
    꿈에나 잊을 쏘냐—
    잊힐 쏘냐—아—하—야.

경상도의 지방색을 띤 민요 닐리리 조에다 창가 조를 섞어 부르는
〈낙동강 노래〉가 울려 퍼진다. 그러나 우리 근대사 공간에서 낙동강은
아픈 공간이요 버려진 공간이었다. 경부선 철로가 지나는 길변이었을
뿐이다.

이 강과 이 들과 거기에 사는 인간— 강은 길이길이 흘렀으며, 인간도 길

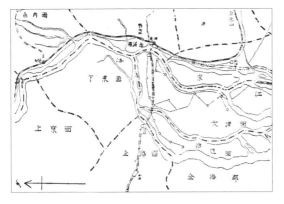
구포와 낙동강 어귀. 경부
선이 지난다.

이길이 살아왔었다. 이 강과 이 인간 지금 그는 서로 영원히 떨어지지 않으면 아니 될 건가?

낙동강은 이별을 예고하고 있다. 이곳 출신 사람들에게는 그들이 어디에 있건 꿈길에도 잊을 수 없는 강이 낙동강이었다. 일제시대 만주·연해주로 이민을 떠난 사람들 대부분은 경상도 사람들이었다. 경상도가 전라도에 비해 땅이 척박하였기 때문이다.

봄마다 봄마다
불어내리는 낙동강 물
구포벌에 이르러
넘쳐넘쳐 흐르네
흐르네 ― 에 ― 헤 ― 야.

이 〈낙동강 노래〉에 등장하는 낙동강 하류 구포벌이 소설의 주무대다. 주인공 박성운은 구포의 가난한 어부의 손자요 농부의 아들이다. 그의 아버지는 자신이 못 배운 한을 자식에게는 물려주지 않으려고 아들을 구포의 서당으로, 보통학교로 그리고 도립 간이농업학교로 보냈다. 식민지 농어민 자식에게는 최고의 학력이었다. 친일파 자식은 일본에, 잘난 집안 자식은 도립 사범학교나 상업학교로 보낼 때였다. 간이농업학교를 졸업한 성운은 구포군청 농업 조수로 일하게 된다.

구포 상인들은 부산 상인들과 경쟁하며 발전, 1911년 4월 19일 우리

나라 최초의 지방 은행이라 할 수 있는 구포은행을 설립한다. 당시 인근 대도시 부산은 인구 7만이 조금 넘는 도시로 성장해가고 있었다.

구포초등학교는 1907년 10월 15일 남창(南倉) 창사(倉숨)로 이용되던 건물에서 개교하였다(자료: 부산경남역사연구소, 《시민을 위한 부산의 역사》, 1999).

박성운은 1919년 항일 독립운동이 일어나자 부모의 뜻을 버리고 그 좋은 직장을 그만두면서까지 운동에 참여했다가 투옥되고 만다.

동래와 구포는 3·1 운동이 일어난 곳인데, 성운은 구포의 3·1 운동을 이끌었다. 사회주의 운동가가 되어 일 년 반 동안 철창 생활을 하고 감옥에서 나와 보니 어머니는 세상을 떠났고, 아버지는 집도 없이 누이동생에게 얹혀살고 있었다.

버려지는 땅

이에 성운의 가족은 낙동강을 버리고 중국 땅 서간도로 이주해간다. 송화강(松花江) 줄기에서 짐을 풀었는데, 그곳에서도 사는 게 여전히 힘겨웠다.

서간도로 가보니, 거기도 또한 편안히 살 수가 없는 곳이었다. 그 나라의 관헌의 압박, 호인의 횡포, 마적의 등쌀은 여간이 아니었다. 그의 부자도 남과 한가지 이리저리 떠돌았었다. 떠돌다가 그야말로 이역 타향에서 늙은 아버지조차 영원히 잃어버리게 되었었다.

그 뒤에 그는 남북만주, 노령, 북경, 상해 등지로 돌아다니며, 시종이 일관하게 독립운동에 노력하였었다. 그러는 동안에 다섯 해의 세월이 갔다.

모든 운동이 다 침체하고 쇠퇴하여 갈 판이다. 그는 다시 발길을 돌려 고국으로 향하게 되었다. 그가 조선으로 들어올 무렵에, 그의 사상 상에는 큰 전환이 생기었다. 그것은 다른 것이 아니라 이때껏 열렬하던 민족주의자가 변하여 사회주의자로 되었다는 말이다.

그는 구포로 귀향하여 소작조합운동을 전개한다. 농민들의 삶 속에 뛰어들어 그들과 함께 지주에 대항하여 소작쟁의를 일으킨다.

그가 처음으로, 자기 살던 옛 마을을 찾아와 볼 때에 그의 심사는 서글프기 가이없었다. 다섯 해 전 떠날 때에는 백여 호 촌이던 마을이 그 동안에 인가가 엄청나게 줄었다. 그 대신에 예전에는 보지도 못하던 크나큰 함석지붕 집이 쓰러져가는 초가집들을 멸시하고 위압하는 듯이 둥누럿이 가로 길게 놓여 있다. 그것은 묻지 않아도 동척 창고임을 알 수 있다.

예전에 중농이던 사람은 소농으로 떨어지고, 소농이던 사람은 소작농으로 떨어지고, 예전에 소작농이던 많은 사람들은 거의 다 풍지박산하여 나가게 되고 어렸을 때부터 정들었던 동무들도 하나도 볼 수 없었다. 그들은 모두 도회로, 서북간도로, 일본으로 산지사방 흩어져갔었다.

대대로 살아오던 자기네 집터에는 옛날의 흔적이라고는 주춧돌 하나 볼 수 없었고(그 터는 지금 창고 앞마당이 되었으므로) 다만 그 시절에 사립문 앞에 있던 해묵은 느티나무(槐木)만이 지금도 그저 그 넓은 마당터에 홀로 우뚝 서 있을 뿐이다.

어린 계집은 서울이나 평양으로 팔려가고 대대로 살던 사람들이 집을 버리고 떠난 자리에는 동양척식주식회사(이하 동척) 건물이 들어서 있다. 이른바 근대 건축물이 주는 위압감은 그 규모에서 뿐만 아니라

동양척식주식회사. 일본제국의 힘을 과시하려는 듯 위풍당당하게 지어졌다.

의미적으로도 매우 컸다.

동척 부산 지점이 개설된 것은 1921년 11월이다. 그에 맞춰 각지에 동척 창고가 들어섰다. 구포도 예외일 수 없었다. 여기에서 포석은 일제에 대한 상징으로 동척을 그리고, 이에 대항하는 조선 민족의 대표로 성운을 내세워 항일 민족투쟁을 이야기한다.

내 구마 밖으로 갈란다. 여기에서 무슨 일을 할 수 있는가? 하자면 테러지. 테러밖에는 더 없다.

우리의 주인공은 지금 계급 투쟁을 위한 테러를 말하고 있다. 약한 자가 강한 자에게 맞서는 데 유효한 방법은 무력이라는, 고전적 진실이 여기 있다.

그래도 여기 있어야 한다. 우리가 우리 계급의 일을 하기 위하여는 중국에 가서 해도 좋고 인도에 가서 해도 좋고 세계의 어느 나라에 가서 해도 마찬가지다. 하지마는 우리 경우에는 여기 있어 일하는 편이 가장 편리하다. 그리고 우리는 죽어도 이 땅 사람들과 같이 죽어야 할 책임감과 애착을 가지고 있다.

지켜야 할 갈밭

성운이 살던 마을 낙동강 어귀에는 주인 없이 방치된 만 평 되는 갈밭이 있었다.

> 기러기 떴다. 낙동강 위에
> 가을 바람 부누나 갈꽃이 나부낀다.

아름다운 갈밭 풍경이다. 갈밭은 동네 사람들의 일터 구실을 하고 있었다.

> 졸고 있는 이 땅 아니 움츠러들고 있는 이 땅, 그는 괴칠할일이 생기고 말았다. 그것은 다른 것이 아니다. 이 마을 앞 낙동강 기슭에 여러 만 평 되는 갈밭이 하나 있었다. 이 갈밭이란 것도 낙동강이 흐르고 이 마을이 생긴 뒤로부터, 그 갈을 비어 자리를 치고 그 갈을 털어 삿갓을 만들고, 그 갈을 팔아 옷을 구하고 밥을 구하였었다.

> 그런데 그 갈밭도 지키지 못하게 되었다. 갈밭은 우리가 지켜야 할 낙동강의 마지막 유산이다. 이제 주민들이 나서 갈밭을 사수하려 한다.

> 그 갈밭은 벌써 남의 물건이 되고 말았다. 그것은 이 촌민의 무지로 말미

1911년의 낙동강 모습. 일제의 식민 통치가 시작되면서 낙동강은 더 이상 우리의 것이 아니게 되었다. 나룻배와 백성들의 모습이 왠지 모르게 처연하게 느껴진다(자료: 《개항백년》, 부산일보사, 1976).

암아, 십 년 전에 국유지로 편입이 되었다가 일본 사람 가등(加藤)이란 자에게 국유 미간지 철일(拂)이라는 명의로 넘어가고 말았다.

이 가을부터는 갈도 벨 수가 없었다. 도 당국에 몇 번이나 사정을 하였으나, 아무 효과가 없었다. 촌민끼리 혈서동맹까지 조직하여서 항거하려 하였다. 필경에는 모두가 다 실패뿐이다. 자기네 목숨이나 다름없이 알던 촌민들은 분에 눈이 뒤집혀가지고 덮어놓고 갈을 베어제쳤다. 저편의 수직군하고 시비가 생겼다. 사람까지 상하였다.

그 끝에 성운이가 선동자라는 혐의로 붙들려가서 가뜩이나 검찰 당국에서 미워하던 끝에 지독한 고문을 당하고 나서 검사국으로 넘어가서 두어 달 동안이나 있다가 병이 급하게 되어 나온 터이다.

마을 사람들의 항거는 계속된다. 일제는 이 봉기를 힘으로 제압하고, 성운은 주모자로 붙들려들어가 모진 고문을 받는다. 이 후 병이 생겨 어느 이른 겨울 밤 보석으로 풀려나오게 된다.

이른 겨울의 어두운 밤, 멀리 바다로 통한 낙동강 어귀에는 고기잡이 불이 근심스러이 졸고 있고, 강기슭에는 찬 물결의 울리는 소리가 높아질 때다. 방금 차에서 내린 일행은 배를 기다리느라고 강 언덕 위에 옹기종기 등불에 얼비쳐 모여 섰다.

그 가운데에는 청년회원, 형평사원, 여성동맹원, 소작인조합 사람, 사회운동단체 사람들이 대부분을 차지하였다.

동저고리바람에 헌 모자 비스듬이 쓰고 보따리 든 촌 사람, 검정 두루마기, 흰 두루마기, 구지레한 양복, 혹은 루바시카 입은 사람, 쟈켓 깃 위에 짧은 머리털이 다팔다팔 하는 단발랑(斷髮娘), 혹은 그대로 틀어 얹은 신여성, 인력거 위에 앉은 병인, 그들은 ○○감옥의 미결수로 있다가 병이 위중한 까닭으로 보석 출옥하는 박성운이란 사람을 고대 차에서 받아서 인력거에 실어가지고 마을로 들어가는 길이다.

조명희는 낙동강 주변을 눈에 보이듯 선명하게 그리고 있다. 여기서 감옥은 부산 혹은 동래감옥이었을 것이다. 환자를 병원에 데리고 가야 하는데 마을로 데려오고 있다.

신여성 로사와 형평사

한편, 성운의 농민운동에 감화된 신여성 로사는 안락한 삶을 버리고 농민운동에 뛰어들어 성운을 도와 헌신한다. 로사는 백정(白丁)의 딸로 신식 교육을 받은 여성이었다.

백정들은 1923년 4월 25일 경남 진주에서 일본의 수평사(水平社)운동*에서 영향을 받아 형평사(衡平社)를 발족한다. 백정에 대한 차별 철폐를 목적으로 조직된, 우리 사회운동단체 모임의 효시였다. 그러나 이에 못마땅해 하던 농민들은 5월 24일 형평사 해체를 요구하는 시위를 벌인다. 이듬해 2월 10일 부산에서는 형평사 전국대회가 열린다.

*일본의 여러 도시에는 피차별 부락이 존재했다. 부락 사람들은 태어날 때부터 신분 차이를 갖고 태어났다. 당시만 해도 일본에서는 천황제와 부락 문제를 논하는 것은 터부였다. 1922년 3월 3일 교토의 오카자키(岡崎) 공회당에서 수평사가 결성되어 전국 6,000여 부락, 300만 명의 미해방 부락의 해방을 도모하였다(金原左門, 《昭和의 胎動》, 昭和의 歷史1, 小學館, 1988, 143~151쪽).

로사는 이 부산 대회에 참가한다.

여름 어느 장날이다. 장거리에서
형평 사원들과 장꾼— 그 중에서도
장거리 사람들과 큰 싸움이 일어났
다. 싸움 시초는 장거리 사람 하나
가 이곳 형평사 지부 앞을 지나면서
모욕하는 말을 한 까닭으로 피차에
말이 오락가락하다가 싸움이 되고
또 떼 싸움이 되어서 난폭한 장거리

1900년대 초 백정들이 살
았던 진주시 옥봉동의 일
명 씨애고개(자료: 〈한겨
레〉, 1990. 2. 16).

사람들이 몽둥이를 들고 형평 사원 촌락을 습격한다는 급보를 듣고, 성운
이가 앞장을 서서, 청년회원, 소작인조합원, 심지어 여성동맹원까지 총출
동을 하여 가지고 형평 사원 편을 응원하러 달려갔었다.

진주읍(晋州邑) 옥봉리(玉峯里)에 살던 백정 이학찬이 자제를 공립
보통학교에 입학시키려 했으나 거부당하자 지역 유지 강상중에게
도움을 요청한 일이 있었다. 강상중은 이를 위해 나섰으나 반형평단
체들의 탄압에 부딪혔다. 농민과 경찰도 마찬가지였다. 이에 백정에
게 도움을 주기 위해 행동한 단체가 조선노동총동맹, 조선청년동맹,
조선여성동맹회 등이었다(고종석, '한국현대사인물, 강상호', 〈한겨레〉,
1990. 2. 16).

박성운은 반형평측 앞에서 용감하게 부르짖었다.

백정이나 우리나 다 같은 사람이다.…… 다만 직업의 구별만 있을 따름
이다.…… 우리 무산 계급은 형평 사원과 같이 손을 맞붙잡고 일을 하여 나

가지 않으면 아니 된다.…… 그러므로 형평 사원과 우리 무산 계급은 한 형제요, 동무로 알고 나아가야 한다.

성운은 로사와 연정을 맺는다. 두 사람은 혁명 동지이자 연인으로서 같은 길을 걷자고 다짐한다. 성운은 로사에게 그녀 자신부터 봉건적 여성관을 떨쳐버리고 혁명 여성으로서 살기를 권한다.

성운은 노씨였던 그녀의 이름을 1910년대 초 여성혁명가 로자 룩셈부르크(Rosa Luxemburg, 1871~1919)*의 이름에 연유해 로사로 지어주었다.

로사의 부모는 형평 사원으로서 그도 또한 성운의 부모와 마찬가지로 딸 일망정 발전을 시켜볼 양으로 그리하였던지 서울을 보내어 여자고등보통학교를 졸업시키고 사범과까지 마친 뒤에 여훈도가 되어 멀리 함경도 땅에 있는 보통학교에 가서 있다가 하기 방학에 고향에 왔던 터이다. 그의 부모는 그 딸이 판임관이라는 벼슬을 한 것이 천지개벽 후에 처음 당하는 영광으로 알았었다.

딸을 서울로 보내 여학교를 졸업시키고 선생까지 되게 한 것은 백정 아버지로서는 대단한 일을 한 것이었다. 백정이기에 일반인들에게 학대받은 만큼 더더욱 딸을 한자리시키고 싶어했던 것이다. 딸의 벼슬을 득삼아 신분 상승을 노리는, 피지배자에서 지배자로 자리를 옮겨가려는 이율 배반이 거기 있었다. 백정 자신은 여전히 구습에서 벗어나지 못한 채 신분 차별 철폐니, 인간 평등이니 하는 주장과는 동떨어진 사고를 하고 있었다.

하여오던 수육업이라는 직업도 그만두고, 인제 그 딸이 가 있는 곳으로 살러 가서 새 양반 노릇을 좀 하여 볼 뱃심이었다.…… 그러나 천만 뜻밖에 그 몹쓸 큰 싸움이 난 뒤부터 그 딸이 무슨 여자청년회동맹이니 하는 데 푸떡푸떡 드나들며, 주의자니 무엇이니 하는 사나이 틈바구니에 끼여 놀고, 하더니 그만 가 있던 곳도 아니 가겠다, 다니던 벼슬도 내어놓겠다 하고 야단이다.

로사는 뿌리 깊은 기존 사고에 도전장을 내밀었다. 벼슬보다 사람 노릇을 하고 싶었다. 여자도 자기 길을 개척해가야 하는 것이다.
성운이 끝내 죽자, 로사는 그의 유지를 계승하리라 결심하며 구포역에서 대륙으로 가는 열차에 몸을 싣는다.

이해의 첫눈이 푸뜩푸뜩 날리는 어느 날 늦은 아침, 구포역에서 차가 떠나서 북으로 움직여나갈 때이다.
기차가 들녘을 다 지나갈 때까지, 객차 안 들창으로 하염없이 바깥을 내다보고 앉은 여성이 하나 있었다. 그는 로사이다. 아마 그는 돌아간 애인이 밟던 길을 자기도 한번 밟아보려는 뜻인가 보다. 그러나 필경에는 그도 멀지 않아서 다시 잊지 못할 이 땅으로 돌아올 날이 있겠지.

오늘날 낙동강을 오염된 강이라고 하는 사람들이 많다. 오염은 한 사회가 근대화되는 시점에 이미 예고된 운명과 같은 것이다. 1905년 경부선이 놓이면서 시작된 일이다. 1932년 11월 구포대교, 그리고 1933년 3월 낙동대교가 각각 준공되면서 구포와 낙동강은 급변한다.
구포벌은 지금 어디 있는가. 구포 재첩잡이도 수상주점(水上酒

店)도 맥이 끊겼다. 구포벌은 도시화가 되어 나루터였음을 증명하는 그 어떠한 것도 남지 않았다. 부산의 북쪽 구로서 자족하고 있을 뿐이다.

주요섭의《구름을 잡으려고》

제물포에서 먼 나라로 떠난 사람들

구름과 무지개

《구름을 잡으려고》는 주요섭(朱耀燮, 1902~1979)의 장편소설이다. 그는 우리에게《사랑방 손님과 어머니》,《아네모네의 마담》등의 주옥 같은 단편소설도 선물했다.

요섭은 1902년 평양 경상리(慶上里) 83번지에서 8남매 중 둘째 아들로 태어났다. 요섭의 부친 주공삼(朱孔三, 1875~?)은 평양신학교를 졸업, 1911년 8월 한국기독교사절단의 일원으로 일본의 교회를 방문한 후, 1913년부터 일본 도쿄 유학생 감독부에서 목사로 근무하며 도쿄 한인연합교회 목사를 겸했다. 이 교회가 지금 '동경교회'가 되어 있다.

시 〈불놀이〉로 유명한 주요한(朱耀翰, 1900~1979)이 큰 아들이다. 요한은 일제시대 마쓰무라 고이치(松村紘一)란 극히 일본적인 창씨명으로 활동했다.

요한, 요섭 형제는 1913년 아버지를 따라 일본에 들어갔다. 요한은 메이지 학원(明治學院) 중학부와 도쿄 제1고교를 졸업했고, 요섭은 아오야마 학원(靑山學院)에 입학했다. 그러다가 1919년 둘다 일본을 떠나 요한은 상하이로 갔고, 요섭은 평양으로 갔다가 다시 형을 따라 상하이로 넘어간다. 둘은 1920년 상하이의 후장 대학(滬江大學)에 입학한다. 요섭은 1927년 후장 대학 교육학과를 졸업하고, 같은 해 미국 캘리포니아의 스탠퍼드 대학으로 가 1929년 교육심리학 석사학위를 받는다.

《구름을 잡으려고》는 1930년 〈동아일보〉에 실렸는데, 실제로는 미국 유학 중에 쓴 것 같다. 아마도 이때의 미국 체험이 바탕이 되었으리라.

내가 내 무지개를 구름 속에 두었나니……이것이 나의 세상과의 언약의 증거니라.……무지개가 구름 사이에 있으리니……' (《창세기》 제9장 13~16절)

그는 성경에 기초를 두고 이 작품을 쓴 듯하다. 당시는 쉽사리 구름 위에 올라가볼 수 있는 시대가 아니었다. 테크놀로지의 눈부신 발전으로 이제 우리는 비행기를 타고 누구나 구름을 내려다볼 수 있게 되었다. 그래서 우리는 무지개를 잃어버리고 사는지도 모르겠다.

열리는 제물포

제물포(濟物浦)는 1883년 개항했다. 고기도 잡고 농사도 짓는 여느 포구와 다를 것 없는 조그만 어촌이었다. 새우젓 배, 조개젓 배가 들락거리고, 가끔 청나라 정크(舟)가 비단을 싣고 오면 온 동리가 떠들썩

제법 번창한 제물포의 모습. '물건의 비축이나 보존을 위한 창고가 있는 포구'라는 의미대로 많은 물건들이 포구에 쌓여 있다.

해지곤 했다. 청일전쟁의 상흔이 그런대로 지워져가고 있던 1898년 이른 봄, 포구에 양인(洋人)의 쇠배가 들어왔다. 서울과 가까운 항구라는 것이 알려졌기 때문이다. 일본인과 양인까지 들어와 제법 국제도시 모양을 띠어가고 있었다. 1885년에서 1888년까지 3년 사이에 이곳을 드나드는 배의 수가 3배나 느는 급증세를 보이고 있다.

당시 양인들은 제물포를 '기우제를 지내는 우물(Weather well)'이라는 의미로 알고 있었다. 그러나 원 뜻은 '물건의 비축이나 보존을 위한 창고가 있는 포구'라는 의미였다.

19세기의 마지막 해 1899년 봄, 제물포를 무대로 이 소설은 시작된다. 포구에는 청나라 산동(山東) 사람들이 진을 치고 살며 어둑하고 텁텁한 푸른 벽돌집을 새로 짓기 시작했다. 그 한복판에 새로운 양인의 집 한 채가 세워지고 있었다.

초학 훈장이 제물포 동리 영감들을 불러놓고 말한다.

제물포에 이양관이 들어선 모습. 1889년에 세워진 일본인 소유의 대불호텔이 보인다. 멀리 보이는 섬은 월미도다(자료: 아펜젤러 선교사).

그게 양인이 지은 집이야. 양인들은 요술을 부린다네.

양관(洋館)이라 봐야 정면에 유리창만이 달린 이상한(?) 집이었다. 당시 양인은 '양고자(洋高者)'로도 불렸다. 그 양인 중 하나가 미국인인 제임스 모리스였다.

1880년대 초부터 우리나라 철도 부설 이권을 차지하려는 움직임이 시작되었다. 제일 먼저 경인철도 부설권은 1896년 3월 29일 모리스에게 주어졌다. 모리스는 철도 공사 업자가 아니라 국제 브로커였다. 이로써 '경인철도 공사장 사무소'가 들어서고, 본격적으로 경인철도가 놓여지기 시작하였다.

양인들의 '쇠길 놓기'

양인들의 요술은 계속된다. 양인들은 돈을 많이 주고 사람을 사서 '땅에다가 쇠막대를 파묻는 일'을 하였다. '화차(火車) 다리 놓는 일'이라고도 했다. 즉, 제물포에서부터 서울까지 철도를 놓아 철마(鐵馬)

를 달리게 하는 일이었다.

이 소설에서 양인은 미국인 콜브란(高佛安, Christine Collbran)과 보스트윅(寶時旭, H. R. Bostwick)을 지칭하는 듯하다. 1897년 3월 22일 콜브란은 경인철도의 부설 공사를 맡았다. 미국보다 30여 년 후의 일이었다. 철도 부설 공사는 기공식까지 거행되었으나, 모리스의 자금 부족으로 공사가 지연되자 그 이권이 1898년 9월 8일 경인철도인수조합(京人鐵道引水組合)으로 넘어갔다. 일본인 시부자와(澁澤榮一)가 조합 대표였다.

이후 1899년 6월 10일 철도 부설이 재개되었다. 노동자들이 사방에서 모여들었다. 제물포뿐만 아니라 황해도, 평안도에서도 왔다. 그 숫자는 수백 명에 달했다. 따라서 고요하던 제물포 어촌은 갑자기 흥성흥성 소란스럽고 분주해졌다. 상투 위에 수건을 질끈 동여맨 젊은 사람들이 이리저리 몰려다녔다. 사람 많은 곳에 장사치가 빠질 리 없었다. 술집이 늘자 일본 사람들을 대상으로 한 색주가(色酒家)도 들어섰다. 어촌의 풍속도가 바뀌어 인천(仁川)이 되고 있었던 것이다. 한편에서는 인주(仁州)라고도 불렀다.

목돗군(목도로 물건을 나르는 일꾼. 후에 목도꾼으로 표기가 변함)들은 영치기 영차하면서 퉁퉁거리는 증기선 쇠배, 즉 뽀루대에 싣고 온 수많은 쇠막대와 네모난 나무통을 져 날랐다. 양인 뱃주인은 인건비로 돈을 주었다. 예전 같으면 인건비로 술이나 주었을 텐데, 이제는 시대가 변하여 멕시코 은화를 풀고 있었던 것이다. 말들은 그 쇠막대를 서울 쪽으로도 날랐다.

그 집 재목 하기 좋을 아까운 뗏목을 땅을 파고

철도 부설 공사가 시작돼 전국에서 사람들이 모여들면서 일본인 거류지도 생겨났다.

1924년 영화 '아이언 홀스' 미국 네바다 주 촬영 현장. 존 포드 감독이 29세에 만든 작품이다.

뜨문뜨문 묻더니 그 위로 쇠막대를 가로 걸쳐 두 줄로 놓는다. 앞에다 깃대를 세우고 괴상한 기계로 이리저리 살펴보고는 다시 자로 여기저기를 재어보고는 또 쇠막대를 한 토막 놓고 놓고 하여 매일매일을 서울을 향해 놓아 나아간다.

양인들은 요술을 하는 줄 알았더니 요술보다도 더 괴상한 일을 하고 있었다. 목돗군들은 시키는 대로 일을 하면서도 무엇 때문에 이 짓을 하는지 알 길이 없었다. 그도 그럴 게 아직 기차를 본 적이 없었기 때문이다.

미국에서는 기차를 '아이언 홀스(The Iron Horse)'라 했었다. 미국에서는 1862년~1869년까지 미 대륙 횡단 철도가 놓였는데, 이때 현장 인부로 동원되었던 인디언들이 철도를 '쇠 말'이란 의미로 아이언 홀스라 부른 데서 연유하였다. 1924년에는 '아이언 홀스'라는 영화가 만들어져 인기를 끌기도 했다.

철도가 앞으로 나아감에 따라 장사치들도 앞으로 나아갔다. 아울러 새로운 도시가 생겨나기 시작했다. 이것이 바로 지금의 경인선 철로 주변에 있는 주안·부평·부천·오류동 등의 도시들이다.

콜브란 등이 부분적으로 시공하고 있던 경인철도 공사는 일본에 넘어갔으나, 노동자들은 그 사실을 알 리 없었다. 1899년 9월 18일 인천~노량진 구간 약 21마일의 철로가 놓였다. 한강철교가 아직 놓이지 못했기 때문이다. 이를 시공한 회사는 당시 일본의 대표적 건축회사였던 가지마구미(鹿島組)였다.

개발회사에 속아 간 길

'모리스 철도회사' 사무실에서 멀지 않은 곳에 양인의 사무실 건물 하나가 또 들어섰다. 역시 유리문을 많이 단 집이었다. 문 앞에는 커다란 간판을 달아놓았는데, 한문으로 '開發會社'라고 씌어 있었다.

철도 공사 장면. 키 큰 양인과 조선인 노동자가 함께 찍었다. 1897년 3월 22일, 인천 우각리에서 찍은 사진이다.

개발회사라는 것은 명칭만 그럴싸하고 사실은 인력을 팔아먹는 회사였다. 조선인 노동자를 뽑아 양국(洋國)에 노예로 보내는 일을 했다. 여기서 양국은 미국을 뜻했다.

문맹인 준식은 '開發會社'란 글자를 읽을 수도 없었기에 무엇 하는 회사인지도 모르고 문전을 기웃거렸다. 개발회사 안으로 수많은 사람들이 쉴새없이 들락날락거리고 있어 그도 따라 들어가봤다. 19세의 춘삼이도 그들과 비슷한 사람이었다.

미국은 1898년 하와이를 합병한 후, 하와이 사탕수수 농장에 인력이 모자라자 아프리카에서 노예를 잡아오거나 사왔다. 초기에는 푸에르토리코, 인도 사람들을 끌어들이다가 점차 아시아계로 대체해갔다.

그 시작은 중국인이었다. 미국은 1852년 중국인 300명을 수입했다. 이후 중국인이 너무 많아지자 1868년 5월 17일 일본인 계약 이민자를 받아들이기 시작했다. 첫 이민은 120명이었다. 그러다가 일본인 수도 많아지자 이제 조선인을 수입키로 했다.

우리의 하와이 정식 이민 사업은 1902년 하와이 사탕경주동맹회(砂糖耕主同盟會) 대표가 내한하여 추진되었다. 인력 모집은 서울 정동의 미국공사관 호레이스 앨런 공사와 이 일을 맡은 회사 즉, 개발회사에서 총괄했다. 따라서 서울 배재학당, 정동교회, 인천 내동 내리교회(內

1928년의 내리교회 전경. 1885년 4월 5일 부활절 날 제물포에 도착한 미국 선교사, 아펜젤러 부부가 그 해에 세운 교회. 1890년 노병일이 여섯 칸의 교회당을 자력으로 건축하였고, 1901년 12월 25일에는 새 교회당을 신축했다. 내리교회는 동인천역을 등지고 자리잡았다. 교회 좌측 마당에 1901년 외국 선교사들이 세운 종이 보존되어 옛 일을 전하고 있다.

里教會)가 참여했다.

이주자 모집은 제물포를 중심으로 시행되었다. 미 감리교회 조지 헤버 존스(趙元時, George Heber Jones, 1867~1919) 목사가 앞장섰다. 그는 당시 제물포 지방감리사(1892~1903)였다. 존스는 대표적인 장사꾼 선교사였다. 장경화(張景和)가 그를 도왔다. 조선 정부에서는 수민원(綏民院) 총재 민영환(閔泳煥, 1861~1905)이 역할을 담당했다.

여기서 조선인의 하와이 이민에 대한 당시 일본의 신문보도 내용을 보기로 한다.

인천, 강화, 군산, 목포 등지에서 사탕수수 경지(耕地)의 노동자로서 조선 이민 102명을 우리나라(일본) 하시모토(橋本) 모(某)가 이끌어 1903년 1월 13일 입항한 게릭 호로 도착했다. 그들은 영구 이주를 결심해서 도래한 것이며, 종래의 지나(중국) 노동자에 비해 예상 외로 정숙(靜肅)을 지키고 복장의 체재(體裁)도 좋았다. 또 우리나라(일본) 사람처럼 육체를 노출하는 자도 없고 모두 체격이 건전했다.

상륙 후 일단 우리나라(일본) 사람의 여숙(旅宿)에 함께 기거하고 곧 오아후 섬 와이알루아 경지에 고용되게 된다.

이 이민들은 이번에 시험적으로 도래시키기로 한 것으로 그 성적에 따라 앞으로 더욱 더 다수의 이주가 오게 될 것이라고 한다(〈大阪朝日新聞〉, 1903. 2. 7).

2차 수송은 미국 오하이오 주지사 내쉬의 양자인 데쉴러(David W. Deshler)가 추진하였는데, 평양에서 60명이 건너갔고 3차도 60명 정도였다(〈大阪朝日新聞〉, 1904. 5. 19).

모집된 이주자들은 내동 대시라 은행(大是羅銀行)과 연관되었다. '대시라'는 데쉴러의 한자 이름이다. 데쉴러는 인천 내동에 '대시라 양행'과 '대시라 은행'을 설립하고 하와이 노동 이주자를 모집했던 것이다. 이른바 '동아개발회사(East-West Developement)'를 차린 것인데, 소설에 등장하는 개발회사는 바로 이 동아개발회사를 말한다.

사실 미국에 일반 조선인이 처음 들어간 것은 하와이 이민보다 이른 1899년이었다. 의주(義州)의 인삼장사 최동순(崔東順) 등 다섯 명이 최초였는데, 중국 상하이를 통해 하와이로 건너갔던 것이다. 이들을 부른 사람들은 샌프란시스코 차이나 타운에서 성공한 중국인들이었다. 이들보다 먼저 간 사람은 외교사절, 외교관 등이었다. 1902년 샌프란시스코로 건너간 안창호, 1904년 워싱턴 D.C에 간 이승만, 1904년 네브래스카 주 헤스팅스에 간 박용만 등이었다.

다시 소설 속으로 돌아가 준식이 개발회사를 찾은 이유를 살펴보자. 준식은 부모도 없고 혈육이라곤 형님 한 분이 유일한 30세의 총각이었다. 그는 원래 평양성 밖 30리 떨어진 곳에서 농사를 짓는 농사꾼이었

초기 제물포 세관 건물과 양관들. 생전 처음 보는 서양식 건물과 그 속에 사는 양인들의 풍족한 삶은, 헐벗고 굶주린 조선인들에게 '아메리칸 드림'을 꿈꾸게 하기에 충분했다.

는데, 돈을 벌려고 고향을 떠나 800리 길을 걸어 제물포까지 온 것이다. 원래는 철도 공사판에서 일을 해볼 요량이었으나, 철도회사는 이미 사람이 꽉 차 개발회사를 찾았던 것이다. 당시 미국에 가서 일을 하면 부자가 된다는 소문에 많은 젊은이들이 몰려들고 있었다. 미지의 세계에 대한 호기심과 모험심도 있었다.

준식은 이미 평양에서 양고자를 본 적이 있었다. 양고자가 평양에 와서 지었다는 고래 등 같은 기와집을 구경한 적이 있어 '양인은 부자'라는 인식을 갖고 있었다. 아닌 게 아니라 사실 그들이 거처하는 평양 서문 밖 집은 대궐 같았다.

뿐만 아니라 양고자는 하인을 써도 돈을 후히 준다. 시골 살던 김풍언의 아들은 머리 깎고 예수교 믿는다고 하더니 평양 양고자 집에 하인으로 들어갔는데 있을 집 주고 온 식구 먹여주고 그리고도 월급을 3원씩이나 받았다.…… 언젠가 몇 해 전에 평양감사가 예수장이 몇 명을 잡아다 가두었다가 크게 혼이 떴다는 이야기를 준식이는 여기저기서 여러 번 들어본 적이 있었다.

여기서 '평양감사(平壤監司)'라는 명칭은 정확한 것이 아니다. 정식 명칭은 관찰사(觀察使) 즉, 평안도관찰사다. 평안도의 경우만 '평안 감사'라 한다. 이광수의 《무정(無情)》에도 평양감사가 나오는데, 이는 아마 이광수가 평안도 출신이다보니 어렸을 적부터 들은 대로 쓴 것일 게다. 감사가 있는 관아를 감영(監營)이라 했는데, 예를 들면 대구에 있으면 대구감영, 전주에 있으면 전주감영, 평양에 있으면 평양감영이라고 했다. 그래서 자연스럽게 평양감사라 한 듯싶다. 옛날 기록에는 대부분 평안감사라 했지만, 평양감사라고 한 곳도 더러 있다. 그곳 사투리로는 원래 '피양감사'가 맞다. 그래서 평양감사라 해도 그리 틀린 말은 아닐 것이다.

지방 감사 등 고관들이 외교관과 선교사들에게 혼났던 사례는 여기저기 보인다. 그래서 교인들이 관리들에게 위세를 보이곤 한 일이 있었다. 다 같은 민족끼리 서양 세력을 등에 업고 힘을 겨루는 못난 짓거리였다. 또한 우리 기독교인들은 대부분 '라이스 크리스천(rice christian)'이었다. 이는 '먹을 것을 준다'는 이유로 교회에 나가는 사람을 말한다. 지금도 교회에 어떤 목적을 갖고 나가는 사람을 '겉옷 교인'이라고 하는데, 이런 모습은 예나 지금이나 별반 달라지지 않은 것 같다.

따라서 일반 대중들은 그런 양고자들이 사는 나라에 가서 일해 떼돈 벌 생각을 하고 있었다. 게다가 돈도 아니 받고 쿵쿵배까지 그냥 태워다준다 하니 이런 땡잡을 일이 또 어디 있었으랴!

개발회사 사무실 안에는 젊고 늙은 노동자 10여 명이 걸상에 걸터앉아 있었다. 준식은 사지(四肢) 하나는 멀쩡해 그 자리에서 곧바로 뽑혔다. 준식은 계약서에 도장을 팍 찍었다. 계약서니 하는 문서는 볼 줄도 몰랐다. 자연 자신이 앞으로 가게 될 곳이 어딘지 알 리 없었다.

여기에 일본인들이 조선인 뽑는 일을 대행하고 있었다. 그것을 우리의 주인공 박준식은 까맣게 모르고 있었다.

머나먼 땅으로

'1902년 12월 22일', 첫 하와이 이민선 '겐카이마루(玄海丸)'가 인천 부두를 떠났다. 일본 배였다. 3등칸에 탄 사람은 102명이었다. 성인 남자 56명, 기혼 여자 21명, 어린이 13명, 그리고 유아 12명이었다. 그들은 '이친척(離親戚), 기분묘(棄墳墓)' 하고 기본 상식조차 없는 남의 나라로 가고 있는 것이다.

이민 단장은 홍승하(洪承河) 목사가, 통역은 제물포교회 전도사 안정수(安鼎洙)가 맡았다. 안정수는 정부의 세관 관원으로 있었기 때문에 영어에 능숙했다. 육정수(陸定洙), 송언용(宋彦用)이 사무원으로 동행했다. 공렴(公廉) 현순(玄楯)이 기자로 따라나섰고, 후에 그는 《포와유람기》라는 기록을 남겼다(玄公廉, 1909). 첫 배는 1903년 1월 13일 하와이에 도착했다. 2003년 1월 13일이 그 100주년 되는 날이었다.

1903년 안정수는 호놀룰루 설탕농장에 한인 교회를 창설했다. 같은 해에는 신민회라는 독립단체를 조직하기도 했다. 하와이 이민단은 1905년까지 시행되었는데, 서울 · 평양 · 원산 · 부산 등지 사무소에서 모두 7,200명을 모아 갔다. 통감부는 하와이 일본인들을 보호하기 위해 조선인의 이민을 단절시켰다.

소설에서는 제물포를 떠나는 뽀루대에 준식이 외에 춘삼, 익삼, 세훈 등 30명이 타고 있다. 이들은 다 마찬가지 신세였다. 배는 열흘을 계속 달려 어느 항구로 가더니 이들을 더 큰 배로 옮겨 실었다. 그 배에는 이미 중국인 100여 명이 타고 있었다. 4~5일 후에는 일본 요코하마(橫濱) 항에 도착, 일본인 100여 명을 더 실었다. 세 나라 노동자가 한 배에 탄 것이다.

배는 요코하마 항구를 떠나 태평양 한가운데의 고도(孤搗)를 향해 한 달 간의 긴 뱃길에 들어섰다. 배는 돼지우리 같았고, 감옥과 다를 바 없었다. 사람 취급을 받는 곳이 아니었다. 우리가 쿤타 킨테의 《뿌리》에서 본 그런 장면이 이 배 안에서도 벌어졌다.

일행 중 한 명인 일준은 긴 칼을 차고 육혈포(六穴砲, 여섯 개의 구멍이 있는 6연발 총)를 든 양인에게 목숨을 잃었다. 아메리칸 드림은 커녕 땅도 밟아보지 못하고 개죽음을 당한 것이다.

배는 4,100리를 달려 드디어 하와이에 도착했다. 그런데 준식과 춘삼 등 다섯 명은 내리지 못

당시 태평양을 항해하던 미국 증기선 갤릭(Gaelic)호. 주로 일본인과 조선인을 하와이로 나르던 배이다(자료: Wayne Patterson, 《The Korean Frontier in America, 1988, Immigr-ation to Hawaii 1896~1910》, University of Hawaii).

하고, 익삼과 세훈을 포함한 25명만이 하와이에 내려졌다. 이들이 이른바 한인 하와이 이민 1세대가 된 것이다.

뱃값조차 없는 노예나 나름없던 그들은 인건비를 착취당할 수밖에 없었다. 농장주 집에 유숙하면서 월 16달러를 받는 조건으로 매일 10시간 중노동에 시달렸다. 악조건에 견디다 못한 하와이 노동자들 80~90퍼센트는 귀국하려 했다. 그러나 일부만 조국으로 돌아왔고, 1910년 일제의 통치가 시작되면서 귀국하는 발길은 거의 끊겼다.

그들 중 일부는 미 본토로 이주하였다. 1905년의 399명이 최초였다. 이들은 하와이에서 무단 탈출하여 그때 마침 쌀 농사가 시작되었던 캘리포니아 지방의 쌀 농사장으로 숨어들어갔다. 알고 보면 캘리포니아산(産) 쌀의 또다른 숨은 주역들인 셈이다. 이렇게 숨어든 이민자들의 수는 1907년까지 1,300명으로 늘어났다(현규환, 《한국유이민사》 하권, 어문각, 1976, 782~814쪽).

멕시코의 험한 생활

준식 일행을 태운 배는 드디어 미국 "싼프란씨스코" 항에 닿았다.

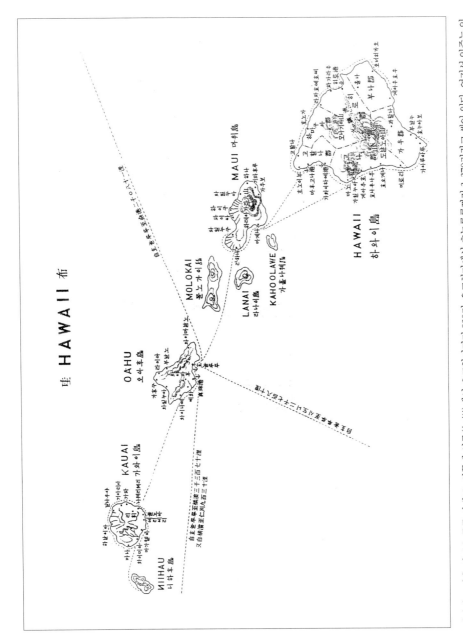

하와이 오아후 섬 호놀룰루 안내도. 왼쪽에 인주(仁州)에서 요코하마까지 930리, 요코하마에서 호놀룰루까지 3,370리라고 씌어 있다. 여기서 인주는 인천을 말한다. 즉, 인천에서 하와이까지 4,100리가 된다(자료: 公藤 玄楠, 1909).

그토록 갈망하던 아름다운 나라, 미국(美國)이었다. 그런데 그들은 역시 미국에서도 내리지 못했다. 결국 준식과 춘삼이가 내린 곳은 미국이 아닌 멕시코였다. 당시 우리에게는 묵서가(墨西哥)라고 알려져 있었다. 그러나 그들은 생전 들도 보도 못한 나라였다.

그리 넓지도 못하고 번화하지도 못하다. 하얀 회를 바른 집들이 해변에 죽 늘어서 있었다.

멕시코의 서남부 어딘가에 도착해 갑판 위에 오르자 이번에는 단포(單砲, 권총)를 든 양인이 나타났다. "모자는 통영갓처럼 생긴 것을 쓰고 있었다." 그들의 손에는 수갑이 채워졌다. 낯선 땅에 도착하자마자 아무런 죄도 없이 당하는 일이었다. 고생 끝에 당도한 기쁨도 없었다.

그리고 마침내 도착한 곳은 동남부 유카탄(Yucatan) 반도였다. 그곳에서 '목화 농장(플랜테이션)'으로 끌려가 자유 노동자도 종도 아닌 노예로 전락하였다. "멕시캔" 하인들은 마치 왕처럼 군림했으며, 이민자들을 툭하면 패고 못살게 구는 것도 모자라, 팔뚝에다가는 노예라는 표시로 화인(火印)까지 찍었다. 그러나 농장주는 마치 성주같이 살고 있었다.

마치 성처럼 높이 쌓은 담장이와 그 안에 보기 좋고 산뜻하게 지은 이층집 꼭대기가 보인다.

그들은 도깨비우리 같은 움막집에 쳐넣어졌다. 흑인과 한방이었다. 생전 처음 보는 흑인이라는 인종과 얼굴을 맞댄 것이다.

삼면으로는 돌담이 가로막히고 앞에는 담이 없이 굵은 나무로 창살을 여러 개 만들어 꽂아놓았다. 꼭 조선에서 많이 보던 돼지우리 창살 같았다. 천장은 매우 낮고 방바닥에는 그냥 흙바닥에다가 밀짚을 한 벌 깔아놓았다.

그런데 그곳에도 먼저 팔려와 있던 조선인이 있었다. 황건우라는 사람이었다. 27살 청년이었는데 벌써 6년 전에 왔다고 했다. 이런 무지막지한 일이 이미 6년 전부터 시행되고 있었던 것이다. 그동안 대체 우리 정부는 무엇을 하고 있었을까?

1905년까지 시행된 멕시코 한인 이주 숫자는 1,033명에 달했다. 2002년에 그 수가 5,000세대, 2만 명에 이르렀으니, 지금은 조금 더 증가했으리라.

건우는 좁은 조선반도에서 인습과 학정과 무지에서 빠져나오지 못해 허덕이고 쓰러져가는 조선 사회에서 무슨 큰 성공을 할까 싶어 미국에 갈 요량으로 개발회사를 찾았는데, 그 결과가 지금 이 꼴이라며 비통해하였다.

미국으로 탈출

준식과 춘삼도 이곳에 온 지 어언 4년이 되고 있었다. 준식은 이곳에서 탈출해봤자 별반 나아질 것도 없겠지만 일단 미국으로 도망치기로 했다. 북쪽으로 300리만 가면 미국이 있다는 것도 주워들어 알았다. 준식은 평양에서 서울까지 600리도 걷던 실력이 있었다. 그런데 미국까지 가는 그 300리는 삼림지대였다. 죽기 아니면 까무러치기였다.

그러나 춘삼이는 탈출 과정에서 죽음을 맞게 된다. 이제는 준식이 혼자였다. 북으로 사흘을 걸었다. 멕시코와 미국의 국경은 군인이 지

키고 있어 경계가 엄했다. 북으로 가면서 준
식은 그 철도를 처음 봤다. 제물포에서 보던
그 '쇠 길'이었다.

그는 어떤 커단 동리에 다다랐다. 이 동리야
말로 준식이에게는 이상스러운 곳이었다. 큰길
로 들어서니 거기는 괴상한 돌집들이 여기저기
서 있다. 그리고 길 좌우 집집마다 이상스러운
등불을 켜서 환하니 밝다. 상점들이 있고 음식점이 있고 술집이 있다.

1870년대 샌프란시스코.
언덕에서 항구 쪽으로 본
전경. 날로 발전하고 번영
해가는 도시의 모습을 보
여준다.

그가 도착한 곳은 "로싼젤스"였다. 당시 우리가 나성(羅城)이라 부
르던 곳이었다. 처음 본 로스앤젤레스는 당시 7,000명의 인구를 가진
도회였다. 그리고 준식이는 지금 그 도시 중앙인 우편국 앞에 와 있는
것이다. 그곳은 퍼스트 내셔널 은행이 있는 메인 스트리트와 제5가의
교차점이었다.

주요섭은 소설을 쓴 시점(1930년)에 맞춰 이곳을 설명하고 있다. 그
는 당시 미국에 유학하고 있었던 것이다. 이때는 로스앤젤레스의 인구
가 150만으로 커져 있었다.

준식은 1905년 "싼프란씨스코" 즉, 상항(桑港)의 차이나 타운으로
흘러들어간다. 코리아 타운이 생기기 전이었다. 준식도 황인종이어서
중국인들과 구분이 되지 않았다. 그는 그랜트 거리로 쭉 올라가다가
잭슨 거리로 돌아 올라갔다. 그곳에 고려 인삼과 육미탕을 파는 집이
있었다.

준식은 어떻게 해서든 살아보려고 밤낮으로 노동판에 나간다. 그러
나 한번 지진을 겪은 후, 고층 건물 짓는 공사판에 뛰어든다. 샌프란시

스코 시내에는 20층, 30층, 40층 건물들이 올라가고 있었다. 지금이야 더 높은 건물들이 흔하지만, 당시로서는 상상도 할 수 없는 높이였다.

　준식이는 매일매일 이 폐허 위에 돌을 쌓고 시멘트를 들이었다. 그리하여 위대한 재건설은 준식의 조그만 팔의 도움을 받아 조금씩 조금씩 올라갔다. 그러나 역사를 적는 역사가들은 쌘프란씨스코의 재건설의 공이 준식이에게 있다고 쓴 일이 없다. 준식에게는 하루에 품삯으로 이 원씩 지불한 그 부자 사람의 힘으로 도시는 재건설된 것이라고 그들은 역사책에 써놓을 것이다.

　준식은 3년 간 공사판을 떠돈다. 1910년 겨울이 되었다. 조국은 나라를 잃고 있었다. 해외 이주자들의 슬픔도 고국의 동포에 못지 않았다.
　1910~1913년까지 조선 처녀 수십 명이 '사진 신부(Picture Bride)'로서 해외 이민자들과 결혼을 하기 위해 샌프란시스코 항구에 닿았다. 이제 이민 시대가 열린 것이다. 준식도 행복한 가정을 꾸리기 위해 준비한다. 신문에 난 기사를 보고 샌프란시스코에서 기차를 타고 따뉴바(현 덴버)로 갔다. 그는 그곳 포도원에 들어가, 순애를 기다리며 돈을 모아 포도농장을 경영해보려는 꿈을 편다.
　준식과 순애는 따뉴바 조선인 교회에서 시무하는 김 목사의 주례로 결혼식을 올렸다. 그들은 꿈꾸듯 아름답다는 통나무 캐빈 주택을 얻기 위해 노력했다. 아들 찜미도 얻는다. 찜미는 미국 시민이 된 것이다. 찜미는 수많은 네이티브 1세대의 탄생을 상징한다. 그러나 이러한 행복도 잠시, 순애는 유학생 송인덕과 불륜에 빠지고 준식은 결국 모든 것을 잃는다.
　1924년 미국은 동양인의 입국을 금지하는 새 이민법을 통과시킨다.

유학 목적 외에는 갈 수 없게 된 것이다. 제물포를 떠난 지 어언 34년이 흘렀다. 준식은 환갑을 몇 해 지나 64세에 이르러 로스앤젤레스의 한 병원에서 죽음을 맞는다. 준식은 20세기 초 운명에 의해 아메리카 대륙까지 건너가 남이 경험해보지 못한 일들을 겪었다. 살아서 단 한 조각 구름이라도 잡으려 했으나 헛수고였다. 공허(空虛)한 인생이었다.

그러나 아들 찜미는 준식과는 다른 인생을 산다. 그는 1929년 미국 서부의 한 대학을 졸업했다. 찜미는 그 아버지가 끝내 잡지 못한 구름을 잡았을까?

강경애의 《장산곶》

〈몽금포 타령〉이 울려 퍼지는 곳

〈몽금포 타령〉이 들리는 곳

황해 쪽을 향하여 불쑥 튀어나온 장산(長山), 그 산마루에 둘러싸인 몽금포의 가난한 어촌은 조용히 잠들어 있다.

강경애(姜敬愛, 1906~1943)의 단편소설 《장산곶(長山串)》은 이렇게 시작되고 있다. 우리나라 지도를 보면 서해안으로 가장 많이 튀어나온 옹진반도(甕津半島)의 끝, 그곳이 장산곶이다. 몽금포(夢金浦)는 장산곶을 감싸고 있는 모양새다. 황해남도 장연군(長淵郡)에 속한다. 이제는 북에 속해 갈 수 없는 곳이다. 지금 그 앞바다에는 우리의 서해 5도 즉, 좌북단의 백령도와 대청도, 소청도 등이 있다.

장산곶은 질 좋은 모래사장 그리고 절벽이 병풍처럼 둘러서 있고 소

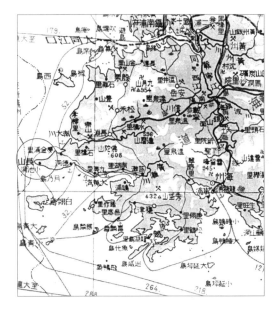

왼쪽 끝에 장산곶과 몽금
포리가 보인다. 몽금포는
남북 해안 6~70리를 말한
다. 일제시대의 지도라 지
명이 오른쪽에서 왼쪽으
로 읽게 되어 있다.

언더우드 선교사 가족 사
진. 1885년 아펜젤러 선
교사와 함께 한국에 와서
전도 여행을 시작했고, 장
산곶에서 여름 휴가를 보
냈다.

장연군 장연읍 읍서리(邑西里)의 마을 풍경. 왼쪽에 비교적 규모가 큰 장연 성당(長淵聖堂)이 들어서 있다.

나무 삼림(松林)이 특히 아름다운 곳이다. 장연 출신 양주동(梁柱東, 1903~1977)은 〈구미 몽금포 백사정(九味 夢金浦 白沙汀)〉이란 글에서 이곳의 아름다움을 노래한 바 있다(《가야 할 산하》, 〈조선일보〉, 1989).

장산곶 부근 구미포는 우리나라에 와 있던 외국인들의 여름 휴양지였다. 선교사 언더우드(Underwood)와 아펜젤러(Appenzeller)가 이곳의 아름다움에 반하여 여름 별장 해안으로 개발했다. 언더우드와 아펜젤러가 제2차 북부 지방 전도 여행에 나선 것은 1888년 4월 7일이었다. 이때 장연에 들렀고 장산곶에서 여름 휴양처를 물색한 듯하다.

일본에 체재하고 있던 미국 선교사이자 건축가인 보리스(William Merrell Vories, 1880~1964)가 1908년 8월 조선에 거주하는 선교사들의 초청으로 몽금포에 왔다. 외국인 별장촌을 계획하러 온 것이었다. 이후 선교사들은 1920년대 말까지 15채의 별장을 지어나갔다. 성수기에는 외국인 400여 명이 몰려들 정도로 성황이어서, 동해안의 대표적인 휴양지인 원산과 쌍벽을 이루었다.

강경애의 또 다른 단편소설 《파금(破琴)》에도 이런 장면이 나온다.

구미포의 해수욕장은 동양에서도 몇 째로 가지 않는 좋은 곳이라 하여 여름이면 미국 선교사들이 오륙백 명씩 피서로 온다. 그들의 집은 그곳 봉내라 하는 높직하게 된 곳에다 이백 호 가량 지었다. 그곳에서 바라보면 앞

몽금포 해변 뒤로 외국인 선교사 별장이 줄지어 서 있다(왼쪽). 오른쪽 사진은 몽금포의 어느 외국인 선교사 별장. 좌측의 별장은 꺾임 지붕이 특징이고, 왼쪽의 것은 교회로 보이는데 탑부분이 인상적이다.

으로는 망망한 황해요 뒤로는 구불구불한 불타산(佛陀山)이다.

별장이 15채에서 200채 가량으로 급속히 늘어나고 있는 모양을 볼 수 있다. 외국인도 400명에서 5~600명으로 급증했다.

이곳이 북한에 편입되자 새로 개발한 것이 대천의 외국인 수양촌이었다. 그 외 지리산, 화진포 등이 서양인들의 여름 별장촌이었다. 당시 서울에서 장산곶을 가기가 매우 어려워 주로 인천에서 진남포로 가는 배 '에이도쿠마루(盈德丸)'가 이용되었다. 에이도쿠마루는 기린도에 잠시 기항했다.

이곳 몽금포의 정경과 고기잡이들의 생태를 엮은 노래가 있다. 서도 창 〈몽금포 타령〉이다. 황해도 지방 민요로 그 지방에서는 〈장산곶 타령〉이라고도 한다. 〈몽금포 타령〉을 한번 불러본다.

에헤요 에헤요 에헤야 나 혼자 살래나

장산곶 마루에 북소리 나더니 금일도 상봉에 님 만나보겠네

갈길은 멀고요 행선은 더디니 늦바람 불라고 성황님 졸은다

님도 보고요 술도 마시며 몽금이 개암포 들렸다 가게나

바다에 흰 돛 쌍쌍이 도오나 외로은 사랑엔 눈물만 겨워라

바람세 좋다고 돛 달지 말고요 몽금이 앞바다 노다나 가지요

은은히 들리는 어적소리에 이내 마음이 서글프구나

북소리 두둥둥 쳐울리면서 봉죽을 받은 배 떠들어 오누나

님 실러 갈 적엔 반돛을 달고요 님 싣고 올 적에 왼돛을 단다네

이 노래는 1900년대 초부터 불려졌다 하니 어언 100년의 역사를 갖게 되었다. 이제 '몽금포 타령 100년제'라도 해야 하지 않을까.

궁핍 속에 여자로서

강경애는 1906년 4월 20일 황해도 송화군(松禾郡)에서 태어난 1930년대 여류소설가이다.

그녀는 〈나의 유년 시절〉이란 글에서, 불행과 궁핍으로 얼룩진 어린 시절을 고백한 바 있다.

5세에 아버지를 여읜 나는 일곱 살에 고향인 송화를 등지고 장연으로 오게 되었습니다. 말할 것도 없이 어머니는 생계가 곤란하시므로 더구나 장차 의지할 아들도 없고 다만 딸자식인 나를 믿고 언제까지나 살아가실 수 없는 고로 개가를 하셨던 것입니다.

강경애는 가난한 식민지 농촌에서 태어나 어려운 형편 중에도 신학문을 배우려 애썼고, 열 살 때는 이미 《조웅전(趙雄傳)》·《숙향전(淑香傳)》 등의 소설을 읽으며 문학소녀로서의 꿈을 키웠다. 이 고대 소설들은 당시 종로 3가 10번지에 있던 세창서관(世昌書館)에서 1910년대 주로 펴낸 것들이었다.

문단에 나온 후 발표한 그녀의 작품들에는 소녀 시절의 장연 풍경이

자주 등장한다. 1934년 〈동아일보〉에 연재(1934.8. 1~12.22)되었던 대표작인 장편소설 《인간 문제》는 장연을 배경으로 식민지 농촌의 모습을 묘사하고 있으며, 나머지는 인천에 잠깐 살던 경험을 살려 인천의 부두와 방적공장을 무대로 펼쳐지는 노동자들의 삶을 그리고 있다.

1914년 세창서관 판, 《숙향전(淑香傳)》. 강경애는 이 소설을 읽으면서 소설가의 꿈을 키웠다.

인천에 새로 생긴 대동방적주식회사 공장의 노동자들과 인천 부두 노동자들의 구체적인 작업 모습, 공장 기숙사생활, 여공에 대한 공장 감독의 성적 착취, 공장 내의 조직화 과정, 지식인 출신 활동가와 노동자들 사이의 연대 등에 대한 묘사가 탁월하다.

소설 속에 등장하는 대동방적주식회사는 1934년 6월 오사카 동양방적의 인천 공장으로 인천부 만석정(萬石町) 37번지에 세워졌다. 해방 이후 한국인이 불하하여 동일방직이 되었고, 1958년 12월 삼성그룹이 인수하였다. 동일방직은 수천 명에 이르렀던 노동자가 1960년대 후반 자동화 바람에 밀려 크게 줄어들게 되었다. 노동자들은 이 과정에서 민주노조 투쟁을 한다. 1978년 동일방직 근로자의 농성 사태가 그것이다. 이 사건은 우리 민주화운동의 한 상징으로 기록되어 있다.

강경애는 그 어려운 가운데서도 1921년 평양 숭의여학교에 입학했으나 이듬해 동맹 휴학과 관련, 퇴학당한다. 1923년 장연 태생의 문학청년 양주동과 연애를 하고 서울로 올라와 동덕여학교 3학년에 편입한다. 양주동은 그녀보다 세 살 연상으로 와세다 대학 예과 불문학과 학생이었다. 강경애는 청진동 72번지에 자리한 금성사에서 기거하며 문학 공부를 했다. 그러다가 1924년 양주동과 헤어져 장연으로 돌아와 언니가 운영하는 서선여관에 묵는다. 이즈음 간도로 가서 1년 반 정도를 지내고 다시 장연으로 돌아온다.

1937년의 만석동의 동양방
적 전경(《대경성도시대
관》, 조선신문사, 1937).

    26세 되던 해인 1931년 수원 농림학교 출신 장하일(張河一)과 결혼
하고 인천, 북간도 용정 등지로 옮겨 다니며 산다. 용정에서는 〈북향〉
동인으로 활동했다. 1931년 〈조선일보〉에 단편《파금》을, 그리고 〈혜
성〉에 장편《어머니와 딸》을 발표하며 등단했다.

    《장산곶》은 〈오사카 마이니치(大阪每日)〉에 일본어로 발표된 단편
소설이다(1936.6.6~10). 그 이듬해 일본의 문예잡지 〈분가쿠 안나이
(文學案內)〉에 재수록 되었다(1937.2). 여기서는 이상경의《강경애 전
집》(소명출판, 1999)에 실린 내용을 밑본으로 삼는다. 이상경 교수는
용정 비암산에 '강경애 문학비'를 세우는 일도 주도하였다.

    강경애는 1942년 간도에서 귀국하였으나, 1944년 39세의 나이로 세
상을 떠났다.

끝없는 굴종

    《장산곶》은 몽금포의 작은 어촌을 배경으로 일본인 어부와 조선인
어부 사이의 짧은 연을 다루고 있다.

일본인 어업조합에서 어부 노릇을 하는 김형삼(金亨三)은 1930년대 어느 여름날 장산(長山) 해변 즉, 장산곶을 걷고 있었다. 황해의 푸른 빛이 끝없이 펼쳐져 있다. 아득히 먼 시야에 심청이가 뛰어든 '인당소'가 보였으리라.

장산곶은 먼 옛날부터 중국 산동반도 사람이 여권도 비자도 없이 무시로 건너다니던 곳이기도 하다. 주변에는 가난한 어촌이 펼쳐져 있다. 이곳에서는 면사무소와 주재소가 제일 큰 관청이었다.

형삼은 일본인 어장주(漁場主) 요시오(吉尾)의 배 그물을 찢은 것 때문에 걱정이 태산이었다. 요시오는 이곳 해산물을 잡아 만주국에 대량 수출하고 있는 그야말로 어부지리(漁父之利)를 얻는 자였다. 재주는 어부가 부리고 선주라고 돈 추렴만 하는 꼴이었다.

《장산곶》 원고 첫 쪽(자료; 이상경 편, 《강경애 전집》).

숲 그늘에 싸여 있는 어업조합의 함석지붕이 어렴풋이 눈에 들어오고, 어장에서 비린내가 물씬 풍겨오자, 그의 무거운 걸음은 더 한층 무거워졌다.

어업조합의 파란색 "뺑키"를 칠한 대문이 한눈에 들어오고, 활짝 열린 유리창에는 커튼이 흔들리고 있었다. 집 밖으로 판자 울타리가 둘러쳐져 있다. 그는 겁에 질려 망설이다 뒷문으로 기어든다. 요시오와 마누라가 전골을 끓여 먹고 있는 중이었다.

한편 형삼은 고기잡이배를 함께 타는 일본인 어부 시무라(志村)와는 아주 친하게 지내고 있었다. 청년 시무라에게는 일본인 형과 어머니가 있다. 그런데 형은 죄를 지어 형무소에 갔고 지금은 늙은 어머니와 둘이 산다. 그런데 시무라는 조센징 형삼하고만 잘 어울려 둘은 친형제 같이 지냈다.

강경애는 이렇게 일본인을 악인과 선인 두 타입으로 나누어 보았는데, 검열이 심한 때라 노골적으로 일본인을 나쁘게 그릴 수는 없어 은유 정도에 그쳤다.

어느 날인가 형삼과 시무라는 함께 출어했다가 태풍을 만나 구사일생한다. 고기는 한 마리도 잡지 못했다. 악덕 선주 요시오는 빈손으로 돌아온 형삼을 혼낸다. 이에 시무라는 조선인이 무슨 죄가 있느냐며 항변한다.

이런 것들이 못내 못마땅했던 요시오는 시무라와 형삼을 이간질하는 데 여념이 없다. 형삼이 시무라의 어머니와 가까이하는 것도 싫어했다.

> 그런 놈이 소집영장을 받고 가봤자 나라에 도움이 될 게 뭐야. 그렇게 근성이 썩어빠졌으니까 조센진들하고만 어울려 다니지.

그런데 형삼은 사람 좋고 온순하기만 해 어떤 경우에도 고분고분할 뿐이었다. 요시오는 시무라가 전쟁터로 떠나자 형삼을 어업조합에서 자른다. 이제 형삼은 바다에서는 피라미 한 마리도 잡을 수 없었다. 어부에게서 뱃일을 뺏는 것은 죽으라는 소리나 매한가지였다. 형삼은 졸지에 몽금포 해안의 뻘에 나가 굴이나 조개를 줍는 신세로 전락해버렸다.

더구나 형삼네는 먹을 것도 없고 돈도 없는 집안이었다. 마누라는 먹고살기 지쳐 자살해버렸고, 혼자서 딸 둘을 먹여 살려야 하는 홀아비 신세였다. 딸애들은 아버지만 바라보지만, 직장을 잃은 형삼은 자식들

밥먹일 길이 막막했다. 아내가 떠난 부엌은 텅 빈 상태 그대로였다.

매일 좁쌀죽만 먹는 두 딸 명희(明姬)와 순희(順姬)는 요시오의 집 쓰레기통을 뒤져 밥을 해결한다. 그나마 상한 쌀밥이었다. 그것이 어느 날 식중독을 일으켜 딸이 죽고 만다. 무능한 형삼은 이제 안개비로 뿌옇게 흐려진 장산만 바라본다.

그는 문득 멈춰서서 섬몽금이로 향하던 발길을 돌려 장산곶 쪽으로 걷기 시작했다. 아내가 몸을 던진 성몽금이 앞 사자바위를 차마 두 번 다시는 볼 수가 없어서였다.

일본 재벌의 침투

이제 장산에서 나무를 해다가 방을 데우는 일조차 쉽지 않다. 군 주재소의 순사(巡査)들이 눈을 번득이며 감시하기 때문이었다. 이제 이 아름다운 어촌까지 일본이 힘을 행사하고 있었다.

저 장산이 미쓰이(三井)의 손아귀에 들어간 뒤로는 솔가지 하나도 함부로 건드리지 못한다.

1933년 우가키(宇垣一成) 제6대 조선총독은 농공병진정책을 내걸었다. 조선 내 일본 기업의 공업 투자를 장려하자 본토 산업 통제령에 주눅 들었던 미쓰이(三井), 미쓰비시(三菱) 등 일본 재벌들이 조선에 눈독을 들이기 시작했다.

서해안은 여기저기 해당화(海棠花)가 무리 지어 피어 있는 하얀 모래언덕이 그림같이 아름다운 해변이다. 옛부터 규사(硅砂)가 지천에 깔려 있었고, 잘게 부서진 해안 모래는 고래(古來)부터 사구(砂丘)를

몽금포의 사구. 서해안에 지천으로 깔려 있던 규사를 일본이 마치 제 것인 양 퍼가는 바람에 많이 훼손되었다.

만들어주고 있었다. 규사는 유리 원료로 쓰이는데, 유리는 초자(硝子)라 하여 최대 인기 품목이었다. 집 짓는 데는 물론 모든 공업 제품의 기본 품목이 되었다. 일본은 원래 해안선이 좋지 않아서 모래사장이 거의 없었다. 지금도 물론 그렇다. 따라서 우리 서해안은 일본이 볼 때 노다지나 마찬가지였다. 일본은 모래를 퍼가기 시작했다. 또한 조선은 어느 해변이나 송림이 우거져 있었다. 방풍림 역할은 물론 경관도 으뜸이었다. 일본인들은 이 나무들도 남벌하기 시작했다. 특히 북한은 각종 광물이 풍부하여 일본은 이를 개발하는 데 혈안이 되었다. 우리는 넋 놓고 모든 것이 파괴되는 모습을 물끄러미 쳐다보고 있을 수밖에 없었다.

신사 만들기

이상한 소리에 뒤를 돌아보니, 산 중턱의 비탈길을 자동차가 달리고 있었다. 돌계단이 보이고 숲 그늘에 신사(神社)가 눈에 띄었다. 곧이어 몇몇 일본인 남녀가 딸그락딸그락 게다소리를 내면서 돌계단을 올라갔다······ 노파는 신사 앞으로 가서 게다를 가지런히 벗어놓고 돈상자에 돈을 딸랑 떨어트리고 두 손을 모았다.

노파는 시무라가 전쟁터로 나가면서 형삼에게 부탁한 그의 어머니였다. 형삼은 친구 어머니를 정으로 도우려 했으나 노파는 형삼을 멀리한다.

일본인이 조선 땅에 몰려들면서 제일 먼저 따라 들어온 것이 신사였다. 신도(神道)가 그들의 종교이기 때문이기도 하지만 신도로써 조선을 정신적으로 지배하고자 했던 의도가 앞선 까닭도 있다.

일본인들에게는 마음의 고향을 신사에서 찾는 의식이 있었기 때문에 외국에도 신사를 세웠다. 신사에는 도리이(鳥居, 신사 입구에 서 있는 '天'자 모양의 기둥 형식의 문), 박태(拍太, 일본 신사 앞에 세우는 개 비슷한 모양의 상), 등롱(燈籠, 등불을 켜서 매달아놓은 기구) 등을 앉혀 이를 상징물화했다.

이후 1916~1925년까지 우리 산하 좋은 장소마다 신사가 들어섰는데, 1920년대 중반에 가장 많이 세워졌다. 1937년 한 통계에 의하면 (《조선 내 신사일람》, 1937) 우리나라에 들어선 신사는 큰 곳만 56사에 이르고, 규모가 작은 곳은 301사에 달했다. 웬만한 도시마다 하나씩 들어선 셈이다. 여기에서 신직(神職)을 맡은 사람이 75인이나 있었다.

신사에도 등급이 있어 관폐대사(官弊大社)와 국폐소사(國弊小社)가 있었다. 제일 높은 격은 관폐대사로 조선신궁(朝鮮神宮)이 여기에 해당한다. 국폐소사에는 경성신사, 대구신사, 용두산신사가 있었다. 부여에도 신사를 만들었는데 이는 관폐대사다('扶餘에 官弊社 御創

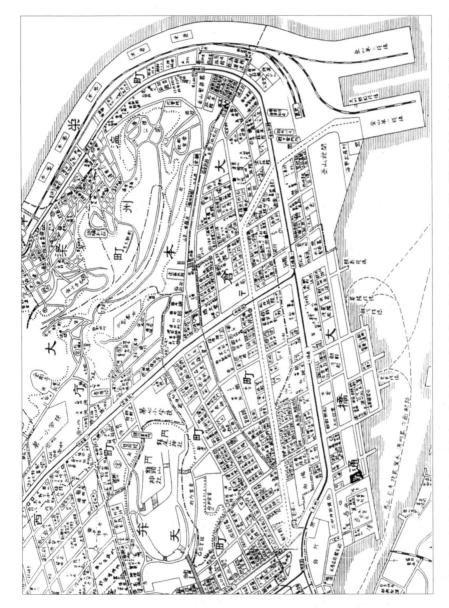

일제시대 부산 핵심 지역 지도. 왼쪽 용두산 위에 '용두산 신사'가 세워져 있다(자료: 神谷丹路, 《한국 가까운 옛이 옛이 여행》, 凱豊社, 2001 211쪽).

立’,〈조선〉, 1939.5).

우리나라에 제일 먼저 등장한 신사는 조선시대에
세워진 부산의 용두산신사이다. 용두산 언덕을 오
르는 돌계단 어린이 놀이터 부근에 그 흔적이 지금
도 남아 있다. 일본인들은 신사를 지을 때 해당 장
소에서 제일 높은 곳에 자리를 잡았다. 그러다 보니
계단을 놓아야 했다. 그래서 지금도 남산 돌계단,
용두산 돌계단 등 각 도시에 이런 돌계단 흔적이 남

용두산 신사를 오르는 돌
계단(자료: 《鮮鐵沿線 名
所, 史蹟, 美術大觀》, 附
各種著名實業家案內, 京
城新聞社, 1919).

아 있는 것이다. 조선 땅에 상징적인 신사는 물론 서울 남산에 자리잡
은 조선신궁이었다.

1945년 광복이 되자 기본적으로 '일본 것'은 깡그리 없애버려야 한
다는 국민의 대일 적개심이 삼천리 강산을 뒤덮었다. 일본인들이 본존
(本尊)으로 애지중지하던 조선신궁의 천조황대신(天照皇大神)은 철폐
되고 단군으로 대치되었다. 그나마 10월 7일 조선신궁 본전은 소각되
어버렸다. 지방 도시도 이를 따랐음은 물론이다. 그래서 현재는 몇 개
의 신사만이 남아 있을 뿐이다.

미국 부시 대통령이 일본 방문 길에 메이지 신궁(明治神宮)을 참배
한 적이 있다. 이는 역사적으로 일본과 불편한 관계에 있는 주변 국가
들의 감정을 무시한 행위였다. 메이지 신궁은 아시아에 위협을 가한
메이지 천황의 신위를 둔 곳이기 때문이다. 어떤 면에서 야스쿠니 신
사(靖國神社)보다 더 문제가 많은 신궁이다.

언제나 몽금포에

소설의 공간인 1930년대의 조선은 희망이 없었다. 힘 없는 서민들
은 조용히 엎드려 살든지 아부하며 살든지 하는 방법밖에 없었다. 형

삼은 이제 아무 것도 할 수 없었다. 만주로 갈 생각까지 해보았다. 조선인들은 나무 뿌리 하나만 캐왔다가는 왜놈들에게 늘씬하게 얻어터졌다. 형삼도 방구들이나 데우려고 나무 뿌리를 캐지만 왜놈 순사에 잡혀 치도곤을 당한다. 착한 그는 반항하지도 못한다. 허나 실은 못한 게 아닐지도 모른다. 강경애도 조선인의 신분으로는 그렇게 밖에 못 썼을 것이다. 더구나 이 소설은 일본인 독자를 대상으로 일본어로 쓴 것이기에 어쩔 수 없는 제약이 따랐으리라.

장산곶 저편 하늘이 캄캄해지고, 먹구름 자락에서 바다 위로 빗줄기가 쏟아져 내리고 있었다.…… 황해에서 밀려온 성난 파도가 요란하게 으르렁거리며 장산곶을 삼키고 있었다.

우리 언제나 장산곶에 가서 몽금포 타령을 목놓아 뽑을 수 있을는지―. 몽금포에 가고 싶다.

가난한 사람들의 길, 거간군의 길

기업화된 복덕방

나는 몇 년 전 상허(尙虛) 이태준(李泰俊, 1904~?)에 대해 언급한 적이 있다. 일본의 도시 가루이자와(輕井澤)에 대한 글을 쓰면서였다.

이태준은 1904년 11월 4일 강원도 철원군 무장면(畝長面) 산명리 (山明里)에서 태어났다. 1921년 휘문고보에 입학하여 습작 활동을 시작, 1924년 일본에 건너가 1925년 도쿄에서 처녀작《오몽녀(五夢女)》를 집필했고, 1926년 죠지(上智) 대학 예과에 입학했다. 그러나 1927년 11월 대학을 중퇴하고 귀국하였다. 1929년에는 개벽사에 입사하고, 〈문장(文章)〉지의 소설 부문 추천인이 된다. 이후 고향 철원에 칩거하다가 1946년 8월 월북하여 우리 눈에서 사라졌다.

그의 단편소설《복덕방》은 1937년 3월 〈조광(朝光)〉지에 발표되었다. 소설은 일제의 지배가 한창이던 1930년대 중반, 당시의 사회 · 문화 행태와 함께 복덕방이라는 공간적 배경을 중심으로 집 짓는 내용을 담고 있다.

주인공 안(安) 초시는 신교육을 시킨 딸 경화(京華)를 두었는데, 그녀에게 아버지는 귀찮은 존재일 뿐이었다.

1930년 이전의 복덕방. 소설 《복덕방》은 1937년 이전을 배경으로 전개된다 (자료: 〈每日新聞社〉).

토월회에도 다니다가 오사카에 가 있느니 동경에 가 있느니 하더만 5, 6년 뒤에 무용가라 이름을 날리며 서울에 나타났다.…… 평양으로 대구로 다니며 지방 순회까지 하여서 제법 돈냥이나 걷힌 것 같으니 연구소를 내느라고 집을 뜯어 고친다, 유성기를 사들인다, 교제를 하러 돌아다닌다 하느라고, 더구나 귀찮게만 아는 이 애비를 위해 쓸 돈은 예산에부터 들지 못하는 모양이었다.

그녀는 이름 있는 무용가가 되어 '안경화무용연구소'를 열고 직접 '무용회(舞踊會)'에도 출연한다. 복덕방 영감들은 "젊은 여자가 벗구, 넓적다리 내놓고 다릿짓한다"고 성화였다. 당시 노인들에게는 도저히 이해가 안 되는 풍속이었다.

소설 속의 추석은 낼 모레였다. 추석 가까운 날씨는 해마다 한결같이 맑았고 하늘은 천리같이 트였다. 복덕방이라고 쓴 베발 안에는 집주름 세 늙은이, 안 초시와 서(徐) 참의(參議) 그리고 박희완(朴喜完)이 모여 있다. '베발'은 간판의 우리말이다. 복덕방 사람을 옛날에는 '집주름'이라 했다. 다시 말해, '집 흥정 붙이는 일로 업을 삼은 사람'을 말한다. 베발, 집주름 다 이제 잃어버린 말이 되어버렸다.

안 초시는 친구인 서 참의의 복덕방에 기거하는 신세고, 박 영감은 가끔 나타나는 바람잡이다. 서 참의는 원래 을지로 6가에 있던 훈련원에서 병법을 익히던 신식 군인 출신이었다. 일제에 의해 그 군대가 해산되고 나서 이 일 저 일 하며 목구멍을 적시다가 이내 복덕방을 개업했던 것이다. 그에게는 집주름 외에 본업이 따로 하나 더 있었다. 하숙을 치는 일이었다.

그러나 20여 간 집에 학생을 치고 싶은 대로 치기 때문에 서 참의의 수입이 없는 달이라고 쌀값이 밀리거나 나무값에 졸릴 형편은 아니다.

안 초시는 여느 날이나 다름없이 복덕방에서 한밑천을 꿈꾸고 있다.

길거리의 동네 복덕방. 생업으로 하는 복덕방은 아닌 것 같다. 그러나 광목에 쓴 '복덕방'이란 글씨 옆에 '토지가옥소개업'이란 나무 간판이 이색적이다 (자료, 《사진으로 보는 조선시대》).

언제 누가 와, 집 보러 가잘지 몰라, 늘 갓을 쓰고 앉아서 한길을 잘 내다보는, 얼굴 붉고 눈방울 큰 노인이 주인 서 참의다. 참의로 다니다가 합병 후에는 다섯 해를 놀면서 시기를 엿보았으나 별수가 없을 것 같아서 이럭저럭 심심파적으로 갖게 된 것이 이 가옥중개업(家屋仲介業)이었다.

우리가 아는 복덕방은 노인들의 작은 생활터전이었다. 주로 노인들이 소일거리로 담배값이나 막걸리값을 벌려고 차린 것이 동네 복덕방이었다. 그것이 언젠가부터 '공인중개사(公認仲介士)'라는 이름으로 바뀌고 젊은 사람과 여자들까지 가세했다. 공인중개사시험이 해마다 높은 경쟁률을 보인다는 뉴스 보도도 심심찮게 나온다.

참으로 놀라운 세상이다. 이제 공인중개사들은 무슨 외국어 이름 같은 간판을 내걸고 시시한 집 한 채가 아니라 빌딩 전체를 주물럭거린다. 그것도 모자라 어떤 지역 전체를 '개발' 해 넘긴다고도 한다. 옛 복덕방 영감들이 이를 알면 큰 격세지감을 느낄 것이다.

처음에는 겨우 굶지 않을 만한 수입이었으나 대정 8, 9년 이후로는 시골 부자들이 세금에 몰려, 혹은 자녀들의 교육을 위해 서울로만 몰려들고, 그런데다 돈은 흔해져서 관철동(貫鐵洞), 다옥정(茶屋町) 같은 중앙 지대에는 그리 고옥(古屋)만 아니면 만 원대를 예사로 훌훌 넘었다.

1910년대 이후 주택 짓기 시작

대정(大正) 8~9년이면 3 · 1 운동 즈음인 1919, 1920년이다. 당시에도 복덕방 집주름 단체가 있었으니 그것이 한성보신사(漢城普信社)다. 대개 친일파들이 회장직을 맡았고, 3 · 1 운동 거부 운동을 하고 다녔다.

그때도 자식 교육 열기는 대단했었나 보다. 신교육이 시작될 즈음에 강북 핵심의 땅값, 집값이 오르고 있는 것을 볼 수 있다. 지금은 서울이 다변화되어 핵이 여러 곳으로 분산되고 있으나 관철동, 다옥정(다동)은 지금도 종로 거리에 가까워 젊은이들이 많이 모이는 곳이었다.

그 판에 봄 · 가을로 어떤 날에는 삼사백 원 수입이 있어, 그러기를 몇 해를 지나 가회동(嘉會洞)에 수십 간 집을 세웠고 또 몇 해 지나지 않아서는 창동(倉洞) 근처에 땅을 장만하기 시작하였다.

지금은 중개업자도 많이 늘었고 건양사(建陽社)같은 큰 건축회사가 생겨 당자끼리 직접 팔고 사는 것이 원칙처럼 되어가기 때문에 중개료 외 수입은 전보다 훨씬 줄은 셈이다.

특이하게도 건축회사 이름이 실명으로 등장하고 있다. 아직 건설회사와 설계사무소 구분이 없을 때였다. 일제 초 1919년에 설립된 건양사는 당시로는 큰 규모의 건설회사였다. 그 대표가 정세권(鄭世權)이었는데 우리나라의 본격적 건설업자였다고 할 수 있다. 요즘으로 치면 현대건설의 정주영 정도 되는 사람이었다.

또 다른 인물로는 '신주택사'의 장지환(張之換)이 있었다. 당시 종로 3가 33번지에 위치한 이 건설회사는 건축 설계 시공 업무를 겸했다. 신주택사는 1940년 7월 일본인의 손에 넘어갔다. 정세권은 장지환의 다음 세대라 할 수 있다.

조선공영주식회사에 건축계장으로 근무한 바 있는 장기인(張起仁)은 당시 한옥 건설업자를 다음과 같이 열거하고, 이어 토건업계의 상황을 말했다.

1930년대의 한옥을 다루던 분 중에 기억에 남는 이는 정세권(鄭世權, 建陽社), 김동수(金東洙, 公營社), 오영섭(吳英燮, 吳工務所), 마종유(馬鐘濡, 馬工務所), 이민구(李敏求, 朝鮮工營株式會社) 등이 있었고, 동경건물회사(東京建物會社), 경춘철도 용지과(京春鐵道 用地課) 등에서 한옥을 지었다.……

한국 주택의 분양을 위하여 건설하기 시작한 것은 1920~30년대이다. 이때까지는 건축주 자신이 자기 집을 지었을 따름이지만 점차 팔기 위한 주택이 건설되었다. 특히 일제 말에는 공사 발주가 폭주하여 지명 배급 분담케 한 일도 있다. 주로 일본회사가 큰 규모의 공사를 맡고 한국인의 회사들은 이삭을 줍는 정도였다(장기인, '건축시공 30년', 〈건축〉, 1975.7~8, 29쪽; 대한건축학회, '한국주택과 주거생활', 1981.7, 24쪽; '소묘(素描)', 〈건축사〉, 1984.12, 72쪽)

조선일보사가 견지동 사옥
을 지을 때의 투시도.

일제하의 조선일보사는 건양사 후원으로 '주택 설계 도안 현상모집'을 시행한다. 기간은 1929년 3월 10일부터 4월 30일까지였다. 조선일보사 사옥이 종로 견지동(堅志洞) 111번지에 있을 때였다. 이 사옥은 대지 440여 평에 건평 320평의 2층 붉은 벽돌조 건물이었다. 1926년 준공되어 박동진(朴東鎭, 1899~1980)이 태평로의 신사옥을 짓는 1939년까지 사용되었다. 이 현상 설계는 우리 건축계 최초의 일로, 신문사와 조선의 민간 건설회사가 처음으로 연합하여 시도한 매우 의미 있는 일이었다.

정세권이 남긴 유산, 가회동 주택군

정세권은 《경성편람(京城便覽)》(홍문사, 1929, 292쪽)에 〈건축계(建築界)로 본 경성〉이란 글을 남긴다. 매우 흥미로운 글이다. 여기 그 전문을 소개한다.

경성의 건축계는, 차차 개량 발전하는 도정(途程)에 잇다고 생각합니다. 내가 처음에 이 건축계에 착수한 동기는, 우리 조선의 가옥 제도가 너무나 불위생적이오, 불경제적임을 발견한 때부터입니다. 이 점에 만히 고려한배 잇서, 좀더 경제적으로 위생적으로, 본위(本位)를 삼아 매년 300여 호식(式)을 신축하야 방매(放賣)해왓습니다.

하여간 1919년에 재목 1치(寸)에 금 2전(錢)인대, 건축비는 매칸(每間)에 160원(圓) 가량 들던 것이, 지금은 재목 1치에 금 15전인대, 건축비는 매칸에 120원이면 훌융합니다.

근래의 경향은, 일반이 개량식을 요구하는 모양입니다마는, 개량이라면 별것이 안이라, 종래 협착(狹搾)하든 정원을 좀더 넓게 하며, 양기(陽氣)가 바로 투입(透入)하고, 공기가 잘 유통하야, 한열건습(寒熱乾濕)의 관계 등을 잘 조절함에 잇습니다.

뿐만 안이라, 외관도 미술적인 동시에, 사용상으로 견확(堅確)하고, 활동에 편리하며, 건축비, 유지비와 생활비 등의 절약에 유의(留意)함이, 본사의 사명인가 합니다.

재래식의 행랑방(行廊房), 장독대, 창고의 위치 등을 특별히 개량하야왓고, 또 한편으로 중류 이하의 주택을 구제(救濟)하기 위하야 년부(年賦), 월부(月賦)의 판매 제도까지도 강구(講究)하야, 주택난에 대해서는 다소의 공급이 잇다고 생각합니다.

정세권은 중류 생활자를 대상으로 매년 300여 채씩 집을 지어 팔았다. 그가 설계한 집들은 근대적인 특징을 가지고 있다. 위생적이고 경제적이어야 한다는 데 지론을 두고, 주택 외관도 신경을 썼고 정원을 만들고 햇볕이 잘 드는 집을 지었다. 이미 그때 할부제 주택을 생각해내 효능적인 집을 공급하였다. 가회동 31번지 일대에는 정세권이 지은 집들이 아직 남아 있다. 건양사는 설립된 지 23년 만인 1942년 문을 닫았다.

◎建築界로본京城

建陽社 鄭世權

京城의 建築界는、次々 改良發展하야다고 생각합니다。내가 처음으로 이 建築界에 着手한 動機는、우리 朝鮮의 家屋制度가 너머 不經濟하고 不衛生的임을 發見한 째부터임니다。이 點에 만히 考慮한 배이써、좀더 經濟的으로 衛生的으로 本位를 삼아 每年 三百餘戶式을 新築해왓습니다。何如間 大正八年에 材木 一寸에 金十五錢인데、建築費를 每間에 二十圓이면 충용합니다。年今은 材木 一寸에 金二錢인 則、建築費를 每間에 百六十圓 假量 들던 것이、五今은 모당입니다마는、改良이라면 別것이 안이라、從來 狹搾하든 庭園을 좀더 넓게 하며、陽氣가 바로 透入하고、活動 에 便利하며、寒熱乾濕의 關係 等을 잘 調節함에 잇습니다。뿐만 안이라、外觀도 美術的인 同時에、使用上으로 堅確하고、活動 에 便利하며、建築費、維持費와 生活費 等의 節約에 留意함이、本社의 使命인가 합니다。在來式의 行廊房、장독머、倉庫의 位 置 等을 特別히 改良하야왓고、또 한편으로 中流以下의 佳宅救濟하기 爲하야 年賦、月賦의 販賣制度까지도 講究하야、佳宅難 에 對해서는 多少의 供給이 잇다고 생각합니다。

정세권이 1929년 《경성편람》에 발표한 〈건축계로 본 경성〉의 원문(자료: 《경성편람(京城便覽)》).

대중 앞에 선보이는 문화주택들

소설 속으로 다시 가본다.

심심해서 운동 삼아 좀 나다녀보면 거리마다 짓느니 고층 건축이요, 동네마다 느느니 그림 같은 문화주택들이다.

복덕방을 하는 안 초시에게도 문화주택은 그림의 떡이었다. 1920년 대에서 30년대 전반기에 걸쳐 서울에 많은 고층 건축물이 세워지고 있었다. 서울뿐 아니라 같은 시기 부산·평양·대구·인천 등지도 마찬가지였다.

여름이 극성스럽게 더웁더니, 추위도 그럴 징조인지 예년보다 무서리가 일찍 내리었다. 서 참의가 늘 지나다니는 식은관사(植銀官舍)에는 울타리가 넘게 피었던 코스모스들이 끓는 물에 데쳐낸 것처럼 시커멓게 무르녹고 말았다.

서 참의가 사는 동네 근처에는 왜인들이 사는 '식은사택'이 있었다. 식은사택은 식산은행 사택을 말하는 것으로, 1922년 조선식산은행(朝鮮殖産銀行)에서 일본인들을 위해 지은 고급 주택이었다. 당시 식은사택은 조선인들은 꿈에도 못 꿀 집이라 다만 부러운 눈초리로 볼 뿐이었다. 그러던 중 박 영감이 큰 정보를 하나 물어왔다.

관변에 있는 모 유력자를 통해 비밀리에 나온 말인데 황해 연안(黃海沿岸)에 제2의 나진(羅津)이 생긴다는 말이었다. 지금은 관청에서만 알 뿐이나 축항용지(築港用地)는 비밀리에 매수되었으므로 불원하여 당국자로부터 공표(公表)가 있으리라는 것이다.

서해안의 한 밭을 도시로 바꾸는 일이었다. 소문이 난 후 설계도가 은밀히 나돌았다. 이에 일확천금을 노리는 자가 줄을 섰다.

서양식 근대 건물이 많이 들어찬 나진부. 작은 어촌에 지나지 않던 나진은 일본과 만주를 잇는 수송 거점 도시로 발탁되어 나진항을 중심으로 개발되어갔다(자료:《望鄕 朝鮮》).

초시는 생각할수록 이것이 훌륭한, 그 무슨 그루터기가 될 것 같았다. 나진의 선례도 있거니와 박희완 영감 말이 만주국이 되는 바람에 중국과의 관계가 미묘해짐으로 황해 연안에도 으레 나진과 같은 사명을 가진 큰 항구가 필요한 것은 우리 상식으로도 추측할 바이라 하였다. 초시의 상식에도 그것을 믿을 수 있었다.

일본 관동군의 음모로 1931년 9월 18일 만주사변이 발발, 1932년 3월 1일 만주국이라는 일본의 괴뢰국이 생겼다. 일본은 만주에서 산출된 자원을 일본으로, 그리고 일본에서 생산된 것을 만주로 보내기 위해 조선 내 수송 거점 도시를 물색했다. 그곳이 함경북도 나진이었다.

조선총독부는 1934년 11월 20일 나진부(羅津府)를 최초로 시가지 계획 구역으로 결정 고시한다. 이는 일본 정부의 요구에 따른 것이었다. 즉, 나진을 빠른 시일내에 계획적인 시가지로 조성해야 할 필요성이 생겼기 때문이다. 나진부는 이 법이 생기기 전에는 10여 채의 가옥밖에 없는 작은 어촌에 불과했다.

정말이기만 하면 한 시각이라도 먼저 덤비는 놈이 더 먹는 판이다. 초시는 5,6전하던 땅이 한번 개항된다는 소문이 나자 당년으로 5,6전의 100배 이상이 올랐고, 3,4년 뒤에는, 땅 나름이지만 어떤 요지(要地)는 1000배 이상이 오른 데가 많다.

안 초시는 무용가 딸에게 이 비밀을 누설하였다. 딸도 이때만큼은 적극 찬동한다.

3000원어치 땅을 사놓고 날마다 신문을 훑어보며 수소문을 하여도 거기는 축항이 된다는 말이 신문에도, 소문에도 나지 않았다. 용당포(龍塘浦)와 다사도(多獅島)에는 땅값이 30배가 올랐느니 50배가 올랐느니 하고 졸부들이 생겼다는 소문이 있어도 여기는 깜깜 소식일 뿐 아니라…… 축항 후보지로 측량까지 하기는 하였으나 무슨 결점으로인지 중지되고 마는 바람에 너무 기민하게 거기다 땅을 샀던, 그 모씨가 그 땅 근처에 곤란하여 꾸민 연극이었다.

불행이었다. 이제 돈커녕 친자 간에 의도 끊어지게 되었다. 안 초시는 절망 끝에 결국 약을 먹고 자살하였다. 안 초시가 허망하게 세상을 뜬 후 그 영결식은 딸의 무용연구소 마당에서 치러졌다. 두 영감 친구는 묘지에 가는 대신 동네 술집으로 발길을 돌린다. 야박한 세상 인심이 싫어서였다.

김사량의 《천마(天馬)》

살려고 발버둥치던 패배자 문인이
걷던 경성 거리

두 나라를 산 지식인

김사량(金史良, 1914~1950?)은 1973년 재일 문학평론가 안우식 (1932~) 등이 되살려놓기 전까지는 잊혀진 작가였다.

사량은 평양 육로리(陸路里)에서 4남매 중 차남으로 태어났다. 아명은 시창(時昌)이었다. 그의 어머니는 대동강 부근의 기생학교 옆에 자리한 요정의 주인이었다. 평양 제일 가는 요정이었다고 한다. 또한 시내에 백화점도 갖고 있었다고 하니, 큰 경제적 어려움 없이 어머니가 자식 교육을 다 시킨 것 같다.

1928년 평양고등보통학교에 입학하나, 1931년 5학년 재학 중 퇴학 당해 17세 때인 1933년 일본으로 떠난다. 먼저 일본에 가 있던 형 시명(時明)의 도움을 받아 4월 형이 다녔던 사가(佐賀) 고등학교에 들어간다. 당시 형은 교토 제국대학 법학부 학생이었다.

김사량은 1935년 도쿄 제국대학 독일문학과에 입학하여 도쿄 제대의 금단추가 달린 교복을 입었다. 혼고(本鄕) 모리카와죠(森川町)에 있던 쓰노다칸(角田館)에서 하숙했다. 1939년 봄 졸업 후 이어 대학원에도 진학한다. 이 정도 되면 조선인으로서 최고의 학벌을 갖춘 셈이다.

그는 1940년 2월 〈문예수도〉에 《토성랑(土城廊)》을 1940년 6월 〈문예춘추〉에 《천마(天馬)》를 각각 발표하여 이름을 얻기 시작한다. 대학원생이던 이때가 그에게는 가장 문학 활동이 활발하던 시기였다. 대학원에는 1939년 4월 27일부터 41년 4월 26일까지 적을 두었다. 1940년 소설 《빛 속으로》로 조선인 최초로 아쿠타가와(芥川) 상 후보작에 선정되기도 했다.

일본에서의 문학 활동은 1939년 말부터 1942년 봄 반강제적으로 귀국하기까지 2년 정도였다. 태평양전쟁이 일어난 1941년 12월 8일 다음 날 일제의 '사상범 예비 구금법'에 의해 예비 검속되었기 때문에 귀국하게 된 것이다. 1942년 이른 봄 2월, 그는 평양 인흥리(仁興里) 458의 84번지에 있는 고향 집으로 가 글쓰기에 매달렸다.

1944년 4월에 평양의 대동공업전문학교(大同工業專門學校) 독일어 선생이 된다. 그러나 그는 1945년 5월 국민총력조선연맹병사 후원부가 파견한 '재지반도(在支半島) 출신 학도병 위문단' 일원으로 중국 베이징에 간다. 일본군 보도반원으로서 중국에 파견된 조선인 출신 학도병을 위문하고자 갔던 길이었다. 이때 노모와 처자를 안전한 곳으로 소개(疏開)시킨다. 그는 일본의 봉쇄선을 뚫고 조선 의용군의 항일 근거지인 태항산 남장촌으로 탈출, 조선 의용군의 일원이 되었고 종군기자로 참여하게 된다.

이후 8 · 15 해방과 더불어 조선 의용군 선발대의 일원으로 평양에 도착하여 줄곧 머물렀다. 이때의 상황을 정리한 것이 항일 중국 기행인 장편르포 《노마만리(駑馬萬里)》이다(김재용 편주, 실천문학사, 2002).

노마만리는 '걸음 느린 말의 만리 길' 이란 뜻이다.

형 시명은 해방 후 미군 정청(政廳) 전매(專賣)국장을 한다. 1948년 당시 서울 낙원동 151번지에 살고 있었던 것으로 확인된다(《서울전화부》, 1948년 5월 1일 발행). 대한민국 정부 수립 후에도 고위직에 있다가 6·25 전쟁 중 행방불명된다. 김사량도 1950년 한국전쟁이 발발하자 종군기자로서 낙동강 전선까지 내려갔다가 후퇴하는 길에 원주 부근에서 실종되었다. 이때 그의 나이 36세였다.

단편소설 《천마》는 일본어로 씌어졌다. 소설의 무대는 1930년대 말 경성이다. 주제와 동선이 유진오의 《김 강사와 T교수》(1935)와 비슷하다. 시간적으로 5년 차가 날 뿐이다. 당시 일본인들은 《천마》를 통해 조선의 문학 풍토를 읽어낼 수 있었을 것이다. 김사량은 일본어로만 작품을 발표해 친일작가로 불리기도 하지만, 사실 그의 작품들을 보면 일제 치하의 조선인들이 받는 억압과 차별, 식민지 지식인의 고뇌 등을 조명한 것들이 많다. 《천마》도 그러한 성격을 지니는데, 김사량은 이 소설로 인해 조선총독부 도쿄 출장소의 블랙리스트에 이름이 올라갔다. 일본 문학가들이 올린 것이다.

소설가가 사는 동네

소설의 주인공은 현룡(玄龍)인데 일본식으로는 '겐류' 이다. 그는 스스로를 겐노가미 류노스케(玄の上 龍之介)로 만들고 싶어했다. 유명한 일본 소설가 아쿠타가와 류노스케(芥川龍之介, 1892~1927)를 흉내낸 것이다.

현룡은 일본에서 불명예스럽게 퇴출당해 조선으로 쫓겨온 지 어언 6년째를 맞고 있다. 경성의 문학 사회에서는 오락잡지의 삼류 소설가로 그런대로 이름이 나 있었으나, 사실 그는 과대망상의 미치광이일 뿐이었다. 게다가 조선의 평론가들에게는 '조선 문화의 무서운 빈대'로 증오, 배척당하는 신세였다. 그러나 현룡은 스스로 조선의 잘나가는 문사로 자처하며 산다.

내선일체(內鮮一體)를 부르짖는 일도 그에게는 밥벌이였다. 남자는 일본이요 여자는 조선이니 결혼하는 것이 내선일체라고—. 궁핍과 고독, 절망이 그를 그렇게 만든 것일 게다. 현룡의 소설에는 호텔이나 로비·댄스홀·살롱·귀족부인·흑인 운전수 등 고급, 상류 문화의 소재가 주로 등장한다. 그러나 그는 집도 돈도 마누라도 없는 신세였다.

축축한 길바닥에 집들은 쓰레기통처럼 다닥다닥하고 개천에는 재며 더러운 것들을 버리거나 흘려보내는 바람에 후덥지근한 악취가 피어오르고, 거센 바람에 재나 먼지가 날리고 있었다.

경성은 황금정(黃金町)을 경계선으로 해서 그 이북이 순수한 조선인 거리였다. 황금정은 고가네마치로 불리는데 지금의 을지로를 말한다. 당시 을지로 쪽의 환경이 엉망이었다. 그는 황금정 부근 주택가의 골방 신세였다. 소설에는 을지로 5가 쪽을 그리고 있다.

하루 종일 한 줌의 햇빛도 받지 못하는 굴 속 같은 방이지만 그래도 그에게는 창호지를 바른 문의 밝기가 시계 구실을 하고 있었다. 뒤쪽으로 이어진 부엌에는 노파가 오늘도…… 아궁이에 불을 지피고 있다. 부엌에 가득 차 오른 연기가 찢어진 장판지 사이와 문구멍, 벽의 틈새 여기저기로 뭉게뭉게 파고들어온다.

집이라 할 것도 없는 집에 살고 있는 것이다. 사실 조선인은 누구나 할 것 없이 다 이런 열악한 환경에서 생활하던 때였다.

충무로 5가 주변

현룡은 경성에서 발행되는 일본의 정략적 시국잡지의 책임자인 오무라(大村)에게 몸을 기댄다. 오무라는 일본 관리 출신으로 전형적인 제국주의자였다. "조선인의 영혼까지 끌어올려 내지인과 같이 만들어 주겠다"는 것이 그 자의 목표였다.

오무라는 조선에 부임하자마자 처음에는 현룡을 이용한다. 현룡이 어느 날 혼마치(本町) 거리에서 엉터리 혐의를 뒤집어쓰고 일본 헌병대에 검거되었다. 이를 오무라가 빼주면서 현룡은 그의 충성스런 개가 된다. 그러나 오무라는 어느 정도 경성 분위기를 파악하고는 현룡을 버린다.

이에 현룡은 창녀에게 위로를 얻으려 한다. 혼마치 5정목의 남쪽 산모퉁이 부근 신마치(新町) 유곽이 유일한 탈출구였다. 후텁지근한 초여름, 이른 아침 신작로 뒷골목의 어느 창가(娼家)에서 나온 현룡은 멋쩍은 듯 어깨를 잔뜩 웅크리고 흐느적흐느적거린다.

땅바닥으로 기는 것 같은 추녀가 다투듯 빼곡이 들어차 얼기설기 얽힌 골목길 어디를 어떻게 가야 빠져나갈 수 있을지 도무지 짐작할 수가 없다.…… 앞이고 옆이고 간에 한결같이 대문에 빨강 파랑 페인트를 덕지덕지 발라놓은 흙벽이 당장이라도 무너져 내릴 듯한 집들뿐이었다.

뒷골목 창녀의 집들은 도토리 키 재기하듯 고만고만한 게 다닥다닥 밀집해 있었다.

신마치 유곽 입구. 좌우로
여러 타입의 창가(娼家)가
있었다.

　막다른 길, 구불구불 돌면서 간신히 언덕 위 양춘관(陽春館)이라는, 역시 파란 페인트가 칠해진 대문 앞가지 당도했다. 주위에는 모조리 몇 백 몇 천은 될 것 같은 언덕을 이루며 밀집해 있는 조선인 창가의 지붕이 오른쪽으로 왼쪽으로도 위로도 아래로도 물결치고 있었다.

　현룡은 문단에서 좌절하고 일본인에게 버림받고 이제 이틀 후면 절로 들어가야 할 처지가 되었다. 묘광사(妙光寺)는 을지로 5가 사범학교에서 신마치를 올라 남산 쪽 언덕에 있었다.

명동성당에서 한국은행까지
그곳에서는 멀리 명동성당이 보였다.

　뿌얀 아지랑이를 뚫고 멀리 서쪽 너머로 천주교 회당의 높이 우뚝 솟은 종루가 보이고 그 주변에 고층 건물들이 빙산처럼 무리를 짓고 있다.

당시 서울에서 명동성당은 제일 높은 건물이었다. 서울 어디서나 보였다. 그러나 이제 명동성당은 더 높은 건물들에 가려 빛을 발하지 못하고 있다. 현룡이 이제 가려고 하는 곳은 혼마치였다.

혼마치라 하면 경성에서는 제일 번화한 내지인(內地人) 동네로 그 거리는 기다랗게 동서로 이어져 있었다.

혼마치 거리는 오전 중에도 붐볐다. 메이지 제과(明治製菓)부터 그 입구까지가 가장 번화하다. 메이지 제과는 그의 하루 동선의 시작점이자 조선 문인들의 회합처였다. 1층 홀에서는 커피도 팔았다. 도쿄 혼고(本鄕)에 있는 것이 본점이고 경성 혼마치의 것은 지점이었다.

메이지 제과에서 나오면 왼쪽에 미쓰코시 백화점, 오른쪽에 경성우체국, 맞은편에 조선은행이 둘러친 광장이 나온다. 당시 우리나라 이정표의 중심이 되는 곳이었다. 현룡은 이 길을 자주 오간다. 하세가와죠(長谷川町)로 빠지는 이 길이 지금의 소공동(小公洞) 길이다.

그는 광장을 건너 맞은편 조용한 하세가와죠 쪽으로 들어섰다. 잠시 걸어가니 오른쪽에 높은 옛날식 담이 이어지고, 고색창연한 웅장한 대문이 우뚝 나타난다. 그 문을 넘어 들어가면 넓은 정원 안에 구한국 시대 어느 나라의 공사관이었다던가 하는 훌륭한 서양식 건물이 있었다.

'개량론'이 판치던 시대

도쿄 문단의 중견 작가 다나카(田中)가 만주에 가는 길에 경성에 들러 조선호텔에 투숙한다. 그는 조선을 관찰한답시고 와서 비슷한 패거리들과 함께 어울리고 있다. 하나같이 조선을 모욕하고 비웃는 자

혼마치 1정목(현 충무로 1
가). 예나 지금이나 사람들
로 붐비는 번화가다.

혼마치 2정목(현 충무로 2
가). 오른쪽은 메이지 제과
와 상품 광고. 당시 메이지
제과점은 문인들이 많이
들락거리던 곳이었다.

조선은행 앞 광장. 미쓰코
시 백화점, 경성우체국 등
이 모여 있는 혼마치의 중
심지다.

들이었다.

　당시는 다나카와 같이 일본에서 슬럼프에 빠진 일부 지식인들이 만
주에 가서 글을 팔아먹고 사는 게 유행이던 시대였다. 그들은 지나인
(支那人)과 조선인을 무시하는 데서 오는 희열도 맛보며 조선에 와 3
일 정도 본 것을 가지고 신문, 잡지 등에 글을 써댔다. 또한 거창하게
동아(東亞)를 떠벌리고 야마토(大和) 혼(魂), '조선 민족 개량'을 화두
로 내세웠다. 여기에 맞장구친 자들이 써대는 글도 핵심은 조선 민족
개량이었다. 1940년부터 가야마 미쓰로(香山光郞)로 행세한 이광수뿐
만이 아니었다. 각 분야의 저명인사란 자는 거의 다 그랬다.

　현룡은 조선호텔로 다나카를 찾아간다. 도쿄에서 문학을 할 때부터
조금은 알고 지내던 사이였다. 현룡은 도쿄에서 15년간 생활했는데 마
치 거리의 들개(野良犬) 같았다. 조선인이라는 이유 하나만으로 하숙

에서 쫓겨나고 차별받았다.

그는 다나카의 여동생 아키코(明子)를 일방적으로 좋아했다. 그래서 자신이 조선의 귀족이며 천재라고 거짓말을 했으나, 여대생인 그녀는 그를 경멸할 뿐이었다. 그런데도 그는 막무가내로 그녀를 덮치려 했다가 걸려들어 조선으로 추방당했던 것이다.

호텔과 다방

그런데 왜 현룡은 동생 일로 껄끄러운 관계였을 텐데도 다나카를 찾아간 것일까. 조선인들은 일본에서 이름 있는 사람이라도 오면, 하잘 것 없는 문학계 퇴물들까지 자기가 조선 문인을 대표하는 듯한 얼굴로 몰려간다. 현룡도 일본 잡지에 일본어로 글을 쓰고 싶어 안달이 났던 것이다.

조선의 예술가, 그건 얼마나 불행한 존재인가요. 자연은 황폐하고, 민중은 무지하고, 인텔리는 또 예술의 고귀함을 알지 못합니다.…… 모든 게 미련하고 기쁨도 없으며, 또 누구 한 사람도 조선의 예술가를 중요하게 대접하지 않습니다. 버려진 쓰레기 속에서 서로 몸부림을 칠 뿐입니다. 나도 결국 쓰레기 속으로 쓸어 내던져진 한 희생자입니다.

이것은 아마 김사량 자신의 얘기였을지도 모르겠다.

조선호텔 입구는 회전문이 설치되어 있었다. 그는 프론트로 간다. 그러나 다나카는 오무라와 어느 관립전문학교의 가도이(角井) 교수 그리고 그러저러한 조선 문학계의 퇴물 너 댓 명과 함께 호텔을 나간 뒤였다. 오무라와 다나카는 대학 동창이었다. 현룡은 다나카에게 부탁하여 자신을 버린 오무라의 마음을 돌려보려는 목적으로 여길 찾은 것

소공동 조선호텔. 담장이 운치 있다. 이 담은 안타깝게도 1967년 철거되었다.

이었다. 그러나 그들은 그렇게 호락호락한 친구들이 아니었다. 현룡 혼자 제 꾀에 제가 넘어갈 뿐이었다. 그는 널따란 로비 소파에서 무위 도식하는 사람처럼 시간을 죽친다. 당시 지식인들의 일상은 지루함에서 시작, 술타작으로 끝나는 것이 상식이었다. 마땅히 할 일이 없었기 때문이다.

결국 만나기를 실패한 현룡은 하세가와쵸에서 황금정으로 나와 다방 '리라' 앞을 지난다. 종로로 가는 길이었다. 다방 '리라'는 경성 문화인들의 또 하나의 아지트이자 안식처였다. 리라에는 아름다운 여류시인 문소옥(文素玉)이 백합처럼 청초하게 앉아 있었다. 경박함과 퇴폐의 그림자가 물씬 나는 여자였다. 시어(詩語)보다는 요염한 몸매가 무기인 여자였다. 그들은 광치(狂痴, 미치광이와 멍청이)의 관계에 있었다.

조선어로 조선 문학을 지키려는 젊은 평론가 이명식(李明植)은 현룡처럼 일본에 빠진 자를 경멸하였다.

그들은 자신들의 손으로 조선의 문화를 세우고 그리하여 그 독자성을 신장시켜야만 하며, 그것은 또 나아가서는 동양 문화를 위하고 세계 문화를 위해서 이기도 하다.

80퍼센트가 문맹인 시대였다. 불과 10퍼센트가 일본어를 배워 알고 있었다. 일제에게 우리말도 빼앗기고, 다수가 교육의 혜택을 누리지 못하는 상황에서 우리의 문화를 만들어가기란 요원했다. 그래도 우리 사회는 이명식과 같은 몇 사람의 노력에 의해 그 명맥이 유지될 수 있었다.

종로 뒷골목, '피맛골(避馬洞)'과 이문동(里門洞)

현룡은 종로로 걸어든다. 조선인 거리에서 제일 번화한 곳이다.

하얀 벽돌로 지은 조선인이 경영하는 커다란 은행 앞을 지나 어느새 종로 4가 쪽 가까이 왔다……. 백화점 화신과 장안 빌딩 등 고층 건물을 기점으로 하여 동대문 쪽으로 대로를 끼고 거창한 건물들이 해협처럼 이어지고 있었다. 마침 네거리에 서 있는 구세기 유물인 종각 앞에 나오자…… 장안 빌딩 앞 부근부터는 길거리가지 밤의 노점상이 나와 있고 사람들의 물결로 복잡하다.

종로는 수많은 인파와 함께 지게꾼, 인력거, 자동차, 전차가 지나다니는 번잡한 길이었다. 조선인뿐만 아니라 일본인도 몰려드는 곳이었다. 일본인들은 이른바 '조선의 맛'을 즐기러 이곳을 찾아왔다.

종각(鐘閣)은 1895년 보신각(普信閣)으로 이름을 바꿔 달았으나 시간이 흘러도 사람들은 그냥 종각이라 불렀다. 장안(長安)빌딩은 종로 YMCA 건물의 우측에 있었다. 해방 후 조선 문학 건설 본부(문건), 조선 프롤레타리아문학 동맹(프로동맹) 등이 들어서 문인들이 드나들었다. 1970년 3월 20일 종로 거리 확장공사 때 헐려버렸다. 지금도 장안빌딩 자리 부근에는 장안빌딩이 있는데, 1970년 이후의 건물이다.

그는 피하려고 몇 발작 뒷걸음질치다 예수서관 옆으로 꺾어져 있는 어둑한 골목길로 들어갔다.……

지금은 폐점해 없어진 종로서적 뒷길이다. 이 길에 대한 묘사를 보면 격세지감이 있다.

거긴 소위 종로 뒷골목으로, 카페, 바, 선술집, 오뎅집, 마작집, 수선집, 음식점, 여관 등이 눈이 휘둥그레지도록 번쩍이거나 입을 벌리거나, 뒤로 쑥 물러나거나, 땅바닥에 달라붙듯이 즐비했다. 끼끼하고 레코드가 요란스럽게 주변 일대에 울려대고, 양복이나 흰옷을 입은 사람들이 이리저리 돌아다니고 있다. 경기가 좋은 장사꾼이나 총독부 주변의 조선인 고용원, 직업 없이 돈 있는 청년, 모던 보이, 그리 음악 카페 음악가, 바마르키스트 따위들이 밤이면 늘 이 일대에 나타나 기염을 토해낸다. 그 중에는 큰돈을 뿌리러온 금광 사내도 있었다.

여기서 카페(Cafe)는 끽다점(喫茶店)을 말하는 것으로 인텔리들의 소요처였다. 파리의 카페가 일본을 통해 흘러들어온 것이다. 1910년

종로 2가. 제법 큰 서양식 건물도 들어서 있고, 전차와 자동차가 다니는 번화한 풍경이다.

대 말에는 커피 위주였으나 1920년대에 들면서 차츰 술과 여급(女給)이 있는 곳으로 변해갔다.

현룡은 카페 '종로회관', 바 '신라' 등을 섭렵하다가 한밤중에 관철동 우미관(優美館) 쪽 골목길로 들어선다. 우미관 골목은 종로 전성기에 종로의 핵심이었다. 극장, 음식점, 술집은 사람들로 흥청거렸다. 지금 우미관 건물은 전면이 증축되어 그 형체를 알아 볼 수 없으나 전체적인 규모는 그대로 있다. 현재는 술집이 되어 있다.

우미관 골목은 '피맛길'과 이어진다. 흔히 '피맛골'이라고도 하는데, 종로 큰길의 뒷골목을 칭하는 말로 진창길이었다. 조선시대 이래 임금과 양반들이 말을 타고 종로 대로를 행차할 때 아랫것들이 이를 피하기 위해 다녔다는 데서 그 이름이 유래했다. 즉, 말을 피해 다닌다는 뜻에서 피맛골(避馬洞)이라 부른 것이다. 원래는 동대문부터 서대문까지 이어진 길이었다. 종로 1가부터 6가까지 위, 아래로 나누어 윗피맛골(上避馬洞)과 아래 피맛골(下避馬洞)이라 불렀다.

말 한 마리 겨우 지나갈 정도로 좁은 이 골목에 조선 특유의 싸구려

술집, 허름한 집이 잇대어 붙어 있어 서민들뿐
만 아니라 장사치, 부랑자들도 이 골목을 기웃
거렸다. 일제시대에도 술집 골목으로 유명했
다. 남루한 조선인 노동자들, 돈 없는 청춘남녀
들이 막걸리, 약주 한 잔으로 목을 축이는 곳이
었다. 해방 후에도 피난길의 서민과 가난한 서
울 유학생들의 통로였다.

개발도상기인 1970년대 종로 길이 남쪽으로
확장되면서 피맛길 남쪽은 사라졌다. 물론 종로서적 뒷길도 이에 해당
한다. '종로구 인사동 피맛골 번영회'가 만들어져 활동하는 것은 매우
고무적인 일이라 할 수 있다. 그러나 2004년 현재 서울시가 청계천 주
변 지역 재개발, 뉴타운 개발 등 도시 재개발 사업을 벌이면서 피맛골
이 마구 파헤쳐지고 있다. 이익만 앞세운 무분별한 개발이 자칫 피맛
골이 담고 있는 오랜 전통과 역사마저 없애버릴까 걱정스럽다.

1915년 문을 연 한국 최초
의 상설 영화관 우미관. 언
제나 사람들로 북적거려
'우미관 구경 안 하고 서울
갔다왔다는 말은 거짓말'
이라는 말까지 생길 정도
였다.

한편 인사동과 화신백화점 사이의 동네를 조선시대 때는 이문동(里
門洞)이라 불렸는데, 인사동 222번지에 '이문(里門)'이 세워져 있어
그렇게 불렀다. 이문은 마을 어귀의 방범초소를 부르는 말이었다.

현룡이 앞서 지나왔던 곳과는 천양지차다. 현룡이 찾은 술집에 오늘
내내 찾던 그 일본인 문객들이 들어섰다.

내지에서 말하자면 오뎅집을 크게 만들 술집이라 할까. 저 시시한 조선
인 무리에서 해방된 개운한 기분으로 조선 술이라도 한번 마셔보지 않겠
습니까.

조선인에 대한 일본인들의 시각을 보여주는 말이다. 조선인 문학계

퇴물들도 동석하고 있는데 아랑곳하지 않는다. 그들은 대륙적 기분을 맛본다고 했다. 당시 대륙적 분위기란 중국, 만주와 연결된 이미지로 좋은 의미가 아니었다. 섬나라 일본인들이 반도적, 대륙적 운운하며 조선을 자신들이 다스리는 일개 지방 정도로 여기고 깔보고 있는 것이다.

현룡은 다시 신마치로 간다. 그를 받아줄 곳은 그곳의 싸구려 창가(娼家)밖에 없었기 때문이다.

김남천의《경영》과《맥》

아파트를 무대로 한 첫 소설

북으로 되돌아간 소설가

소설가 겸 문학평론가인 김남천(金南天, 1911~1953)은 평남 성천군 (成川郡) 성천면(成川面) 하부리(下部里)에서 1911년 3월 16일 2남 2 녀 중 장남으로 태어났다. 아명은 효식(孝植)이다. 부친 김영전은 중 농이며 관리였다. 1926년 15세 때 평양고보에 입학, 1929년 졸업과 동 시에 도쿄 유학을 떠난 것으로 보아 중상류 계급이었던 것 같다.

김남천은 호세이(法政) 대학 예과 재학 중이던 1929년 카프에 가입하 여 평양 고무공장 파업사건에 뛰어든다. 1930년 안막, 임화 등과 함께 카프 도쿄 지부에서 발행한 〈무산자(無産者)〉의 동인이 된다. 1931년 일련의 일들로 대학에서 제적되어 귀국하나, 귀국 후 카프사건으로 체 포되어 2년 간 형무소에서 복역한다. 1933년 병보석으로 출감한 후에 도 카프 활동을 계속하다가 1940년에는 조선 문인 보국회에 들어간다.

해방 직후에는 임화, 이원조(李源朝) 등과 조선 문학 건설 본부를 조직하고, 1946년에는 조선 문학가 동맹을 결성, 서기장을 맡아 기관지 〈문학〉을 발행한다. 1947년 말 월북하여 활동하다 1953년 숙청된 듯하다.

신건축에 대한 당시의 인식

《경영(經營)》(〈문장〉, 1940. 10)과 《맥(麥)》(〈춘추〉, 1941. 2)은 2부 연작 소설이다. 이 소설들은 대략 1938년부터 1940년 사이에 일어난 일을 쓰고 있다. 김남천 자신이 겪은 일을 말하고 있는지도 모른다. 동양 사상 인식 문제나 형무소 경험 등이 그것이다.

주무대는 당시까지 별로 다뤄지지 않았던 서울 충정로의 한 아파트다. 주인공 최무경(崔武卿)은 '야마도 아파트'의 여 사무원이었다. 그녀에게는 오시형(吳時亨)이라는 약혼자가 있는데, 평양의 귀한 가문에서 태어난 나약한 청년이었다. 그는 일본의 이와나미(岩波) 출판사에서 발행하는 책에 빠져 있었다. 경제학 서적과 철학 서적이 주였다. 이와나미는 좌익, 사회주의 사상서를 주로 내던 출판사로 지금도 유명하다. 그 출판사 책을 탐독한 시형은 서양과 동양에 대한 깊은 사유에 빠져든다.

개화(開化)가 있은 지 가령 칠십 년이라고 합시다. 이때부터 구라파의 근대를 수입해왔다고 쳐도 실상은 구라파의 정신은 그때에 벌써 노쇠해서 위기를 부르짖고 있던 때입니다.

당시는 구화주의(歐化主義)가 지나가고 국수주의와 민족주의가 팽배해지던 때다. 그 자신 부르주아 계급이자 친일파의 자식이었으나 그는 분명 고뇌하고 있었다.

서양학자가 동양에 오면 도시의 근대 건축이나 그런 것에는 조금도 감탄하지 않고 고적이나 유물 앞에서는 아주 무릎을 친답니다. 그를 안내한 동양학자는 이것을 설명해서 서양 사람들은 위안(慰安)으로 밖엔 감탄하지 않는다고 말합니다. 유물이나 고적에서 서양을 건져내인다던가 세계 정신을 갱생시킬 요소를 발견하고 감탄하는 것은 아니란 것입니다. 이런 점은 우리 동양 사람이 깊이 명심할 일입니다.

시형은 아마 1930년대 일본 지식층의 대동아권적 사고 풍조를 묘사하고 있는 것 같다.

동양을 여행하는 외국 사람들이 우리 서양식 건축과 문명을 구경하고 감탄은 하면서도 샘스러 그저 누추한 모방품을 본 듯이 유쾌하지 못한 낯작을 한다는 의미의 말씀을 드렸지요. 바로 서양식 건축 같은 가정이 우리 집이라구 해두 과언이 아닙니다.

여기서 1930년대 말까지 서울에 들어서고 있던 신건축물에 대한 비판 의식이 드러난다. 스스로 서양식을 좇으면서도 깍두기와 양식·한옥과 양옥·주택과 아파트 등 동양과 서양이 공존하며 대립하는 형세였다. 어쨌든 고대에서 중세로, 근대에서 현대로 역사는 한줄기의 물처럼 흐르고 있다고 그는 생각하고 있었다.

시형의 아버지는 50세 전후로 평양의 부회(府會)의원과 상업회의소에 공직을 갖고 있었다. 그런 만큼 아버지는 아들뿐만 아니라 안팎으로 큰 영향력을 행사하고 있었다. 시형은 일본에서 대학을 마치고 귀국, 아버지 백으로 경성에서 증권회사 조사부에 다닌다.

서대문형무소에서

그런데 오시형은 어떤 사건으로 법망에 걸려들어 취조를 받고 검사국으로 송치되어 현저동 101번지 형무소 구치감에 영어의 몸이 된다.

어느 날 저녁 무경은 영천행 전차를 타고 서대문형무소로 향한다.

경성감옥은 통감부 시대인 1908년 10월 21일 금계동(金鷄洞)에 처음 세워졌는데, 1923년 이후 새 옥사를 지으며 서대문형무소라 불려졌다. 금계동도 현저동(峴底洞)으로 동명이 바뀌었다.

어디까지나 끝이 없이 뻗어나간 것 같은 붉은 벽돌의 높직한 담장에 위압을 느끼듯 하면서, 불광이 흐릿한 굳이 닫힌 출입구 앞에서, 최무경이는 벌써 왔다갔다하고 있었다.

보기만 해도 무서운 형무소 모습이다. 현진건도 1930년대 초 장편소설《적도(赤道)》에서 형무소 앞 풍경을 묘사하였다.

독립문을 지나서부터 형무소 앞까지 '형무소 사식 차압소' '감옥 밥 파는 집' '형무소 피고인 차입소' '변당 차입소' 간판들이 지붕을 디디고 선 것만 보아도 어쩐지 으스스해진다.

무경은 그 후 2년 동안이나 시형을 위해 지성으로 사식을 넣어주며 출소할 날만을 기다린다. 또 변호사를 통해 예심판사를 움직여 사건을 종결시키고 그를 보석으로 빼내주기까지 한다. 오늘은 시형이 형무소에서 가출옥하는 날이다. 무경은 형무소 앞에서 커다란 문이 열리기만 기다리고 있다.

충정로의 3층짜리 아파트

그녀는 출감하는 시형과 함께 살 목적으로 서대문 밖 다케조에죠(竹添町)에 있는 야마도 아파트에 세를 얻는다. '야마도(大和. 바른 표기는 야마토)' 는 '일본' 이라는 뜻으로 야마도 정신이라는 말로 자주 쓰인다.

다케조에죠는 다케조에 신이치로(竹添進一郞, 1841~1917)에서 따온 이름이다. 일제는 현재의 충정로 일대를 개발하면서 그의 이름을 갖다 붙였다. 다케조에는 1882년 조선에 변리공사로 들어왔던 자다. 1884년 12월 4일 갑신정변 후에 일본으로 도망쳐 1885년 도쿄 제국대학 교수가 되었다.

다케조에죠 3가 8번지에는 '경성대화숙(京城大和塾)' 이란 아파트가 있었다(《경성 전화번호부》, 1944.9.1). '게이죠야마도주쿠' 라 했다. 당시 아파트란 말은 국민들에게 생소한 단어였다. 요(寮)나 숙(塾)이 그런 의미로 쓰였던 것이다. 필자는 1950년대 말 미동국민학교를 다닐 때 어렴풋이 이 아파트를 본 기억이 있다. 또 1970년대 언젠가는 그 아파트가 헐리고 새 아파트가 들어서는 것도 본 적이 있다.

소설 속의 야마도 아파트는 1940년에 세워진 3층짜리 임대 아파트였다. 원래는 식산은행(식산은행 서무과 영선계) 독신자 아파트로 지은 것이었는데, 작가는 이 아파트를 '야마도 아파트' 로 바꾸어 무대로 삼은 것이다. 이 목조 아파트는 주인공들에게 아주 커다란 건물로 보였던 것 같다. 세대는 독신용과 가족용으로 구분되어 있었다. 독신용은 36세대, 가족용은 두 칸씩 맞붙어 25세대이다. 약 120~130명이 사는 아파트였다. 아래층은 절반 이상을 사무실·구내식당·당구장과 목욕탕 · 이발소 · 오락장 등이 들어와 있었다. 당시 일본에서 유행하던 아파트의 형태를 도입한 것이다.

무경은 형무소에서 나온 시형을 맞아 함께 아파트로 온다. 높다란 층계를 올라 3층에 다다르면 복도가 있어 쭈르르 나란히 판장문(널빤지)이 달린 323호실이다. 무경과 시형은 이곳을 '제7천국'이라 불렀다.

무경은 가볍게 뛰어들어가서 바람벽에 설치된 스위치를 켰다. 천정에서 드리운 불과 침대 옆 작은 탁자 위에 놓인 스탠드의 불이 일시에 켜져서 크지 않은 방안은 구석구석까지 대번에 시형이의 두 눈 속에 들어 왔다.…… 이 테이블에선 편지쓰구 공부하구, 저기선 세수하구 양치하구, 또 저기에 단 책을 쭐루니 꽂아놓구…… 양복장 있는 데로 가서는 잠옷 한 벌을 꺼내서 침상 위에 놓는다.

겨울은 난방을 위해 스팀을 설치해놓았다. 석탄을 지피고 스팀의 마개를 조정해서 방 안의 온도를 맞춘다. 방은 하얀 바람벽이 쳐져 있고, 아파트라 테이블과 양복장 같은 것을 방에 붙여놓았다. 가스도 공급되고 있다. 요즈 아파트처럼 방세, 난방비, 전등료, 급수료를 받는다. 구내식당은 시멘트 바닥 그대로였다.

맞은편 캄캄한 언덕의 주택지에는 불빛이 빤짝거린다. 하늘에도 까만 호리존 위에 뿌려놓은 듯한 별들. 마포(麻浦)로 가는 작은 전차가 레일을 째면서 언덕을 기어올라가는 것이 굽어보인다.

그 둘은 아파트 창문으로 밤하늘과 거리와 언덕을 바라보고 있다. 창 밖으로 미동학교, 북아현동, 서대문 전찻길이 보인다. 오른쪽으로는 마포길이 이어진다.

아파트란 것도 새로 생긴 경영 형태지만 요즘 주택난과 하숙난이 심하니까 상당히 수요성을 띠겠다든가, 야마도 아파트엔 방이 얼마나 되는데 그것이 전부 꼭 찼는가.……

서대문우편국 앞으로 전차와 승합택시 그리고 마차가 다니고 있다.

시형은 그녀에게 묻는다. 당시에도 건축난, 주택난이 심하여 아파트가 새로운 주거 관심사로 떠오르고 있었다. 그러나 서민에게는 그림의 떡이었다.

동경 같은 데선 소설 쓰는 사람들이 자기 주택 외에 모두 아파트 한 간씩을 빌려 갖구 있다는데요.

1925년 시작된 일본의 아파트

아파트의 역사는 영국에서 시작되었다. 1850년 알버트(Albert) 왕자는 건축에 많은 관심을 갖고 있었다. 그는 런던 수정궁 박람회의 전시용으로 '집세가 싼 노동자용 아파트'를 계획하였다. 산업혁명으로 공장과 새로운 건축을 지어야 할 필요성이 늘자 노동력은 한 곳에 모여들게 되었고, 이 도시 노동자를 위한 아파트는 이제 필수적 요소가 되었다. 이렇듯 아파트는 노동자용 주거에서 시작되었다. 영국에서는 아파트를 플랫(flat)이라고 했다. 프랑스 파리에도 19세기 중반 아파트가 들어서기 시작했는데 '아파르트망'이라고 했다. 미국에서는 아파트를 아파트먼트(apartment)라고 했다. 1869년 리차드 헌트(Richard Morris

미국 '포트 워싱턴 에비뉴 아파트(Fort Washington Avenue)'의 예. 아래는 평면도(일본, 《건축사진유취(建築寫眞類聚)》, 洪洋社, 1927).

Hunt, 1827~1895)가 설계한 뉴욕의 '스터이브산트(Stuyvesant) 아파트'를 그 효시로 본다. 미국의 아파트는 1880년부터 1930년까지 도심에 대규모로 지어지기 시작했다. 1920년대부터는 대중화되어 3층, 5층, 10층씩 층수가 늘어났다.

일본의 아파트는 미국의 영향을 받았다. '집합주택'이란 이름으로 시작되어 처음에는 산업 노동자용 숙사(宿舍)로 지어졌다. 1910년 도쿄에 세워진 '미쓰이 동족(同族) 구라부(클럽)'가 그것이다. 미쓰이 재벌이 사원용으로 지은 6층 콘크리트조 건물이었다. 그 후 우에노(上野)에 지은 목조 5층의 '우에노 구라부'도 같은 해의 것인데 아직 아파트란 명칭은 쓰지 않고 있다. 대부분 목조였고 설비 면에서도 불충분해 본격적인 아파트라 볼 수는 없었다.

1923년 관동대지진 발생 2년 후인 1925년부터 피해 주민을 수용하기 위한 대단위 아파트가 지어지기 시작했다. 여기서 물론 피해를 입은 조선인은 대상에서 제외되었다.

오늘날과 같은 의미의 아파트는 1925년 도쿄 한복판 오차노미즈(お茶の水)에 세워진 '문화아파트'가 효시라 할 수 있다. 건축주는 미국 존스 홉킨스 대학에서 학위를 받고 홋카이도 제대의 교단에 선 모리모토(森本厚吉)였다. 그는 초기 교육 계몽 활동을 주로 하며 '문화보급회'를 설립하여 생활 개선운동에 주력하다 1922년 더 넓은 활동을 시작하면서 아파트를 세우기로 계획한다. 아파트 생활이 문화 생활의 지름길이라 생각했기 때문이다. 따라서 이름도 문화아파트라 정했다. 문

화아파트는 우에노 공원에서 열렸던 평화박람회 문화촌이 선보인 지 3년 후, 1925년 중산층 이상을 대상으로 세워졌다.

미국인 선교사 건축가 보리스와 건축구조학자 사노(佐野利器, 1880~1956), 사토(佐藤功一, 1878~1941)가 미국의 아파트먼트 하우스를 본떠 설계했다. 미국에서는 아파트가 이미 대중화되고 있었다. 그들은 미국의 중산층 아파트를 거의 그대로 베꼈다.

문화아파트는 지하 1층, 지상 4층, 연건평 837평, 42호의 철근 콘크리트 아파트였다. 오바야시쿠미(大林組)가 시공했다. 아파트 안에는 점포·식당·연회장·카페부터 지하에는 차고까지 두었다. 전통적인 다다미(疊)를 버리고 모두 의자식으로 했다. 미국적 합리주의 생활을 투철하게 실천하는 것이야말로 중산층이 자력으로 클 수 있는 유일한 길이라 생각하는 풍조 때문이었다. 그러나 문화아파트는 당시 인텔리·샐러리맨의 실제 생활감과 접점을 얻지 못해 실패로 끝난다. 가장 중요한 원인은 역시 다다미가 없었기 때문이었다.

1925년부터 '도우쥰카이(同潤會, Doujunkai)'의 아파트가 세워지기 시작한다. 재단법인 도우쥰카이는 내무부와 사회국의 외곽단체로 일종의 주택공급회사였다. 내무관료 이케다(池田宏, 1881~1939)와 도쿄제대 건축과 교수 우치다(內田祥三, 1885~1972)가 이끌었다. 이케다는 1917년 '도시계획(都市計劃)'이란 단어를 처음 만들었고, 1919년 '도시계획법'이란 것도 최초로 기초한 사람이었다. 물론 이것이 후에 우리나라에 그대로 받아들여졌다.

도우쥰카이는 아파트를 1,000호 건설할 계획이었다. 그러나 그 후 수요가 높아져 2,000호로 계획 변경한다. 도시의 상공업지대인 서민 동네와 교외의 보통주택 수요보다 오히려 도심에서의 아파트 수요가 더 많아졌기 때문이다. 그리하여 16개소, 109동(2,508호)이 건설되어

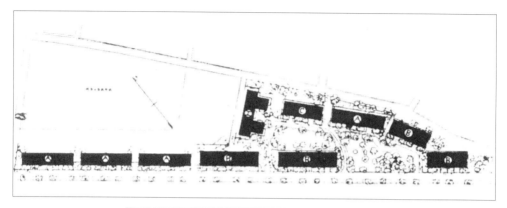

일본 도우쥰카이 아파트의
대표적 사례인 아오야마
아파트 배치도(위).
아래는 아오야마 아파트의
기준평면도이다.

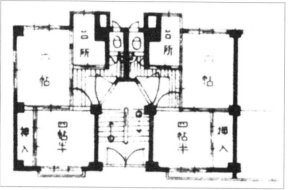

아오야마 아파트의 현재
모습. 건축된 지 80년이 지
나도록 무너지지 않고 남
아 있다는 사실이 놀랍다.

본격적인 아파트 시대가 열렸다.

이 아파트들은 내진(耐震) 설계가 된 철근 콘크리트 건물이었고 용적률도 60퍼센트로 계획되었다. 도우쥰카이 아파트와 문화아파트의 차이는 다다미의 유무에 있었다. 도우쥰카이 아파트의 평면 계획은 6첩(疊) 다다미방·3첩 다다미방이라는 일본적 단위에서 발상했기 때문에 성공을 거두었다. 일본의 전통적인 주거에서 서민들의 방은 보통 다다미 3첩에서 4첩 반이었다. 3첩은 1.5평이니 6첩방만 해도 큰 것이었다. 8첩방, 10첩방의 순으로 방 규모가 더 커져간다.

도우쥰카이 아파트 중 대표적인 것은 시부야 구의 3층짜리 아오야마(青山) 아파트로 138호가 거주하였는데, 1925년부터 1927년까지 지어졌다. 가로변에 아파트를 연속으로 배치한 '가로형 아파트'의 효시이기도 하다. 최대 규모로 세운 고토(江東) 구 청사통(清砂通) 아파트(1926년 663호)의 경우는 아동 놀이터·식당·오락실·의료실 등도 두었다.

도우쥰카이는 1939년 해산하여 일본주택영단으로 변신한다. 이것이 우리나라에 들어온 조선주택영단과 맥을 같이한다. 조선주택영단은 대한주택공사의 전신이다.

1925년 이후 세워졌던 도우쥰카이 아파트는 대부분 재개발 계획으로 헐리고 현재는 반 정도만 남아 있다. 용적률이 60퍼센트이기 때문에 개발업자들이 탐을 내는 곳이다.

어쨌든 아오야마 아파트의 경우는 세워진 지 80년이 되도록 아직까지 남아 있다는 것이 부러울 뿐이다. 주민들은 오래된 이 아파트와 장소성에 대해 자부심을 갖고서 '도우쥰카이의 건축을 생각하는 회'까지 만들어져 보존 활동을 벌이고 있다(〈東京人〉 특집 '同潤會 아파트, 1~2', 1997.4, 2000.9).

우리나라 최초의 아파트는?

많은 사람들이 묻는다. 우리나라 최초의 아파트는 어떤 것이었냐고. 아마 우리나라 최초의 아파트는 1930년 세워진 서울 회현동(당시는 旭町)의 미쿠니(三國) 아파트일 것이다. 남산으로 오르는 경사지에 세워졌는데, 1930년 10월 착공하여 2개월 만에 완공되었다. 미쿠니 상회가 오다 공무점(多田工務店)에 설계와 시공을 맡겼다. 연건평 106평에 건평 35평짜리 3층 벽돌 조적조였다. 각 층 슬래브는 철근 콘크리트로 쳤다. 한 층에 18평짜리 2호씩, 전체가 6호짜리의 아주 작은 규모였다. 호당 6첩, 8첩짜리 다다미방 1개씩을 두고 스팀 난방을 했다. 각 호에 수도, 전기 시설을 설치했고 옥탑을 만들어 옥상에 공동세탁장을 두었다(〈조선과 건축〉, 1930. 11).

미쿠니 아파트는 일본의 도우준카이 아파트 평면형을 그대로 가져왔다. 하지만 온돌방은 들어가지 않았다. 생활상의 문제도 있지만 연료난 때문이기도 했다. 따라서 다다미방이 들어왔다.

일본의 동해안 도시 니가타(新潟)의 남쪽은 옛날에 미쿠니(三國)라 불렸다. 미쿠니 상회는 여기서 따온 것인데, 이 상회는 일본인 도이(土井誠一)가 설립한 회사로 남대문 부근에 있었다. 원래 연료 판매를 주로 했는데 최신 집장사인 아파트 사업을 겸한 것이었다.

홍윤식(洪胤植)은 그의 논문, 〈근대 건축 예술 사상의 동향〉(〈조광〉, 1937. 9)에서 미쿠니 아파트를 1930년대 서울의 국제 건축 양식의 대표적인 건물로 뽑고 있다. 미쿠니 아파트는 일종의 상표였다. 후에 1935년 내자동, 후암동 등에도 미쿠니 아파트가 들어선다. 내자동 미쿠니 아파트(〈조선과 건축〉, 1935. 5)는 해방 후 내자호텔이 되어 미 8군 숙소로 쓰였다.

건축가 유원준(兪元濬, 1909~1993)의 1931년 경성고공 졸업작품은

회현동 미쿠니 아파트.

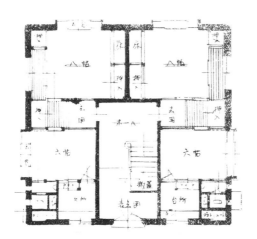

회현동 미쿠니 아파트 1층 평면도.

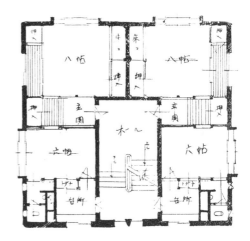

미쿠니 아파트 2층 평면도.

내자동 미쿠니 아파트.

후암동 미쿠니 아파트.

가네보우 방적주식회사 아
파트. 기숙사 형태의 아파
트다.

'아파트'였다. 건축과 학생들도 관심을 갖기 시작한 것이다.

일제는 1936년경부터 서울을 이른바 '대경성'으로 확대하기 위해
새로운 도로망과 신주택가를 조성한다. 1937년 3월 말 자료를 보면,
경기도 보안과에는 건축허가원이 180여 건에 이르렀다. 보안과는 회
부된 건축물 중에서 스케일이 큰 건에 한해서 다뤘는데, 빌딩·아파
트·여관을 필두로 병원·요리점(料理屋)·공장·대주택 180여 채가
이에 해당하였다.

1937년 세워진 가네보우(鍾淵) 방적주식회사 경성 공장 아파트가
일종의 기숙사 형태의 아파트였다(〈조선과 건축〉, 1937.1). 가네보우 방
적주식회사는 현 동대문구 소재 대광고등학교 자리에 있었다.

기존 건물을 전용(轉用)한 사례도 있다. 경신고등학교는 1939년 연
지동 교사의 터를 팔았다. 이때 조선총독부 체신국(遞信局)에서는
1913년 준공되었던 건평 약 210평의 3층 한양절충식(韓洋折衷式) 벽
돌조 교사를 매입, 공동아파트로 전용한다.

한 통계에 따르면, 1940년대 전시 체제하에 아파트 신축 공사는 거의
제한되어 1945년까지 국내의 아파트 호수는 314호 정도였다고 한다.

사라진 아파트

소설 《맥》의 장소는 계속해서 야마도 아파트다. 시형은 무경을 버리고 평양으로 떠난다. 도지사를 지냈다는 인사의 딸과 결혼하기 위해서였다. 시류를 좇는 나약한 지식인의 전형적인 모습이다. 물론 무경에게는 더할 수 없는 배신이었다.

무경은 어머니와 단출히 안국동 부근 화동정(花洞町) 15번지 골목집에 살고 있었다. "스무나문 집이나 남아 쭈르르니 문패가 달려 있는 집"이라고 했다. 그녀의 어머니는 10년 전 세브란스 병원에 다니다 그만두었다. 그들은 화동 집을 한 칸에 700원씩 쳐서 1만 5,000원에 팔아버린다. 어머니가 42세에 재혼을 했기 때문이다. 어머니는 장충단공원 이편 교외의 앵구장(櫻ガ丘莊)이라는 주택지로 옮긴다. 앵구장은 현재의 장충동 1가 100~120번지 일대로 당시 새 주택단지로 주목을 끌었던 곳이다. 대지 평수를 100~200평으로 크게 분할하여 분양, 돈푼깨나 있는 일본인 부자들의 주택단지로 만든 것이다.

무경은 이제 어머니를 떠나 다시 야마도 아파트 323호실로 거처를 옮긴다. 시형이 떠난 집에 홀로 남았다. 옆집 322호에 살던 사람도

당시 장충단공원. 공원 이편 교외에 앵구장이라는 돈 많은 일본인을 위한 주택단지가 있었다.

삼선동(三仙洞)으로 이사를
간다.

저어 돈암정 바로 삼선평이
올시다. 거기서 바른쪽으로 향
해서 들어가면 새로 분할한 주
택지가 있습니다. 큰 골목으로
접어들어서 다시 셋째 번 골목

삼선동과 돈암동 일대. 한
참 개발 중이다.

둘쨋집이 저이들 집이올시다. 450번지의 17호. 한번 교외에 산보 나오시는
일이 계시건 찾아주시기 바랍니다.

322호에는 제국대학의 강사가 세들어온다. 교수는 "책이나 읽고 글
이나 쓰면서…… 세상의 물정에 어두운 학자님"으로 표현되었다.
어쨌든 이 '경성대화숙'은 해방 후에도 아파트로 기능하고 있었다.
그 323호실은 김남천이 1947년 말 북한으로 갈 때까지 살던 곳이었다.
언젠가 이 아파트 터라고 생각되는 곳을 찾아갔을 때, 그 아파트 자
리에는 '미동아파트'란 이름의 8층짜리 아파트가 도로변에 바짝 붙어 세
워져 있었다. 지은 지 그리 오래된 것 같지 않은데도 무척 낡아 보였다.

2부
해방 후의 문학동선을 찾아서

황순원의 《술》

해방 직후 평양의 일본인 양조장을 둘러싼 갈등

북한에서 일본군을 몰아낸 소련군

황순원(黃順元, 1915~2000)은 황찬영과 장찬봉 사이의 3형제 중 장남으로 평남 대동군(大同郡) 재경리면(在京里面) 빙장리(氷庄里)에서 태어났다. 대동군은 평양의 서쪽으로 대동강 건너 쪽이다. 대동군청은 평양부 상수리(上需里)에 있었다. 아버지는 평양 숭덕고등학교 교사였는데, 1921년 황순원이 일곱 살 되던 해 평양으로 이사했다. 황순원은 1929년 숭덕소학교를 마친 후 정주의 오산중학교에 입학하나, 다시 평양의 숭실중학교로 전학하여 1934년 졸업한다. 그 후 일본으로 건너가 와세다 대학 제2고등원(1936)과 와세다 대학 영문과(1939)를 거쳤다. 그렇게 도쿄에서 생활하다 1943년 귀국, 빙장리 고향으로 돌아왔다.

단편소설 《술》은 1945년 10월 평양에서 쓴 것인데, 소련군이 8월 26

일제시대 평양 일본 육군
비행 제9연대 기지.

일 평양에 들어왔으므로 황순원은 그 와중에 이 소설을 쓴 것이다. 소
련군 제25군 사령관 치스챠코프(I. M. Chistiakov) 장군은 평양 부근에
있는 일본 육군비행 제9연대가 쓰던 기지의 활주로로 들어왔다. 이 비
행장은 1920년 일본군이 대동강 건너 모란대(牧丹台) 아래 30만 평의
대지에 세운 것으로 조만(朝滿) 국경 수비를 위한 것이었다. 만주 간
도 지역의 독립군들을 토벌하기 위한 비행기는 물론이고, 민간의 유럽
행 비행기와 대련선이 여기서 뜨고 내렸다. 당시 세계적으로 규모가
큰 비행장의 하나였다. 처음에는 비행 제6연대였는데 후에 9연대로 이
름이 바뀌었다.

이날 치스챠코프는 그 자리에서 환영 인파들을 모아놓고 득의양양
하게 연설하였다.

친애하는 동무들! 볼셰비키 당과 소련 정부가 일본 침략자들로부터 조선
을 해방시키라고 우리를 이곳에 보냈습니다. 지금 당신들 인민은 이 나라
의 주인입니다. 당신들의 손에 권력을 장악하십시오. 우리는 당분간 당신
들을 보호할 것이며 당신들의 새 생활 건설을 도울 것입니다.

소련군이 북한 지역의 해방자·보호자임을 알리는 말이었다. 이후 북한은 소련의 손아귀에 들어갔다. 상징적으로 동지라는 말이 동무로 바뀌고 있었다.

황순원은 그 이듬해인 1946년 월남해 서울로 온다.

군 활주로에서 연설하는 치스챠코프 장군.

소주공장의 일꾼

《술》은 평양부 서성리(西城里) 한복판에 있었던 일본인이 경영하는 '나카무라 양조장(中村釀造場)'에서 벌어진 일을 줄거리로 한다. 일본이 패전하여 일본인의 인양(引揚) 작업이 한창일 때였다. 서성리는 현재의 서성 구역 일대로 모란봉 구역과 이웃하는 평양의 핵심 지역이다.

주인공 준호는 학력이라고는 시골 서당에서 배운 것이 전부였다. 키는 작으나 다부졌다. 어려운 살림살이에 처와 다섯이나 되는 자식들의 밑구멍에 똥칠도 못하게 될까봐 걱정하는 처지였다. 그래서 야심이라 해봤자 자기가 일하고 있는 일터에서 밥이나 먹고 사는 것 정도였다.

그는 25세에 일본인이 경영하는 나카무라 양조장의 사환으로 들어가 주임서기가 되기까지 줄곧 양조장 일을 해오고 있었다. 준호는 성실히 일해 일본인 주인에게 인정받고 있었다.

이 양조장은 소주(燒酒)를 생산하였다. 당시 조선인들의 주조업(酒造業)은 99퍼센트가 약주(藥酒)와 탁주(濁酒, 막걸리)였다. 이에 반해 일본인들의 양조장은 대부분 소주와 맥주를 만들었다. 조선총독부는 1935년 조선주주조조합(朝鮮酒酒造組合)을 설립하고 행정 지도를 해나갔다.

나카무라는 원래 일본에서 맨손으로 조선에 건너와 술 도매상에서

일본인이 운영했던 아사히 (朝日) 양조주식회사 공장. 이 양조장에서는 '금강 소주'를 생산하였다.

일하다가 고향 친구의 투자를 얻어 자그마한 양조장을 시작한 사람이다. 7~8년을 노력해 지금의 양조장으로 키워낸 것이다. 양조장이 잘되자 이번에는 진남포(鎭南浦)에 큰 정미소를 냈다. 당시 양조장과 정미소는 부의 상징이었다. 그는 성공한 일본인이었다.

진남포는 오늘의 남포(南浦)직할시인데, 평양의 남쪽 포구라는 의미로 지어진 이름이다.

적산가옥과 양조장

준호는 집세가 헐한 셋방을 얻어 15,6년 동안이나 견뎌왔다. 그런데 그만 이 집마저 1945년 봄 이른바 소개(疏開) 구역에 들어 헐려버렸다. 집이라 하나 여름 장마철이면 으레 부엌에 물이 차는 그런 집이었다. 서민이 평양 시내에 자기 집을 갖기란 쉬운 일이 아니었다. 그래서 평양성 안에 새로 셋방을 얻자니 턱없이 비싼 방세도 방세려니와 늦게 보기 시작한 아이들이 자그마치 다섯이나 되는 그에게 셋방을 놓으려는 사람도 없었다. 그는 궁리 끝에 양조장 숙직실 한 귀퉁이를 판자로

얽어 부엌이랍시고 만들고 그곳으로 이사해 살
고 있었다.

1945년 8월 15일 일본은 패전하고 우리는 해
방을 맞았다. 일본인은 이제 자신의 나라로 돌
아가야 했다. 아직 인심이 흉흉하고 일본인은
무장해제도 하지 않은 상태였다. 그들의 손아
귀에 있던 모든 공장, 주택 그리고 자산 처리가
문제가 되었다.

양조장 주인 나카무라와 그의 일본인 패들은
재산을 빼돌리려 했고, 임자 없는 양조장에 대
한 약탈도 시작되었다. 일본인 지배인은 해방
을 한 주 앞두고 협심증으로 죽어버렸다. 대책
이 없는 나카무라는 진남포에서 대충 짐을 꾸

진남포 항구의 부두. 쌀부
대가 쌓여 있다.

려 트럭에 싣고 야밤을 틈타서 서울로 도망쳐버렸다.

사정이 이렇다보니, 이제 40을 넘긴 주임서기 준호가 어느새 제일 높
은 자리에 앉게 되었다. 그는 양조장을 내외부의 위협에서 지켜냈다.
그러자 연고권을 가진 자신이 직접 경영하고 싶은 욕심이 생겨나기 시
작했다. 조선인 서기 건섭이란 자가 준호를 도왔으나 그의 생각도 마찬
가지였다. 동상이몽이었다. 문제는 여기서부터 시작된다. 준호는 양조
장 이름을 '유경양조장'으로 바꾸고 집도 이제 지배인 사택으로 옮기
기로 했다. 예전에 살던 곳에 비하면 천국과 같은 곳이었다.

남산재 동쪽 기슭에 남향하고 그 집은 앉아 있었다. 곁으로 보기에는 좀
헐기는 했지만 ㄷ자로 꺾어 바람벽을 시멘트로 바른 이 집은 안만은 꽤 쓰
임새 있게 지어져 있었다.

해방 전의 평양시가. 남문
거리이다. 당시 서민이 평
양성 안에서 자기 집을 갖
기란 쉽지 않은 일이었다.

일본인 지배인이 하대하며 까다롭게 굴
때는 집안에 들어갈 엄두도 못 냈었다. 그
러나 이제 이 적산가옥(敵産家屋, 일본인
이 살던, 다다미방이 있는 집)은 그의 것이
나 마찬가지였다. 지금은 지배인의 50대
미망인과 30대 며느리 그리고 하녀만이
집을 지키고 있었다. 아녀자들은 아직 일
본으로 돌아가지 못하고 있었다.

패망한 나라의 여자들의 신세는 말이
아니었다. 점령자의 밥이었다. 더구나 이제 소련군이 들어와 있었다.
소련 군인들은 오래 전 러일전쟁에서 일본에게 져 감정이 안 좋을 뿐
만 아니라 오랜 타지 생활로 여자에 굶주려 있었다. 물론 중국인도 조
선인도 일본인에겐 두려운 존재였다.

일본 여자들은 화를 피하기 위해 남장을 하고 머리를 잘랐다. 여자
다운 옷은 이제 입을 수 없었다. 오로지 조선을 탈출할 기회만 노리고
있었다.

준호는 건섭과 함께 지배인 집을 접수하러 갔다. 준호는 여인들에게
세간 같은 것은 말할 것도 없거니와 집을 빼앗긴 것에 조금이라도 불
평 불만이 있어서는 안 된다고 말했다. 이제 그는 일본 여인들에게 더
이상 비굴할 필요가 없었다.

일본적인 것을 일소해버려야 한다는 생각에, 동무들! 하고 같이 온 종업
원들을 불러 방에 걸린 편액이니 족자를 모조리 떼게 하였다. 족자를 차근
차근 내리어 말기도 하고 걸린 것을 그대로 쥐고 잡아당겨 허리 한 가운데
를 쭈욱 찢어버리기도 하는 것이었다. 준호는 그까짓 일본적인 것 아무런

대도 좋다!고, 하는 대로 그냥 내버려두었다.

오동나무 장롱, 의걸이(위는 윗옷을 걸고, 아래는 반닫이 모양으로 되어 옷을 넣게 되어 있는 장)와 매화나무 화분도 치워 광에 갖다 쑤셔 넣었다. 벽에 걸린 그림도 떼어내었다.

다다미는 성해 있었다. 집이란 원체 손을 대어 고치기 시작하면 끝없이 돈이 드는 법인데, 하면서 다음 방을 봐도 다다미는 성한 것이었다.…… 장지를 여니 다음 방은 햇볕을 담뿍 받은 자그마한 마루방인데,…… 맞은편에 지금 막 햇볕이 눈부시게 쨍쨍 들이 쬐이는 양실 응접실이 있었다.…… 의자며 소파며 양탄자 같은 것이 좀 낡은 빛이 돌기는 하나 아직 한물 넉넉히 쓸만한 것들이었다.…… 안방 이쪽 방이 온돌방이었다. 장판은 몇 해 목은 것이었으나 그런대로 쓸만했다.…… 이 온돌방 옆이 다다미방으로 하려 방인 듯싶었다.

당시 일본인들의 주택이 일본식, 서양식, 조선식이 혼합되어 있음을 알 수 있다. 집안에 다다미와 온돌, 그리고 의자가 함께 있었다. 조선인 노동자들은 경험해보지 못한 것들이었다.

뜰은 이만한 집이면 으레 따르듯이 자연석이 쌓여 있고 갖가지 나무들이 심어져 있을 뿐 아니라, 자그마하나 아담한 못까지 만들어져 있었다. 이런 뜰 한 끝에 한길로 면해 옆대문이 있고, 그 앞에 전에 양조장 일꾼들을 데려다 판다던 대피소가 파여 있었다. 그리고 이 대피소를 사이에 두고 돌사람 한 쌍이 마주 서 있었다. 일본 것은 모조리 일소해버려야 한다! 준호는 집쪽의 여인들이 들리도록 도끼 어디 있느냐고 소리쳤다.

준호는 마당에 있던 돌사람과 석등도 도끼로 찍어 부수어버렸다. 참으로 안타까운 일이 도처에서 벌어지고 있었다. 일본인들이 권력과 부를 이용해 우리나라 도처에서 끌어 모은 문화재 혹은 문화재적 가치가 높은 것들이 이때 이렇게 검증, 보호받지 못하고 사라진 것이다. 물론 이후 벌어진 6 · 25는 모든 것을 다 없애버렸지만.

일본인들의 피난

만주와 평양 이북에서 일본인 피난민들이 섞여 내려왔다. 2만 1,000명이나 되는 사람들이 평양 시내에 일시에 몰려들었다. 모리다(森田芳夫)의 대저서《조선 종전의 기록》(嚴南堂書店, 1986)에 그때의 상황이 나온다.

> 수용소는 학교, 교회, 절, 그 외의 공공시설 등이 주로 이용되었고, 관민, 일본인과 조선인들이 성의를 가지고 접대했다.…… 조선인 측의 감정은 급변하여, 수용소는 대부분 공공적인 것이었기 때문에 추방되어 고난의 생활로 전락했다.

일본인이 조선에 만들어놓았던 1,141개의 신사는 아예 그들의 임시 보호소가 되었다. 그것은 대부분 높은 지대에 자리잡아 요새 역할을 하기도 했다. 그나마 일본인들에게는 다행스런 일이었다. 그러나 평양 신사는 8월 15일 밤 바로 불태워졌다. 제일 먼저 파괴된 신사였다. 8월 15일부터 8일간에 걸쳐 조선에 있던 신사 136건이 불탔다. 경찰서도 146건이 파괴 혹은 방화되었다.

일본군은 공공시설인 평양역에 피난본부를 만들었다. 패잔군과 경

일본인들의 피난본부였던 평양역. 일본인들은 성난 조선 민중을 피해 일본으로 도망하기에 바빴다.

찰은 집단 자위 행동도 하고 있었다. 아직 공식적인 항복은 아니라는 것이었다.

　일본 측에서 보았을 때 남쪽과 북쪽의 상황이 달랐다. 38선을 중심으로 남쪽에는 미군, 북쪽에는 소련군이 있었고 조선총독부는 남쪽 서울에 있었기 때문이다. 또한 도망가는 일본인들이 주로 당도하는 일본 큐슈(九州)의 항구도시 하카다(博多)까지와의 거리도 문제였다. 따라서 북쪽의 피난민들은 더 큰 어려움을 겪어야 했다. 사망자도 속출했다. 1945년 10월 16일 일본 후생성이 인양 작업을 시작하기까지 600만에 달하는 일본인 해외 거주자들은 속수무책으로 버려져 있었다. 만주와 조선에서만도 100만 명이었다. 대책이 섰다 해도 마찬가지였다. 전 세계에 유례 없는 일이 벌어진 것이다.

　이런 와중에 일본인들은 세화회(世話會)란 것을 만들어 일본인 피난민들을 모으고 나름대로 편의를 제공하였다. 모든 것을 일시에 잃게 된 일본인들은 못내 억울하고(?) 아쉬웠지만 어쩔 수 없는 일이라고 생각하였다. 우선 그들의 1차 목표는 자국으로 무사히 귀환하는 것이었다. 이를 히키아게(引揚)라 한다. 이 작업은 해방 후로도 18년 동안이나 계속되었다. 한편 일본에서 돌아와야 하는 조선인들도 있었다. 무일푼으로 각자 알아서 귀국해야 하는 그 고초는 이루 말할 수 없었다.

평양에는 8월 18일 '평양일본인회'라는 것이 급조되어 사무실을 평양상품진열관에 두었다. 수용소는 평양여고, 숭의중학 등 각처에 만들어졌다. 평양에서 4킬로미터 떨어진 추을(秋乙)에는 일본군과 군속 가족이 모여들었다.

비극적인 갈등 구조

준호는 그녀들을 더 이상 다그치지 않고 당분간 그 집에 머무르게 해주었다. 36년 동안 식민지 생활을 하면서 얼굴을 보고 산 처지였기 때문이다. 황순원은 다음과 같이 쓰고 있다.

원래 조선 사람이란 그것이 원수인 경우이라도 일단 그 원수가 가엾은 처지에 떨어지게 되면 도리어 이편에서 동정하지 않고는 못 배기는 데가 있어서……

한편 준호는 이제 벼락부자가 된 느낌으로 술에 젖어들었고, 여자들이 끓여주는 목욕탕의 뜨거운 물에 몸을 내맡겼다. 술은 창고에 널려 있었고 목욕탕은 일본인 가족 전용으로 쓰이던 것이다. 엊그제 광으로 들어갔던 것들을 제자리로 돌리고 부셨던 물건들도 다시 고쳐 제자리에 갖다 놓았다. 어제까지만 해도 일제 잔재라며 증오했던 것들이다. 그도 차츰 일본인 흉내를 내기 시작한 것이다. 일본 여인들은 이제 제 나라로 돌아갈 처지가 되었는데도 아침 저녁으로 집안일을 하였다. 자신을 안심시키고자 하는 속생각이 따로 있으리라는 게 준호 생각이었다.

그러나 엄밀히 말해 양조장은 준호의 것이 될 수 없었다. 나라의 재

일제시대 평양부청청사.
50만 도시의 행정처인 만
큼 웅장하게 지어진 건물
이 위압감을 준다.

산인데 준호는 이를 주인 없는 재산으로 착각한 것이었다. 조선에 있
던 모든 것은 조선 것이었다. 식민지 기간에 일본이 착취했던 모든 것
은 이제 원래 주인에게 돌아와야 했다. 그러나 법적 인수 절차는 아직
없었다. '먼저 차지하는 게 임자' 라는 말이 이때 상투적으로 쓰였다.

　　일본 사람이 가지고 있던 재산이란 재산은 전부가 본시 조선 것이지 어
디 일본서 가져왔느냐, 빈손으로 왔다 그만큼 잘 살고 가면 됐지 무에 못마
땅한 것이 있느냐 일본 사람이 이번에 사람만이라도 아무 다침 없이 있다
는 것을 감사해야 마땅하다.

　　준호는 얼마 전 독단으로 평양부청 민영상공과에 양조장 접수 경영
신청을 낸 바 있었다. 양조장을 빨리 차지하고 싶어 서둘렀던 것이다.
그 결과를 보러 준호는 오늘 평양부청에 들른다.
　　그런데 30대 초반의 음흉한 상공과 계원은 그 양조장을 두 사람이나
신청했다며 의아해했다. 낙망한 준호는 그를 회유하려 술집으로 이끈

다. 사실 양조장 접수 관계는 상공부에서 재정부로 이미 소관이 넘어가 있었다. 접수도 조합이 하든가 단독으로 하든가 해야 된다는 것이었다. 그리고 접수도 조합이 책임을 지는 경우면 공장 가격을 연부 형식으로 갚을 수 있으나, 어떤 공장을 고립시켜 접수 경영하는 경우에는 일시불이 아니면 안 된다는 것이었다.

그런데 또 하나 서기로 있는 건섭이도 문제였다. 그는 접수 문제에 있어서는 준호와 다른 생각을 하고 있었다. 건섭은 조합에 맡기길 바라고 종업원들을 꼬드겨 제 편을 만들고 있었다. 거기다 한 종업원은 자기도 준호가 거하는 집의 방 한 칸을 써야겠다며 밀고 들어오는 것이었다. 다다미방을 온돌로 고치자고 변죽을 올리는가 하면, 다른 종업원들은 장작패기, 지겟벌이를 하는 축이 낫다며 새로운 요구를 하기 시작했다. 이제 위아래 질서도 깨지고 있었다.

당황한 준호는 양조장을 자신이 단독으로 경영하기 위해 양조장 시설 목록과 투자해야 할 금액 등을 계산해본다. 그러나 돈 한 푼 없는 처지였다. 자본을 구하는 일이 급선무였다. 다행히 고향 친구 중에 피복 제조업으로 졸부가 된 피복왕 필배가 있었다. 그러나 그것은 다 허망한 일이었다.

해방 뒤 어느 어수선한 가을날 밖은 어슬어슬 어두워가고 있었다. 준호는 거나하게 취했다.

그리 유쾌스럽지 못한 머리를 수굿하고 대동강 선창 쪽에서 치안서 앞을 지나 광장 한 옆을 끼고 집으로 돌아오며……

평양 시내는 어수선해 치안서원이 권총을 차고 날뛰고, 치안서 지하실에는 10여 명의 일본인 음모단과 온갖 협잡꾼이 몰려들어 있었다.

준호는 소외되어 있었다. 저녁 6시부터 양조장에서 대책회의가 시작되었다. 모두 빈 것을 집어삼키려는 듯 헤게모니 싸움을 하고 있었다. 양조장이 준호 개인의 손으로 넘어가느냐 건섭이 지지하는 조합에 위탁하느냐 하는 갈등이 한창이었다. 이제 곧 시작될 공산화 과정을 그들이 알 턱이 없었다.

준호가 숨겨갖고 들어온 식칼은 건섭을 향했으나 결국 준호 자신을 찌르고 말았다.

해방 직후 일본인이 남기고 간 적산 재산 쟁탈전의 비극이 어디 이 양조장뿐이었겠는가.

정비석의 《자유부인》

1950년대 서울, '사랑의 길'을 거닐며

자유를 찾는 《자유부인》

1950년대 초 전쟁은 끝나고 휴전이 되었는데도 미군 부대는 그대로 눌러앉아 있었다. 도처에 미군 캠프가 들어섰고 그곳에서 미군의 문화가 흘러나왔다. 미국 유학과 영어 붐도 불었다. 여인들은 한복을 벗어버리고 양장으로 갈아입었다.

여기 또 하나, 댄스 붐이 불어대기 시작했다. 댄스의 바람은 맹렬한 기세로 사회에 퍼져나가 여염집 안방까지 침범하고 있었다. 이 바람은 가정부인을 졸지에 항간(巷間)의 천녀(賤女), 또는 매소부(賣笑婦)로 만들어버리는 것이었다. 이 바람이 든 부인이 '자유부인'이었으며, 아예 사회로 나선 여인의 호칭은 '유한(有閑)마담'이었다. 다방마담, 카페마담 등이 이에 해당되었다.

재치 있는 문체를 구사했던 정비석(鄭飛石, 1911~1991)은 이 바람

'자유부인' 광고 포스터 (1956년 6월 상영). 당시로서는 상당한 수인 10만 명 관객이 들어 대히트한 작품이다.

을 《자유부인》으로 담아냈다. 1954년 1월 1일부터 8월 6일까지 215일 동안 서울신문에 인기리에 연재하였는데, 안 그래도 거세게 불기 시작한 바람에 부채질한다고 할 수 있을 정도였다.

소설에는 대학교수와 바람난 그의 부인 그리고 정치 브로커, 여기에다 공부에는 관심 없는 대학생이 등장한다. '25시 다방', 최고급 양품점, 댄스홀이란 새 공간도 만들어낸다. 신문 연재가 끝난 후 《자유부인》은 정음사(正音社)에서 단행본으로 출판, 1954년 최대의 베스트셀러가 되었다. 이듬해 나온 김내성의 《청춘극장》과 함께 대중소설의 붐을 일으켰다. 《자유부인》의 인기에 덩달아 외국 영화도 '영국판 자유부인'이란 이름을 달고 흥행할 정도였다.

1956년 한형모(韓瀅模) 감독이 이 소설을 영화화했다. 주인공 오선영 역은 김정림(金靜林)이 맡았다. 그녀는 실제로 다방 마담이었는데 여 주인공 역에 발탁된 것이다. 장태연 교수 역에는 박암(朴巖), 대학생 신춘호 역에 이민(李敏)이 나왔다. 1956년 6월 9일 수도극장에서 상영되어 관람객 10만 명이 넘는 대히트를 쳤다. 수도극장은 지금의 스카라 극장이다. 《자유부인》은 그 후로도 세 번이나 더 영화화되었는데 흥행 보증 수표였다.

예전에 인사동에 갔을 때 한 골목에서 우연히 '자유부인' 간판을 보고 재미있게 느껴져 한 장 찍었다. 자유부인은 지금도 거리를 배회하

인사동 간판에 다시 나타
난 '자유부인'. 향수를 불
러일으키는 광고판이다.

고 있는 것이다.

가정부인, 밖으로 나가다

해방된 지 어언 9년이 흘러가고 있
었다. 그 사이 3년 동안 한국전쟁과
휴전이 이어졌다. 소설의 배경은
1954년 늦가을 어느 일요일이다. 장
태연(張泰淵) 교수와 부인 오선영(吳
善英)의 행복한 가정에 파탄이 일어

나기 시작한다.

장태연은 42세, 오선영은 35세로 중년기에 접어들고 있었다. 둘 사
이에 아들 둘을 두었다. 장태연은 S대학 국문과 한글학 교수로 건넌방
서재를 지키는 선량한 학자였다. 놀러 다닐 줄도 사교할 줄도 모르는
학자의 전형을 보여주는 인물이다. 일제 말 장태연은 R여자전문학교
의 선생이었고 부인은 학생이었다. 사제지간이었던 그들은 연애결혼
으로 가정을 이루게 된다. R여자전문학교는 이화여대로 추측된다.

부인 선영은 화교회(花交會) 모임에 참석코자 적선동 집을 나선다.
당시 가정주부들에게 대문 밖은 곧 자유의 세계였다. "남자들로 치면
'세계 일주 유람 여행'을 떠나는 이상으로 호화로운 일일지도 모른다"
고 정비석은 말하고 있다.

화교회의 '화'는 학교 이름에서 따온 것이다. 그녀의 전문학교 동창
회는 힘있는 동창 30여 명만으로 이뤄져 있는데, 한 달에 한 번 모임을
갖는다.

집을 나선 그녀는 동네 앞 적선동 버스 정류장에서 우연히 옆집 하
숙생 신춘호(申春浩)를 만나게 된다. 시카고로 유학 가려 하는 영문과

학생이었다. 포마드, 빨간 넥타이, 곤색 양복, 카메라가 그가 걸친 것들의 전부였다. 공부에는 전혀 뜻이 없고 댄스에만 일가견이 있는 친구였다. 지금 그는 남한산성으로 피크닉을 가는 길이었다. 선영의 조카딸이 그의 파트너였다.

사라진 아서원

그녀의 모임은 시청 쪽에서 있었기에 둘은 세종로 가로수 길을 함께 걷는다. 남한산성을 가려면 동대문까지 가야 했기 때문이다. 일요일의 세종로는 유난히 한가로웠다.

오늘 모임은 성악가의 도미환송회를 겸한 것으로 을지로 입구 아서원(雅叙園)에서 있다. 광화문에서 춘호와 헤어진 그녀는 아서원을 향한다. 아서원은 반도호텔 옆에 있던 우리나라 최고급 중국 요릿집 중 하나였다. 1925년 4월 17일 여기서 조선공산당(朝鮮共産黨)이 결성되었다. 지금 을지로의 롯데호텔 자리다.

이 원래의 아서원이 헐리고 1934년 새 아서원이 세워졌다. 새 아서원은 박동진(朴東鎭, 1899~1980)*이 설계하였다. 을지로의 아서원은 일본의 아사원을 본따 지어졌다. 일본의 아서원은 도쿄 메쿠로 구에 위치하였는데, 현재도 최고급 호텔로 꼽힌다.

화교회는 아서원 3층 홀에서 열렸다.

회장은 호화찬란하였다. 넓디넓은 홀 한복판에는 'ㄷ'자형으로 테이블이 쭉 늘어 놓여 있는데, 하얀 테이블 커버 위에는 군데군데 생화가 놓여 있었다.

선영은 이 자리에서 동창들에 비해 초라한 자신의 모습을 발견한다.

*박동진은 평안북도 정주(定州) 출생으로 1915년 오산(五山)고등보통학교를 졸업했다.
대표작으로는 조선일보사(1934), 오산중학교(정주, 1935~1936), 중앙중학교(1936~1937), 명신중학교(재령, 1937~1939), 대전지방법원(1939), 평안공업학교(1940) 그리고 영락교회(1948), 남대문교회(1954) 등이 있다.
그는 목조와 조적조 시대에 탁월한 노력으로 석조 건축의 기틀을 세웠다. 1980년 미국 로스앤젤레스에서 거주 중 세상을 떠났다.

첫 아서원 건물. 한옥이었다. 이른바 돈 좀 있는 사람들이 출입할 수 있는 당대 최고급 요릿집이었다. 후에 박동진이 새로 설계하여 이 모습은 사라졌다.

철딱서니없는 아줌마들의 남편 자랑, 권력 자랑, 돈 자랑에 책상에만 앉아 있는 남편의 무능력이 새삼 한심스러웠고 가난의 비애가 몸서리쳐진 것이다. 그리고 한편으로는 부심(浮心)도 싹트고 있었고—.

서울의 밤

동대문 낙산(駱山) 밑에 사는 선영의 오빠 오병헌(吳秉憲)은 정치 브로커였다. 어쩌다 국회의원이 되었는데 선거구는 충청도 M읍으로 인구 3만 정도였다. 그는 읍에 사립 중학교 하나 세우는 것이 당면 목표였다. 다음에 치러질 5·20 선거를 위해서였다. 학교가 정치적 목적으로 만들어지던 세상이었다.

그의 딸은 신춘호의 애인인 오명옥(吳明玉)이다. 명옥은 노는 데만 정신이 팔린 공부하고는 담쌓은 여대생이었다. 결혼만이 유일한 꿈이었고, 허영심은 가득해서 미국 유학만 입에 달고 산다. 정비석은 소설에서 대학생들을 공부는 안 하고 놀기만 좋아하는 한량들로 묘사하고 있다.

국회의원 집에는 상시선(常時線)이 깔려 있다. 전기를 항상 쓸 수 있다는 말이다. 당시 가정집 전기는 보통선과 상시선이 있었다. 보통선은 밤에도 전기 공급이 잘 안 되었다. 선영의 집은 전기도 잘 안 들어와 남편은 항상 등잔불 밑에서 책을 본다. 전기선 하나가 신분 차이를 말해주던 시절이다. 통행금지 시간인 밤 10시 이후 서울은 쥐 죽은 듯 고요한 도시였다. 10시가 넘으면 다 자야 했다. 지금은 상상도 안 되는 그 시대의 에피소드이다.

1950년 무교동에서 반도호텔을 바라보고 찍은 사진. 아서원은 반도호텔 좌측에 있었다. 멀리 왼쪽에 명동성당이 보인다 (자료: 임인식, 임정의 편, 《그때 그 모습》, 발언, 1995).

선영이 걷던 광화문 길. 서울 중심지답게 제법 도로가 잘 정비되어 있고 차가 많이 다닌다.

1960년대의 을지로 입구. 오른쪽 아래 아서원의 광고판 일부가 보인다. 오른쪽 일대가 모두 헐리고 롯데호텔이 들어섰다.

선영은 명옥의 애인 춘호와 밤길을 걷는다. 황당한 데이트다. 낙산에서 적선동까지 십리길을 걷는 것이다.

밤은 이미 여덟 시간 지났건만, 거리에는 아직도 사람들이 들끓었다. 군데군데 가로등이 켜 있고 쇼윈도우에서는 광선이 발산하여 거리가 제법 즐비해 보이는 것도 전쟁 중에는 보지 못하던 풍경이었다. 서울의 밤거리를 걸어보기가 얼마만인가. 피난살이 삼 년을 제외하고는 서울에서 공부하고 서울에서 살았건만, 오늘 밤의 서울 거리는 처음보는 거리만 같았다.

전후의 서울 밤거리를 엿볼 수 있는 묘사다. 그들은 낙산에서 종로 3가까지 오자 단성사(團成社) 앞으로 꺾어진다.

단성사 광고판에는 남녀 간의 애정을 노골적으로 나타낸 그림들이 여러 장면 걸려 있었다. 그것 역시 예전에는 금지되던 것이다.

그들은 돈화문을 향한다. 가로등도 없이 달빛이 거리를 비춘다. 행인의 왕래도 뜸했다. 안국동 네거리로 빠져나와 중앙청 앞으로 뚫린 언덕길을 넘어간다.

안국동 네거리와 중앙청 사이는 해만 지면 언제나 시골길 같이 호젓하다. 게다가 길이 언덕으로 되어 있어서 젊은 여성과 함께 언덕길을 오르내리는 것만으로도 마음이 그윽하였다.

이 길은 한국일보 앞의 송현(松峴)인데, 소나무가 울창한 언덕길이라 하여 이름 붙여졌다. 지금은 도로가 뚫려 그 향취가 사라진 지 오래다.

사랑의 언덕길

정비석은 우리에게 1950년대 사랑의 언덕길을 소개하고 있다. 주인공들은 고즈넉한 언덕길을 찾았다.

그 옛날에는 덕수궁 담 뒤에 있는 영성문 고개를 사랑의 언덕길이라고 일러왔다. 영성문 언덕길은…… 한편에는 유서 깊은 덕수궁의 돌담이 드높이 싸여 있고, 다른 한편에는 미국 영사관, 지금의 미국 대사관 돌담이 높다랗게 막힌 데다가, 좌우편 담 안에는 수목들이 담장 밖에까지 울창한 가지를 내 뻗어서, 영성문 언덕길은 마치 자연의 터널처럼 되어 있었다. 그래서 남의 이목을 꺼리는 젊은 남녀들이 사랑을 속삭이고자 영성문 언덕길을 찾아왔던 것이다.

그러나 세월이 흐르면 물정(物情)도 바뀌는 법인지, 오늘의 영성문 고개에서는 이미 옛날의 그윽하던 모습을 바라볼 수 없게 되었을 뿐만 아니라, 오늘날 이십대의 젊은이들은 영성문 고개가 사랑의 언덕길이었던 것조차 모르게 되었다.

영성문(永成門)은 옛 경기여고 쪽 큰 도로변에 있던 덕수궁의 북문으로서 광화문 쪽의 출입문이기도 했다. 그래서 이 일대의 궁궐을 영성문 궁궐이라 부르기도 했다. 개화기 이래 미국공사관, 러시아공사관, 영국영사관이 덕수궁과 통하는 외교의 문이었다.

저자가 말하는 20대는 지금 70대를 바라보는 나이다. 50대인 필자도 전혀 모르는 얘기다. 하물며 지금 20대는 오죽할까.

영성문 고개가 사랑의 언덕길로서 면목을 잃어버리게 되자, 그 후 왜정 시대에 등장한 사랑의 길이, 옛날의 소화통(昭和通)이었던 충무로 뒷거리 이다. 지금은 자동차 먼지 때문에 눈살을 찌푸릴 지경이지만, 그 거리도 옛 날에는 아베크에 적당한 거리였다.

그러나 영성문 언덕길에 비기면, 충무로 뒷거리는 훨씬 개방적이었다. 시대 변천에 따라 연애 자체가 그만큼 개방된 때문이었는지도 모르리라.

이렇게 사랑의 길이라는 것도 시대 변천에 따라 자꾸만 개방되어가서, 이미 오늘날에 이르러서는 사랑의 길 자체부터가 필요 없게 되었다. 서울 장안 전체가 사랑의 도시가 되어서 사랑을 아무 데서나 맘대로 나눌 수 있 게 되었기 때문이다.…… 구태여 사랑의 길이라는 특수 지대가 필요치 않 게 된 것도 무리는 아니다. 서울의 사랑의 길의 변천사를 더듬어보면, 그것 이 그대로 우리나라의 연애 변천사가 될 수 있을는지도 모른다.

우리 선배들이 잃어버린 '사랑의 길'을 이제 우리가 다시 찾아내야 할 것 아닌가. 마음이 부담스럽다.

댄스, 댄스

태창기업(泰昌企業) 사장 한태석(韓泰錫)은 40세 정도의 나이인데 도 불구하고 이재에 밝은 정상배로 국회의원 오병헌의 물주이기도 했 다. 이 한태석이 무리해가며 선영을 유혹한다. 선영은 그에게서 자금 을 받아 종로 네거리의 화신백화점 부근에 화장품 가게를 낸다. 상점 이름은 '파리 양행(巴里洋行)'이라 지었다. 많은 여성들이 영화에서 나 보는 프랑스의 마담같이 되는 게 소원이었던 시대였다. 외래품인

1907년 종로 3가에 연예공
연장으로 개설했다가 1918
년 영화 전용관으로 개축
한 단성사.

1958년의 종로 3가 풍경.
염소 떼를 데리고 서울 시
내를 한가롭게 걸어가는
모습을 이제는 찾아보기
힘들다.

향수, 코티 분 등 비싼 프랑스 제품을 주로 팔아서 서울의 부호들이나 이용할 가게였다. 이로써 선영은 가정에서 나와 본격적으로 사회에 발을 들여놓게 되었다.

파리 양행 건너편에 있는 '25시 다방'과 소공동 '오호실 다방' 그리고 명동 동아그릴, 회현동의 스키야키 집 등이 그녀의 약속 장소였다. 당시 다방에서는 커피 외에 위스키 티, 코코아, 케이크, 여송연을 팔기도 했다. 미국공보원은 단성사와 함께 외국 영화를 볼 수 있는 곳이었다. 넬슨 제독의 애정 행각을 다룬 영국 영화 '미녀 엠마'도 이곳에서 상영되고 있었다.

선영은 신춘호와 엘씨아이(LCI, 해군장교 구락부)도 찾는다. 본격적으로 춤을 추기 위해서다. 회현동 엘씨아이는 1970년대까지도 그 이름을 날리던 곳이다. 남산 오르는 초입에 있었는데 지금의 명동 지하철역에서 가깝다.

문 안에 썩 들어서자, 너무나 화려한 눈앞의 광경에 정신을 차리기가 어렵도록 황홀하게 놀랐다. 저만치 악대(樂臺) 위에서 파도처럼 웅장한 음악이 유랑하게 흘러나오는 것도 놀라운 일이거니와, 삼십 평이 훨씬 넘을 듯 싶게 넓디넓은 홀에서 호화찬란하게 차린 칠팔십 명의 남녀들이 제각기 짝을 지어 멋들어진 스텝을 밟고 돌아가는 것은 눈으로 보기만 해도 흥겨웁기 짝이 없었다. 천정에서 휘황찬란하게 비치는 오색 전등은 문자 그대로 불야성(不夜城)을 이루었고,……

홀 안 가득 〈밤의 탱고〉가 울려퍼지고 천장에서 늘어진 오색 영롱한 샹들리에 밑으로 돌아가는 남녀의 모양을 상상할 수 있다. 요즘이야 아무것도 아니겠지만 당시의 수준으로 보면 호화로운 또 하나의

철거되기 전의 수정궁. 당시는 창경원에 식물원과 동물원이 들어서고, 수정궁이 댄스장으로 쓰이던 시대였다.

세계였음에 틀림없다. 또한 이런 공간을 경험한 사람은 극히 소수였을 것이다.

춤출 수 있는 공간이 하나 더 있다. 창경원 내 식물원 쪽 연못가에 있던 수정궁(水晶宮)이다. 밤이면 연못에 비친 불야성을 이룬 수정궁의 그림자가 더욱 아름다웠다. 이곳에서 열린 화교회 댄스 파티를 묘사한 부분이다.

창경원 문 앞에 들어서자 울창한 나무 숲 사이로 밴드 소리가 유랑하게 흘러나온다. 유서 깊은 옛 궁터에서 새 시대의 음악을 듣는 맛이란 별다른 아취가 있었다.…… (수정궁)홀 안의 광경은 눈이 부시도록 호화찬란하였다. 넓디넓은 홀을 휘황찬란하게 비쳐주고 있는 샹들리에 밑에서는, 육십여 명의 남녀들이 아름다운 고기 떼처럼 춤을 추며 돌아가고 있었다.…… 마루바닥에 허옇게 갈려 있는 붕산가루를 아낌없이 밟고 돌아가는 스텝과 스텝……

덕수궁과 운현궁은 결혼식장으로, 창경원은 댄스장으로 쓰이고 있었다. 참으로 황당무계한 일이었다. 후에 창경원은 창경궁으로 이름이 바뀌었고 수정궁은 철거되었다.

선영이 환락의 세계로 빠져든 순간에 교수 장태연에게도 한 여성이 나타난다. 26세의 처녀 박은미(朴恩美)였다. 해방이 되자 싱가포르에서 돌아와 미군 부대에 나가던 타이피스트였다. 그녀는 S대학 국문과 졸업반인 남자 친구 원효삼의 성적을 올리기 위해 그의 선생인 쑥맥 교수 장태연을 종아리 드러난 양장 차림으로 유혹하였다.

그들은 인사동 골목에서 종로로 걸어 나오고 있다. 적선동 집으로 함께 가는 것이다. 박은미는 두집 건너편에 살고 있었다. 그녀의 집 영창문으로 불이 새어 나오면 그의 마음에서도 한숨이 새어나온다.

그러나 '쌍연애'는 한숨으로 끝난다. 교수에게는 교수 본연의 길이 선영에겐 아내와 엄마로서의 길이 있었던 것이다.

김동리의 《밀다원 시대》

천 일간의 임시수도,
부산에서 일어났던 일들

소설가 김동리(金東里, 1913~1995)는 경주 출생으로 1934년 등단해 해방 직후부터 반공 우파 진영을 대표하는 문학가로 활동해왔다. 그의 단편소설 《밀다원(蜜茶苑) 시대》는 1955년 4월 발표한 것으로 피난 도시 부산의 상황을 그리고 있다. 소설 제목은 부산에 실재했던 다방 '밀다원'에서 따온 것이다.

김동리는 6·25 전쟁 중 서울신문사 최후의 철수자들과 함께 부산으로 피난 내려와 광복동에 있던 밀다원 다방에 자주 출입하였다. 그는 당시 문총(전국문화단체총연합회)의 사무국장 자리에 있을 때라 부산 피난 문인과 문총 지국 사무실에 대한 관심이 남달랐다.

이번에는 부산 광복동 쪽으로 발걸음을 옮겨, 피난 시대의 문학동선을 따라가보기로 한다.

한반도의 끝의 끝, 부산

6·25 전쟁 중인 1951년 1월 3일은 서울 최종 후퇴의 날이었다. 북한군의 수중에 든 서울은 이미 모든 상황이 끝나 있었다. 더구나 중공군이 개입하자 우리 정부는 막다른 골목으로 내몰렸다. 북한과 서울을 비롯한 전국의 피난민들은 부산, 거제도, 제주도 등지로 몰려들었다. 남쪽을 향해 무작정 내려가는 피난길이었다. 이승만 대통령도 부산으로 몸을 피했다.

소설의 주인공 이중구(李重九)도 마지막 피난 열차로 이른바 '자유의 수도'라는 서울을 떠나 망연(茫然)하게 부산을 향하는 중이었다. 모든 것이 자실(自失)한 상태였다. 30대 중반인 그는 아내와 어린 딸은 논산 친정집 오라범댁으로 보내놓고 늙고 병든 어머니는 원서동 고가(古家)의 냉돌방에 홀로 둔 채 떠난 길이었다. 원서동 고가라 해봐야 막바지 조그만 오막이었다. 중구는 문단에 이름 석자만 있을 뿐 대단찮은 원고료 몇 푼으로 사는 가장이었다. 불효의 마음은 천근만근이었다.

1월 3일 오후 2시 45분에 서울역을 떠난 경부선 열차는 이튿날 저녁 6시 20분에야 부산진(釜山鎭)역에 닿았다.

부산진에 들어서면서부터 기차는 바다로 미끄러지지 않기 위하여 몸을 뒤로 뻗대었다. 초량역(草梁驛)에서 본역까지는 거의 한 걸음을 재이듯 늑장을 부렸다.

중구는 무려 27시간 35분이 걸린 피난길 끝에 땅끝 도시, 부산에 도착한 것이다. '허무의 공간'에 우뚝 선 종착역 역사가 피난민들을 맞았다. 플랫폼에 2,000명이 동시에 발을 내렸다. 그러나 그들은 행운아

쪽에 속했다. 이보다 더 많은 백성들은 걸어서 걸어서 낙동강을 건너 지금도 남하하고 있었다.

그는 긴 행렬을 따라 출찰구를 빠져나왔다. 역 마당은 넝마전(넝마를 파는 가게) 같았다. 중구는 오버에 털모자를 쓰고, 자주빛 머플러에 카키색 털장갑을 끼고 있었다. 손에는 다 낡은 손가방 하나가 달랑이었다.

"자 이제 어디로 갈까나". 막상 그는 갈 곳이 없었다. 역 광장에서 전찻길을 건넜다. 다행히 K통신사 부산 지국에 근무하는 윤이 나타났다. 중구는 '염치 불고' 하고 그를 따라간다. 윤은 보수동(寶水洞)으로 갔다. 통신사는 말이 통신사지 넓이 서넛 칸 남짓 되어 보이는 그런 허술한 곳이었다. 당시는 모두 피난시대라 몸 하나 붙일 곳 있으면 그것이 다인 때였다. 촛불 하나와 함께 중구는 그곳에 달랑 던져졌다. 첫날밤은 피난 행색 그대로 테이블 위에서 잠에 빠져든다.

천막으로 둘러친 판잣집. 간신히 비바람만 면할 수 있는 이곳이 피난민들의 거주지였다.

임시 수도 부산

1948년 7월까지도 나라 이름은 그냥 조선이었다. 경성은 남조선이라 했고 평양은 북조선이라 했다. 대한민국이란 국호는 그 후에 생겨났다.

해방 직후 부산 인구는 30만 명이었고 그중 일본인은 6만 명이었다. 여기에 미군이 상륙해 들어왔다. 그들은 진주군이란 이름으로 부산 여러 지역에 포진했다. 일본인은 이제 제 나라로 돌아가기 시작했고, 일본에 나가 있던 동포들도 대부분 귀국선을 타고 돌아오고 있었다. 부산 부두에는 희망가(希望歌)가 울려 퍼졌다.

그러나 해방을 맞은 지 채 5년도 안 되어 터진 전쟁 통에 우리는 그 희망을 잃어갔다. 우리 정부는 일방적으로 남으로 밀리기 시작했다. 1950년 6월 26일 이미 부산에는 서울의 피난민이 도착하고 있었다. 27일에는 강원도 묵호에서도 왔다.

부산은 8월 18일 임시 수도로 정해졌다. 이에 따라 부산에 있던 건물들이 임시 정부기관으로 차용됐다. 경남도청 건물은 중앙청이, 부산시청 건물은 사회부 · 문교부 · 심계원(현 감사원) 등이, 남전(南電) 건물에는 상공부가 각각 들어섰다. 또한 부산극장은 국회의사당이, 지방검찰청과 법원은 사법기관이, 그리고 미공보원 건물에는 미국 대사관이 들어섰다.

부산에는 50만 명이 일시에 몰려들어 아우성을 쳤다. 학교, 극장, 교회, 사찰은 물론 부산 시내의 공지라는 공지, 도로변, 언덕, 산 할 것 없이 피난민이 움막을 지어 살기 시작했다. 용두산 전역이 판잣집으로 뒤덮였다. 부산은 순식간에 인구 90만에 가까운 도시로 변해버렸다.

인구는 넘쳐나는데 마땅한 일거리가 없어 피난민들의 고생살이는 이루 말할 수 없을 지경이었다. '굳세게 살아야 한다'는 마음다짐이 이를 이겨내는 유일한 길이었다.

광복동 다방 밀다원으로

이중구가 부산에 아는 곳이라곤 풍문으로 들은 밀다원 다방뿐이었다. 이제 그나마 갈 곳이라도 생각났으니 다행이었다.

그는 보수동 통신사 지국 사무실을 나와 광복동 밀다원으로 향한다. 밀다원은 광복동 로터리에서 시청 쪽으로 조금 내려가면 있는 2층에 자리한 다방이었다. 아래층 한쪽에는 문총 지국 사무실이 있었다.

서울에서 온 문화인들 중 중앙문단 사람들은 거의 다 밀다원으로 몰

정부청사로 쓰이던 부산
시청. 4층은 증축한 부분
이다. 그나마 지금은 헐리
고 없다.

임시로 국회의사당으로
쓰이던 국제극장. 의회가
열리고 있다.

려들었다. 당시 갈 곳 없고 돈 없는 문인 예술가들의 아지트 같은 곳이
었다. 그래서 그들은 매일 출근 도장 찍듯이 이 다방에 들락거렸다. 딱
히 약속이 있는 것도 아니었을 터인데……

　　다방 안은 밝았다. 동남쪽이 모두 유리창이요. 거기다 햇빛을 가리게 할
　고층 건물이 그 곁에 없었기 때문이었다. 한가운데는 커다란 드럼통 스토
　브가 열기를 뿜고 있고, 카운터 앞과 동북 구석에는 상록수가 한 그루씩 놓
　여 있었다. 그리고 얼른 보아 한 스무 개나 됨직한 테이블을 에워싸고 왕왕
　거리는 꿀벌 떼는 거의 알 만한 사람들이었다.

1980년대까지만 해도 도시민들의 유일한 안식처였던 다방(茶房).
사람을 만나기도 하고 시간을 죽이기도 하고 오가는 마담 레지에 눈을
돌리며 위안을 삼던 곳이다. 한때는 음악다방이 성업하곤 했다.
　여기서 꿀벌 떼처럼 왕왕거리고 있는 예술가들이란 시인 · 소설가 ·
평론가 · 화가 · 음악가 · 여류작가 등이다. 20대에서 30대의 비교적
젊은 예술가들이다.

건축가들의 피난 공간

　소설 속에서 김동리는 건축가를 이 자리에 끼워 넣지 않고 있다.
당시 건축인의 위상을 짐작해볼 수 있다. 그나마 김중업(1922~
1988)이나 예술가 축에 들까, 나머지는 모두 다 기술자 취급을 당하
고 있었다. 여기서 우리는 건축가들의 피난 공간을 다시 들어보기로
한다. 필자는 그들과의 대담에서 그 한 면을 읽을 수 있었다. 김중업
은 필자와의 대담(《꾸밈》 30호, 1981년 6월)에서 부산 사정을 회고한
바 있었다.

1952년 임시수도 당시의 광복동 거리. 밀다원도 이 거리 어딘가에 있었을 것이다.

필자__1950년대 부산 피난 시절의 기억을······.

김중업__그런 바쁜 중에서도 시간이 나면 '금강 다방'에 가서 화가 이중섭, 김환기, 영화배우 최은희 등을 자주 만났지요. 그리고 날 늘 좋아해주시던 분이 공초 오상순, 수주 변영로, 김소운 씨 등이 있었지요. 모윤숙, 조병화도 친하게 지냈고, 조병화의 처가 병원 원장이었는데(송도의원) 내가 설계해주었지. 《패각의 침실》이란 그의 시집에도 나오지요. 그때를 "바람 불던 시절"이라고 불렀었는데, 나하고 베를렌느를 번역하던 불문학자 전봉래(全鳳來)가 '스타 다방'에서 자살하지요.

　또 이진섭과는 같이 상송 보급 운동을 하고 나도 상송 해설을 했지요. 그리고 '조선비행기'에 있던 이용준(동생 이용상은 시인)이 나를 상당히 따르곤 했는데 그도 전봉래처럼 자살하고 말았지요. 그리고 구상, 유치진, 이헌구 씨 등도 친하게 지냈지. 김광섭 씨라던가······.

이어 강명구(1917~2000)의 회고(〈건축가〉 1, 2, 1983.)를 들어보자.

강명구__질서가 잡혀가기 시작할 때 6·25가 터졌지요.

6·25가 터지니까 대부분 부산으로 피난 갔어요. 거기서 건축쟁이라고 모인 사람들이 엄덕문, 조병섭, 김태식, 김희춘, 이희태 등이었어요. 할 일도 없으니까 매일 다방에 모였지요. 평소 건축인을 아껴주던 피난지 교통부 시설국장 김윤기 씨가 주선해서 운크라(UNKRA)와 관계된 한국난민주택, 교육시설 등의 설계를 하게 됐지요.

초량 철도청에 한 구석을 쓰게 해주셔서, 거기서 먹고 자며 설계를 공동으로 하며 지냈어요. 그러나 그때는 화기애애하고 즐겁게 지냈던 것 같아요.……

부산 피난지에서의 우리는 모두들의 의가 좋아 서로 있는 것 나눠 먹던 때지요. 부산시청 앞 광복동 입구 희망 다방에도 잘 갔는데…… 그때부터 군수 물자에 끼어 외국 건축잡지가 처음 흘러나왔어요. 그전에는 일본 잡지나 겨우 봤지요. 다방에 모여 함께 보며 나름대로 토론까지 시작한 거예요.

부산 피난 시절의 건축가들 모습이다. 우리가 잊고 지낸 현장이다. 스타 다방은 남포동(南浦洞)에 있던 지하 다방이었다. 금강 다방, 희망 다방도 그들의 공간이었다. 어느 정도 전국(戰局)이 안정을 찾자 부산으로 피난 온 건축가들은 바빠지기 시작했다.

피난지의 살림살이

중구는 둘째 날부터 평론가 조현식(趙賢植)의 집에서 묵는다. 무전

취식 하는 꼴이었다. 조현식의 거처는 남포동에 있었다. '항도의원(港都醫院)'이라는 병원 간판이 붙어 있는 일본식 건물이었다. 조현식은 이 병원의 2층 입원실 한 칸을 빌려 살고 있었다.

6·25 당시의 부산 부둣가. 부산에 피난 온 건축가들은 난민을 위한 주택을 설계하는 등 어려운 상황 속에서도 활동을 계속하였다.

'4조 반' 짜리 다다미였다. 거기다 '오시이레'가 동쪽 북쪽 두 면에 붙어 있어서 상당히 쓸모가 있는 방이었다.

북쪽 오시이레에는 침구와 옷 보퉁이와 트렁크와 책상자와 그 밖에 너저분한 피난살이 짐짝들이 들어 있고 동쪽 오시이레는 친척들의 침실로 사용되고 있다는 것이었다.

그는 이 집 오시이레(침구류나 사용하지 않는 물건 등을 넣어두는 수납공간. 일종의 붙박이장)에서 자는 것이 마음 편했다.

항구에서는 슬픈 안개를 뿜는 듯한 뱃고동 소리가 들려왔다. 날라리 피리 소리 같은 고동 소리가 피난민의 가슴을 뛰게 했다. 부웅부웅— 하는 소리가 마치 문풍지가 우는 듯했다.

그들은 점심에 가락국수집이나 분식집, 빈대떡집 같이 싼 곳만 찾아다니면서도 커피는 줄곧 마셔댔다. 마치 커피당(黨) 당원들 같았다. 제대로 밥이나 끓여 먹는 사람도 없었으나 명색은 예술가였다.

빈대떡집은 남포동 뱃머리라고 하는 선창가에 있었다. 바로 코끝에서 시퍼런 바닷물이 철썩거리고 있었다. 갠 날엔 대마도가 빤히 건너다보이는 영도(影島)와 송도(松島) 사이에 있었다. 남포동은 일제 때 남빈정(南浜町)이었다. 그러다 해방 후 빈(浜)이 포(浦)로 바뀐 것이다. 빈은 포의 의미를 담고 있었다.

부산에는 통술집이 유행하고 있었다. 부산의 향토사학자 박원표(朴元杓)는《부산의 고금》(1965)에서 다음과 같이 말했다.

나는…… 남포동 통술집을 팔기로 하고 광복동 입구, 전세로 나와 있는 모 다방을 경영하기로 했다. 당시 부산 거리의 다방은 6·25 전까지 20여 개밖에 없었던 것이 그 후 3년간 피난민들의 사랑방 또는 사무실 대용으로 1천 개를 헤아릴 만큼 발전했는데 내가 다방을 시작했을 때는 환도 직후라 앞날의 불경기를 예상하고 있었다.……

다방에 찾아오는 손님은 통술집과 달라서 서민층도 있고 사설사무소로 쓰는 장사꾼도 있고 수복할 형편이 안 되어 연탄 난로가에서 추위를 피하려는 피난객도 있었다.……

6·25 때 부산에서 처음으로 생긴 통술이란 대중 술집들은 5년 동안 대중의 구미에 맞았는지 발전을 거듭하여 광복동, 남포동 등은 온통 통술집으로 덮여졌다.

통술집은 일제시대 '오뎅야' 라는 간이 음식점이 변형된 것이다. 술통을 둘러놓고 앉아 오뎅과 정종 같은 것들을 먹는 싸구려 술집이었다. 중구가 이번에 머물 집은 동구 범일동(凡一洞)에 있는 오정수(吳貞洙)의 집이었다.

단층으로 된 일본식 건물이었다. 온돌방이 하나요, 다다미방이 둘인데, 온돌방은 오정수의 부인과 아이들이 쓰고 '다다미' 방 하나는 오정수의 서재로 되어 있었다. 그리고 또 하나 '다다미' 방에는 오정수의 일가뻘이 되는 피난민이 들어 있었다.

한일절충식 가옥은 해방 후에도 그대로 사용되고 있음을 알 수 있다.

이 '밀다원'에서 한 걸음만 더 멀어 도 그만치 무섭고 불안하고 가슴이 따 가워 죽겠어. 같은 피난민 속에 싸여 있 지 않으니, 못 배기겠어. 범일동이 어디 야. 만 리도 넘는 것 같애.

남의 집에 신세지면서도 마음 편한 곳은 따로 있었던 것 같다. 범일동은 밀다원에서는 한 시간 거리라 조금 먼 곳이라는 까닭도 있었다.

동광동의 한 왜식 가옥 모 습(자료: 中野茂樹, 1989).

1951년 1월 8일 어느덧 중구가 부산에 내려온 지 닷새가 지나고 있 었다. 전쟁은 더 가열되어 중공군은 오산(烏山), 원주(原州)까지 밀고 내려왔다. 부산도 더 이상 안전지대가 아니었다. 불안을 느낀 사람들 은 다시 피난을 가려 했다. 이제 갈 곳이라곤 제주도나 일본밖에 없었 다. 그러나 이렇게 다급한 상황에서도 정치는 국민들에게 여전히 혼란 만을 주었으며, 돈푼깨나 있는 자들은 나라가 고꾸라지든 자빠지든 제 마음대로 살고 있었다.

일조유사지시(一朝有事之時)엔 제주도로 가든지 대마도로 가든지 혹은 일본으로 가든지, 미국으로 가든지 자유자재란 말씀예요.

그러나 중구는 달리 갈 곳도 없는 처지일 뿐더러 밀다원을 떠날 생 각도 없었다.

어떠한 조건에서든지 '밀다원'이 있는 곳에서 떠나 멀리 갈 수는 없다고 생각했다. 그는 최후까지 '밀다원'에 남아 있는 다른 모든 친구들과 행동을 같이하리라 생각했다.

그러나 밀다원은 1월 8일 문을 닫았다. 단골 문인 하나가 다방 안에서 약을 먹고 자살했기 때문이다. 이어 밀다원 문에는 내부 수리란 딱지가 붙었다. 문총 사무실도 문을 닫았다. 꿀벌들은 우왕좌왕했다.

밀다원에서 쫓겨나다시피 된 그들은 광복동 로우터리 주변에 있는 다른 다방들로 분산되어 나갔다. 로우터리를 중심으로 하고 더러는 남포동 쪽의 '스타' 다방으로 나가고 절반은 창선동 쪽의 '금강' 다방으로 나갔다.
금강은 밀다원보다 면적도 좁았을 뿐 아니라 다방다운 시설이나 장치라고는 전혀 없는 어느 시골 간이역 대합실과도 같은 집이었다. 그래서 그런지 그러한 금강의 그 딱딱한 나무 걸상에 궁둥이를 붙이고 있노라면 대낮이라도 곧잘 뱃고동 소리가 들려오곤 하였다.…… 그럼에도 불구하고 그들이 줄곧 금강으로 나가게 된 것은 금강 바로 건너편에 있는 '현대신문'에 그들의 친구가 있었기 때문이다.

'문예'는 본부를 금강 다방으로 옮겼고, 아울러 문인들도 새로운 아지트에 적응해갔다. 금강 다방은 밀다원을 대신해 이들을 맞아주는 장소였다.

이 다방에는 자연히 많은 문인들이 모이게 되었다. 문인들만이 아니라 미술가들도 많이 출입했다. 그 당시 이 다방에 매일같이 얼굴을 나타냈던 사람들로는 김동리, 손소희, 김말봉, 박용구, 유치환, 이종환, 유동준, 임긍재 제씨 등이었으며 한무숙, 최정희, 황순원, 박목월, 김윤성, 오영수,

곽종원, 박남수, 오영진, 조경희, 김내성, 이봉구, 이봉래 제씨 등도 가끔 나타났다.

　김환기, 남관, 손재형, 배렴 씨 등의 미술가들도 거의 매일같이 나타나서 우리와 어울렸다. 지금 서독에 가 있는 작곡가 윤이상 씨와 친교를 갖게 된 것도 이때다(조연현, 《문예시대》, 〈대한일보〉, 1969. 강진호, 《문단이면사》, 1999 재수록).

　김동리는 당시 '모나리자 다방'을 경영하던 소설가 손소희를 만나 재혼했다.

　부산의 다방 역사에 대해 박원표는 다음과 같이 적고 있다.

　해방 전 부산에서 가장 오랜 다방은 광복동의 '뿌람'이란 조그마하고 조용한 다방이었다. 당시 신문기자들의 집회소요 유명 무명의 문학청년들이 모였다.…… 이 밖에 광복동의 '에덴 다방'은 일제시 동아일보 기자를 하던 고 강대홍 씨가 사서 '제일 다방'이라 이름을 고치고 종전 직전가지 경영하였으나 지금은 다시 '에덴 다방'으로 돌아가서 한국인 경영으로는 역사가 제일 길다.

　이 다방에는 여류작가 고 김말봉 여사와 지금 중앙 문단에서 활약하고 있는 부산 출생 한무숙 여사도 자주 드나들었다. 음악이래야 베토벤의 교향곡 운명이 판을 쳤다.

　유엔군의 반격이 시작된 것은 그즈음이었다. 중구도 1월 15일부터는 〈현대신문〉에 논설위원으로 들어가게 되었다. 피난 온 지 두 주일이 안 된 때였다. 그 후 서울 환도가 이뤄지고 부산은 다시 원래대로 돌아갔다. 1953년 8월 9일 서울로 환도하기까지 3년 동안 부산은 우리나라의 수도였다.

내일이 불투명한 전시 중에도 차를 마시며 문학과 예술을 논하는 문인들로 복작거리던 그 밀다원 건물을 이제는 찾아볼 수 없다.

남북 어디에도 없는 광장

다시 떠오르는《광장》

최인훈의《광장》은 오늘도 100쇄를 훌쩍 넘기는 놀라운 숫자를 기록하며 읽히고 있다. 부동의 스테디 셀러로 자리잡은 것이다. 나 역시 다시 부화뇌동해 책장에서 케케묵은《광장》을 다시 꺼내들었다. 민음사 1975년 제3판이었다.

1960년대 '광장'이란 단어는 매우 선호도가 높았다. '워싱턴 광장'이란 노래가 크게 유행했던 터라 더 그랬다. 광장은 사각의 스퀘어를 말하는데, 서울에 광장이랄 게 별로 없을 때였다. 시청 앞 광장 정도가 있었을까. 지방에는 도청 앞 광장 혹은 역 광장이란 게 있었을 것이다. 그래서 사람들은 상상 속에서 형이상학적, 형이하학적, 형이중학적 광장을 찾아 헤매야만 했다. 그래선지 유독 다방 이름에 광장이란 이름이 많이 들어갔다. 다방이야말로 당시 유일한 서민들의 광장이었기 때문이다.

한참 뒤 여의도광장이 생겨났다. 광장은 세계에서 이탈리아 광장이 제일일 것이다. 그래서 내 오른손에는 소설 《광장》이, 왼손에는 건축 책 《광장》이 들려 있었다.

1992년 펜클럽(국제펜클럽. 국제적인 문학가 단체) 한국 본부는 노벨상 후보작으로 《광장》을 추천한 바 있었다. 김은국(1969), 김지하(1975), 김동리(1981), 서정주(1990)에 이은 다섯 번째 추천이었다. 물론 수상을 크게 기대한 바는 없었다.

중편소설 《광장》은 1960년 4·19의 뒤풀이 같은 의미를 갖는 책이다. 이승만 시대가 막을 내렸기 때문에 출간이 가능했던 것이다. 시대적 배경은 해방 후부터 6·25 전쟁까지다. 소설 전체를 두 개의 축이 떠받치고 있는데, 하나는 떠나가는 배고 또 하나는 남과 북의 도시 회상이다. 함북 회령군(會寧郡) 출신인 작가는 북한과 만주의 풍경도 익히 잘 알고 있었을 것이다.

철학하는 학생

주인공 이명준(李明俊)은 철학과 3학년생이다. "늦은 가을 대학에서 종로로 나온다"는 표현으로 보아 서울대 문리대생인 것 같다. 명준의 곁엔 부잣집 딸로 태어나 화려한 생활을 꿈꾸고 있는 변영미가 있다. 영미의 아버지 변성제는 은행 지점장이었는데, 흔히 '은행가'로 불렸다. 1970년대 중반까지만 해도 은행가는 상류층이었다. 물론 더 위로는 법조인, 의사, 고급 공무원 등이 있었다. 잘 기억이 나지 않지만 전화가 있는 집들은 거의 다 부자라 할 때였다. 지금 50대 중반인 경우, 그런 생활 환경에서 자란 사람은 아마 정말 복받은 사람이었을 것이다.

영미는 인생은 재미라 생각하고 있다. 그녀는 미군 지프에도 몸을 싣는다. 댄스 파티, 드라이브, 피크닉, 영화 등을 즐긴다. 공부하는 모습은 눈을 까뒤집고 봐도 없다. 헛궁리나 하고 있는 것은 명준도 마찬가지였다. 철학하는 사람은 노는 사람이라는 우스갯소리가 맞는가 보다. 하지만 다시 생각해 보면 그 시대에 무슨 공부에 전념할 수 있었을까, 동정도 든다.

영미의 오빠 태식은 음악을 전공하면서 카바레에서 색소폰을 분다. 부르주아의 전형이다. 그러나 부르주아라 해봤자 서구 부르주아의 생활을 흉내내고 꿈꾸는 게 고작이었다. 그들은 고층 건물로 상징되는 미국을 동경한다.

어느 날 영미의 집에서 파티가 벌어진다. 열댓 명이 모였다. 보통 사람은 꿈도 못 꿀 파티였다. 실제로 필자의 친구 하나도 툭하면 형, 누나가 친구들 불러다 집에서 파티한다고 자랑을 했다. 소파를 응접실 벽에다 밀어붙이고, 푸른 전등빛 아래서 쌍쌍이 밀착 블루스를 추었다. 1960년 말 잘사는 집의 풍경이었다.

넓은 뜰을 가운데 끼고 'ㄷ'자로 세워진 일본집. 경사가 심한 높은 지붕 중턱에 비죽이 내민 창이 달린, 이층 4조 반이 그의 방이었다. 그는 이 방을 좋아했다. 창을 열면 양옆이 모두 기와였다. 갇히고 치우친 맛이 좋았다. 이런 지음새가 원래 왜식은 아닐 테고, 그림에서 눈 익은 서양식이 겠지. 여하튼 밖에서 바라봐도 모양이 재미있고, 그 속에 사는 사람으로는 아늑한 맛이 있었다. 뜰은 전혀 왜식 그대로였다. 못이며 돌로 된 꾸미개에서 인조 동산까지 달라진 것이라곤 아

일제시대 남촌, 장충동에 있던 한 일본인 주택(자료:《조선과 건축》).

무 것도 없었다. 그는 이 창으로 내다보면서 헛궁리하는 것을 가장 즐거운 시간으로 알고 있었다.

서울의 부촌 남촌에 있던 적산주택을 그리고 있다. 2층집의 다락 창에서 내다본 마당에는 일본식 집에 어울리는 일본식 뜰이 넓게 펼쳐졌다.

사회를 부정하는 시선

우선 이명준의 광장관(廣場觀)을 보자.

오늘날 한국의 정치란 미군부대 식당에서 나오는 쓰레기를 불하받아서, 그 중에서 깡통을 골라내어 양철을 만들구, 목재를 가려내서 소위 문화주택 마루를 깔구,…… 그런 걸 가지구 산뜻한 지붕, 쉬트라우스의 왈츠에 맞추어 구두 끝을 비비는 마루며,…… 한국 정치의 광장에는 똥오줌에 쓰레기만 더미로 쌓였어요. 공공의 것이어야 할…… 분수 꼭지를 뽑아다 저희 집 변소에 설치하구, 페이브먼트를 파 날라다가는 저희 집 부엌 바닥을 깔구…… 그렇게 해서 빼앗기고 피흘린 황량한 광장에 검은 태양이 떳다가는 핏빛으로 물들어 빌딩 너머로 떨어져 갑니다. 추악한 밤의 광장, 탐욕과 배신과 살인의 광장…… 선량한 시민은 오히려 도어에 자물쇠를 잠그고 창을 닫고 있어요…… 뒷골목에 차려진 작은 지붕 달린 광장들―.

5월 어느 날 그에게 S서 사찰계 형사가 찾아온다. 일제시대 특고(特高)형사 노릇했던 것을 자랑하는 철없는 자였다. 형사가 명준을 찾은 이유인 즉, 명준의 아버지 이형도가 느닷없이 북한에서 방송되는 '민주주의 민족 통일 전선'이라는 대남방송에 나왔기 때문에 자식인 명준까지 연좌(連坐)된 것이다.

이형도는 해방 전 만주의 신경(新京), 하르빈(哈爾濱), 연길(延吉) 등에서 오랜 시간을 보냈는데, 해방이 되자 부랴부랴 서울로 왔다가 자식을 두고 홀로 월북해버렸다. 남로당 초대 부위원장이었던 박헌영의 동지이기도 했다.

명준은 졸지에 빨갱이의 아들이 되어버렸다. 그래서 어릴 때 명준은 은행 지점장을 하고 있는 아버지 친구에게 맡겨진 것이다. 그는 친구의 아들을 학교에 보내주고, 함께 데리고 살았다.

7월 한여름 오후, 명준은 강윤애의 집을 찾는다. 뜨거운 날씨에 서울에서 출발해 경인가도(京仁街道)를 모터사이클로 달린다.

그녀의 집은 인천 시내를 북으로 빠진 바로 끝에 벽돌담으로 둘러싸여있다. 멀리 구름이 인 바다가 바라다 보인다.

명준은 그녀와 함께 월북할까 생각해본다.

또다른 잿빛 광장

'월북(越北)'이란 단어는 무척 무서운 말이었다. 38선을 넘는다는 것은 곧 죽음과도 연결되는 문제였다. 월북을 감행한 본인뿐 아니라 주위 사람들까지 죄인으로 몰릴 수 있는 위험한 일이었다. 물론 지금도 그렇다. 그러나 지금 능력 있는 사람이 가는 것은 월북이라 하지 않는다. 왜 나는 가지 못하고 있을까. 고향 땅이 그곳인데—.

월북한 명준은 인민공화국에서 재혼한 아버지를 만난다. 모란봉극장에 가까운 적산집에 새 아내와 살고 있었다. 위에서 시키는대로 주요 도시를 돌아가며 학교, 공장, 시민회관 등에서 강연도 한다. 강연

내용은 너무도 빤한 것이라 여기서 언급할 필요조차 없다.

명준이 북한에서 발견한 것은 '잿빛 공화국'이었다. 핏빛으로 타오르는 혁명의 흥분 속에 살고 있는 공화국이 아니었다. 남조선 사회는 백귀야행(百鬼夜行, 온갖 잡귀가 밤에 돌아다닌다는 뜻으로, 흉악한 무리들이 설치는 것을 이름)하는 도시, 알 수 없는 난장판이었으나, 그보다 나을 게 없었다. 그가 보람을 느끼면서 살 수 있는 광장은 이제 아무 데도 없었다. 있다 해도 그것은 더럽고 처참한 광장일 뿐이었다.

　서양에 가서 소위 민주주의를 배워왔다는 놈들이 돌아와서는…… 인민의 등에 올라앉아 외국에서 맞춘 알른거리는 구둣발로 그들의 배를 걷어차고 있었습니다.

이는 지금도 마찬가지 아닌가. 각 분야에 그 악영향이 나타난 지 벌써 오래다. 유학 덕에 외국어 하나 할 줄 안답시고 여기저기 집적거리고, 이런저런 위원회, 심사에 시간 버리고, 골프, 접대에 시간 가는 줄 모르는 자, 한둘이 아니잖은가.

언젠가 일본 학위 심사장에서 일본인 교수들끼리 "재들 빨리 박사학위 줘서 보냅시다"라고 하는 말을 들은 적이 있다.

아마 그 맘속에는 이런 속셈이 있을 것이다. 그 제자가 한국에서 교수가 되면, 세미나 같은 데 불러주고 프로젝트가 있을 때는 돈까지 붙여줄테니 이거야말로 꿩 먹고 알 먹는 일 아닌가. 말도 잘 통하고―. 이런 못된 행태들이 오늘날 친일파 문제가 아직도 청산되지 않는 이유 중 하나로 작용하였다. 이른바 제자들의 실력, 성질 다 알아본 그들이 이제는 배짱을 부리고 있는 것이다. 어디 할테면 해보라! 지금도 어디선가 하이! 하이! 하는 소리가 들리는 듯하다.

강원도 원산의 명사십리와 송도원. 얕은 수심과 백사장, 송림으로 유명한 바닷가다.

명준은 〈노동신문〉 본사 편집부에 근무하게 된다. 어느 날 명준은 원산(元山) 영흥만 바닷가로 휴양 와서 해수욕장에 자리잡은 '노동자 휴양소'에 일주일 정도 묵었다. 이 휴양소 건물은 원래 개인 소유의 별장이었는데, 국유로 넘어갔다. 명준은 솔밭 사이에 드문드문 자리잡은 아름다운 별장 속 한 칸을 차지하고 지냈다. 국영 식당에서 식사를 마치고 송도원(松濤園)까지 걸어오는 길을 묘사하면서 최인훈은 "송도원이란 이름은 소나무와 파도란 뜻이 아니고 소나무가 일으키는 파도 소리란 말이 아닐까" 혼자 문답하고 있다. 또 "명사십리(明沙十里)가 한 줄 굵은 띠마냥 수평선 위에 떠 있다"고 했다. 바닷가 풍경을 아련히 떠올리는 아름다운 표현이다. 명사십리는 얕은 수심과 백사장, 긴 해변 그리고 푸른 솔숲이 어울려 빼어난 경관을 자랑하던 곳이다.

거제도 포로수용소

1950년 8월, 공산군이 서울로 쳐들어왔다. 텅빈 서울을 새 주인이 장악했다. 명준은 북한 내무성 직속 수사기관인 정치보위부에 속해 있

전쟁이 할퀴고 간 1951년 겨울 서울의 서대문경찰서. 일제시대 악명 높았던 경찰서다(자료; 성두경 사진집).

었던 터라, 졸지에 권력자 신분으로 바뀌어 있었다.

그는 서울의 S경찰서에서 태식과 마주 앉는다. 아마 서대문경찰서를 말하는 듯하다. 서대문 로터리 미동초등학교 쪽에 있던 2층 건물이다.

명준이 함께 월북하려 했던 윤애는 이미 태식의 아내가 되어 있었다. 영미네 가족은 다 남쪽으로 피난한 뒤였다. 명준은 태식이 도망 가게 도와준다. 명준은 전세가 다시 남한으로 기울고 있는 낙동강 전선에 투입되나 포로가 되고 만다. 상황은 원위치 되었고 1951년 10월 전선은 고착 상태에 놓였다.

미군은 부산·마산·광주·거제도 등에 포로수용소를 설치했다. 영관급이나 준장을 수용소장으로 임명했다. 영천은 민간인 수용소였다. 저자는 수용소를 간략히 묘사했다.

수용소 장내 구조는 양측 설득자들이 마주보고, 책상을 놓은 사이로 포로는 왼편에서 들어와서 바른편으로 퇴장하게 돼 있다. 순서는 공산 측이 먼저였다. 네 사람의 공산군 장교와 국민복을 입은 중공 대표가 한 사람, 합쳐서 다섯 명이었다.

거제도 해변을 때리는 파도 소리가 들리는 중앙 계곡에 거제도 포로수용소가 있었다. 북한군과 중공군을 수용한 이곳의 시설은 엉망이었다. 급조된 것이라 감옥만도 못했다. 외곽에는 다섯 겹의 철조망이 둘러쌌고 그 안에 천막이 여러 개 쳐져 있었다. 천막마다 50명 정도가 들어가 있었는데, 천막이 맨땅에 쳐져 있어 습기가 올라 누울 수조차 없었다.

1952년 2월 18일 오전 6시 거제도 제62호 수용소에서는 북한군 포로 5,000명이 폭동을 일으켰다. 미군의 공격으로 372명이 죽었다. 5월 7일에는 제76호 수용소에서 또 폭동이 일어났다. 이때 미군 도드 준장이 친공 포로들에게 납치, 감금되는 사태가 발생했다. 이어 6월 10일에도 폭동이 발생했다. 좌우의 대립, 이는 또하나의 전쟁이었다.

휴전이 되자 이승만 대통령은 반공 포로들에게 자유를 주기로 용단을 내렸다. UN 즉, 미국의 의사에 반하는 결정이었으므로 외교 문제화되었다. 아울러 명준에게도 남과 북을 선택할 기회가 다시 주어졌다.

"동무는 어느 쪽으로 가겠소?"
"중립국"

그러나 명준이 몸으로 겪어본 두 곳, 남과 북 다 이미 그에게 걸맞은 광장은 아니었다. 여러 공갈, 회유가 있었지만 그는 일관되게 중립국 행을 고집한다. 결정을 내리기란 쉬운 일이 아니었을 것이다.

석방 포로들을 싣고 낯선 이역 중립국을 향하는 3,000톤짜리 인도 상선(商船) '타고르 호'가 동지나해를 지나고 있다. 그들은 남북 어느 한쪽도 아닌 중립국을 택한 석방자들이다. "조국의 하늘은 곱기가 지랄이다"고 읊조리면서도—. 명준도 이 배에 탔다. 함흥에서 교원 노릇을 하던 박이라는 사람도 탔다. '무라지'라는 인도 관리가 그들을 인솔하는 책임을 지고 있다. 배는 캘커타를 향하고 있다.

그러나 반공 포로를 태우고 떠난 배는 오스트리아 국적 여객선 아스투리아스 호였고 1954년 2월 21일 배가 도착한 곳도 인도 남쪽 마드라

폐허가 된 서울, 'This is Seoul' (자료: 성두경 사진집).

1952년 3월 광주 중앙포로 수용소 풍경. 왼쪽이 이승만 대통령, 오른쪽이 포로들(자료: 이경모).

대포의 포신이 거제도포로
수용소 쪽을 향하고 있다
(자료; Bevin Alexander,
Korea, 'The Lost War',
1989).

철조망 너머로 수용소 막
사와 포로들이 보인다(자
료; Bevin Alexander,
Korea, 'The Lost War',
1989).

스 항이었다. 배에는 76명이 타고 있었다. 12일이 걸린 뱃길이었다.

그러나 그들의 최종 목적지는 멕시코였다. 인도에 머문 지 2년이 지나도 멕시코에서는 연락이 없고 브라질과 아르헨티나에서 연락이 왔다. 여기서 그들의 운명은 또 갈렸다. 인도에 15명이 남고 브라질로 50명, 아르헨티나로 11명이 떠났다. 그들은 아마 이제 70세를 넘기고 있을 것이다.

소설 속에서, 홍콩을 떠난 배는 마카오를 향하고 있다. 그들 중 주인공 이명준은 사라진다. 실종된 것이다.

손창섭의《신(神)의 희작(戲作)》

어려운 시대를 산 한 작가의 자화상

한 문인의 자화상

손창섭(孫昌涉, 1922~)은 스스로를 낮춰 시시한 삼류 소설가라 칭했다. 아무리 겸손한 사람이라 해도 말하기 힘든 자평이다. 요새 신문에서 '우리 미국이 제일이다', '우리 신문이 제일이다', '우리 교회가 제일이다'라는 말이 함부로 거론되는 것을 볼 때, 겸손이 미덕이라고 배운 우리는 당혹스럽지 않을 수 없다. 이제 누구도 남이 알아줄 때까지 기다리지 않는 것 같다. 우리 사회가 가졌던 유가(儒家)적 미덕들이 점차 무너져감을 느낀다.

손창섭은 6 · 25 직후 우리 문단에 '느닷없이' 등장하여 10여 년 동안만 활동하다 사라졌다. 내가 손창섭에 대해 알게 된 것은 그가 1958년 발표했던《잉여인간(剩餘人間)》을 읽고 나서였다. 평론가들이 제일가는 작품으로 손꼽길래 읽기는 했지만, 사실 '잉여인간'이란 제목에

1970년대 초 서울 시청 앞
에서의 손창섭.

더 흥미가 갔다. 그런데 나는 그 소설에 별 흥미를
못 느꼈고, 오히려 단편소설 《신의 희작(戲作)》에 더
끌렸다.

희작이란 말은 사전적인 의미로 '실없이 지은 글'
이란 뜻인데, 그 자신 '신이 실없이 만들어놓은 놈'
이란 극겸(極謙)의 표현을 담은 제목이다. '자화상'
이란 부제가 이를 뒷받침한다. 1961년에 씌어진 것
인데 나는 이 소설을 읽는 내내 충격을 받았다. 그것
은 너무나 솔직하게 그린 자화상이자 시대상이었기
때문이다.

손창섭은 1922년 평남 평양에서 가난한 집안의 외
동아들로 태어났다. 2대 독자였다 하나 그런 대접을 받지 못한 어린
시절이었다. 소학교를 고향에서 마친 후 유랑길에 올라 만주, 일본 등
객지를 전전했으며 고학으로 간신히 중학교를 몇 군데 옮겨 다니면서
졸업했다. 당시 중학교는 현재의 중고를 합친 5년제였다. 중학 졸업
후에는 일본 도쿄의 일본 대학(日本大學)에서 몇 년간 수학했다. 해방
이듬해 귀국, 교사·출판사원 등으로 일하기도 했다.

1949년 〈연합신문〉에 단편 《얄궂은 비》를 발표했고, 본격적인 활동
은 6·25 직후 〈문예〉에 단편 《공휴일》이 김동리의 추천을 받아 실림
으로써 시작되었다. 1959년 그의 출세작이 된 《잉여인간》을 발표, 제
4회 동인문학상을 수상했다. 1961년 《신의 희작》을 발표한 후에는
거의 작품을 발표하지 않았다. 그러다가 1973년 일본에 건너간 후
그곳에서 1978년 《봉술랑》 등의 소설을 써서 〈한국일보〉에 연재하기
도 했다.

너무나 비참했던 어린 시절

손창섭은 자신의 자화상을 자학적으로 그리고 있다. 스스로 "무딘 대가리에 못생긴 몰골을 가지고 있는 자"라 소개하며 작가랍시고 떠드는 자신을 비하한다.

《신의 희작》은 13살 때의 일부터 그리고 있다. 어머니, 할머니 그리고 손창섭 이렇게 세 식구다. 아버지는 없다. 창섭은 자신의 생일도 모른다. 알려 하지도 않았기 때문에 생일을 차려먹은 적도 없다. 창섭은 소학교 1학년 때까지 평양의 한 유곽 거리에서 자랐다. 그는 불우한 밤의 색시들에게 귀염을 받으며 어린 나이에 벌써 분 바른 여인네들을 경험한다.

어머니는 고무신 공장의 직공이었다. 모정(母情)이란 게 아예 없는 여자였다. 창섭은 어머니가 멧돼지같이 생긴 웬 남자와 놀아나는 것을 하학 길 초라한 그의 집 방구석에서 목격하기도 한다. 그는 바람난 어머니에게 '배라먹을 놈의 종자', 거추장스런 자식놈에 불과했다.

남자와 부둥켜 안고 있는 어머니의 모양, 증오에 찬 어머니의 눈, 자기 오줌에 얼룩진 요,…… 목 매달고 정사한 창부의 시체, 아들 없는 며느리에게 얹혀 지내기가 괴로워 자주 일가 집으로 신세 한탄하러 다니는 할머니의 초라한 모습, 이러한 영상들이 혹은 박쥐모양을 하고 혹은 도깨비나 귀신의 형상이 되어 눈앞을 와글거리며 떠나지 않았다.

손창섭은 빈방에 들어가 쓰러지듯이 누워버린다. 불우와 암울 속에 놓인 자신이 한탄스러웠다. 그는 첫 번째 자살을 기도한다.

곧장 부엌에 들어가 나뭇단을 묶어둔 새끼 오라기를 끌렀다. 그리고 부뚜막에 올라서서 발돋움을 해가며 엉성한 석가래에 단단히 비끄러맸다. 마지막으로 그는 그 줄을 팽팽히 잡아당겨 목에다 감아매고, 인제는 정말 어머니 말대로 칵 뒈져버리는 것이라고 기묘한 승리감에 도취하여 발끝을 부뚜막에서 떼어버린 것이다.

어린 그의 자살 기도는 어머니와 주위를 경악시켰다. 어머니는 자식을 버리고 멧돼지 같은 놈팡이와 함께 만주로 줄행랑쳐버린다.

내팽개쳐진 소년

창섭은 버려진 아이, 순 쌍놈에 불과했다. 소학교를 졸업한 그는 어머니를 찾아 만주로 가 1년간 각처를 헤맨다. 그래도 유일한 피붙이였기 때문이다. 그러다 몇 년이 흘러 1935년 일본으로 건너간다. 추정하건데 원산에서 밀항선을 탄 것 같다.

창섭은 신문 배달과 우유 배달을 하며 교토의 이류 중학교에 입학한다. 그나마 운이 좋았다. 신문집 2층에서 다른 배달원들과 함께 생활했는데, 어린 조선 소년 혼자 그 도시에서 지내는 게 얼마나 힘든 일이었을지 감히 상상이 간다. 더구나 야뇨증(夜尿症)이 심했던 그는 부끄러움에 셋방을 얻어 혼자 살았기에 생활이 편했을 리 없다.

그는 불량학생으로 동네 싸움닭, 이른바 겡까 도리였다. 조선인에 부모도 형제도 집도 없는 전도가 암울한 차별받는 '고노야로!(이 자식아!)'에 불과했다. 결국 문제를 일으켜 퇴학을 당하고 삼류 중학으로 옮긴다.

일인 학생들은 말할 것도 없지만 조선인 유학생들도 대부분은 학비와 생활비를 집에서 부쳐다 썼다. 소위 고학을 하는 아이들도 있기는 했지만 학

일본이 패전하기 직전의
우에노 부근. 교외전차가
달리고 있다.

비만 번다든가, 생활비만을 번다든가 하는 반 고학 정도요, 그처럼 철두철
미 자기 손으로만 벌어서 먹고 입고 학비를 대야 하는 사람은 거의 없었다.

따라서 창섭은 한끼 밥을 먹어야 하는 날도 많았다. 이런 상황에서
사회에 대한 분노를 표출하지 않고는 살아갈 수 없었다. 그는 같은 또
래의 애들 두셋은 가볍게 상대할 수 있는 힘이 있었다. 특히 헤딩 솜씨
는 탁월했다. 중학교 2학년 때 이번에는 '백곰'이라 불리는 건방진 4
학년 놈을 때려눕히고 자퇴해버리기도 한다. 그는 강적하고만 대결하
는 의협심이 강한 학생이었다. 과장한다면 불의와 부정을 응징하는 정
의의 용사였던 것이다. 이번에는 사류 중학교로 옮겨간다. 그러나 여
기서도 또 퇴학 처분을 당해 다시 다른 사류 S중학교로 편입해간다.
네 번째 중학교였다.

중학교 3학년 때, 2학년 후배 조선인 학생 하나가 억울하게 퇴학을
당하는 일이 발생한다. 그 일은 조선인 학생들에게는 충격이었다. 일
본인 학생들과 교사들의 조선인에 대한 노골적인 배척이요 탄압이었

다. 창섭을 비롯한 조선인 학생 세 명이 뭉쳐 조선인 학생들의 동맹휴학과 일인 학생에 대한 등교 방해를 시작하였다. 학교 측은 경찰을 투입했다. 느닷없는 경찰대의 습격으로 교실 안팎에서 난장판이 벌어졌다. 그는 실내에 들어선 왜경 한 놈을 멋지게 받아 넘겼다. 그러나 결국 체포되어 경찰서 유치장 신세를 지고, 고문을 받다가 팔이 빠져 병원에 입원한다.

병원에서 창섭은 미요코라는 여자를 만나게 된다. 하지만 그녀의 동정을 사랑으로 오해하여 맘에 큰 상처를 입게 된다. 모욕과 배반을 맛본 그에게선 이제 여자에 대한 복수심까지 불타오르고 있었다. 어느 날 영어 선생에게 크게 멸시를 당한 후, 그의 집 주위를 배회한다.

영어 선생의 사택은 학교 뒤의 호젓한 산록에 위치하고 있었다. 그는 대개 저녁 신문 배달을 끝내고 어둑어둑할 무렵에 그리로 찾아갔다. 근처의 소로나 산 기슭을 왔다갔다하며, 터무니없이 여러 가지 비장한 감상에 잠기었다.

창섭은 영어 선생의 딸을 겁탈한다. 멸시 당한 데 대한 복수였다. 이어 하숙집 주인 딸도 폭력으로 겁탈한다.

치욕적인 나날들

1941년 19세의 어느 봄날, 그는 드디어 S중학교를 졸업하고 곧바로 대학 시험을 치른다. 대학은 도쿄의 한복판 간다(神田)에 있는 일본대학이다. 당시에는 조선인이 제일 많이 가는 학교였다. 일본 대학 근처에 사는 선배의 하숙집에 몸을 맡긴다. 침대가 있는 양식 마루방이었다. 그러나 안정을 찾은 것은 아니었다.

그 길로 정거장에 나가 교외전차를 탔다. 얼마 뒤에 한적한 동경 교외의 시골역에서 전차를 내린 그는 인가 없는 들판을 무작정 걸어갔다. 수목이 울창한 등성이에 이르렀다. 도랑이 흐르는 골짜기로 찾아 내려갔다.…… 태고처럼 고요한 삼림 속은 한가닥의 도랑물 소리와 간간 새소리가 들릴 뿐이었다. 햇볕을 쪼이며 우스꽝스러운 반 나체로 웅크리고 앉아 있으려니까, 느닷없이 소학교 시절의 일들이 하나하나 기억에 살아 오르는 것이었다. 동시에 과거와 마찬가지의 치욕적인 장래가 예측되는 것이었다.

그는 그곳에서 바지 허리띠로 대용하는 매끄러운 비단 넥타이를 끌러 나무에 걸고는 목을 맸다. 두 번째 자살 시도였다. 하지만 이번에도 실패였다.

그곳이 어디일까. 나는 궁금했다. 그러나 전차가 다니는 시골 역에 그런 한적한 곳은 찾을 수가 없었다. 찾는 시도 자체가 사실 무의미할 뿐이었다.

살아 돌아온 그는 다시 일본인 친구의 여동생 치즈코(上野千鶴子)를 건드렸다. 중학교 때 여성에게 받은 상처가 복수심으로 이어진 것이다. 이번에는 살림을 차릴 태세였다. 물론 상대 부모의 반대는 완강했다. 손창섭은 분개하였다.

1959년 동인문학상을 수상한 후, 부인 치즈코와 함께.

치즈코는 세상 처음 그를 온전한 인간으로 대우해 준 여자였다. 어머니나 할머니보다 나은 여자였다. 그들은 아무 준비 없이 어느 집 2층의 단칸 방을 빌려 엉터리 살림을 차렸다. 애가 생겼기 때문이었다. 사내애였다.

해방과 귀국

1945년 일본은 패전했다. 패전 직후 일본의 사회상의 혼란은 말이 아니었다. 극심한 생존 경쟁으로 아비규환이었다.

그러나 그는 귀국선을 타지 않았다. 나름대로 생활이 있었고, 조국에 대한 망설임과 낯설음 등이 발목을 붙잡았기 때문이다.

그러나 이듬해 귀국해 고향에 가기로 마음먹었다. "해방된 조국의 일꾼이 되기 위해서"라는 사명감이 용솟음쳤다.

해방된 조국의 벅찬 감동과 희망은 치욕적이요, 불구적인 그의 어두운 요소를 감싸주면서 위대한 인간을 만들어줄지 모른다는 터무니없는 착각에 빠졌다.

패전 이후 피폐해진 도쿄 중심가, 1946년 겨울의 한 풍경이다(자료; 朝日新聞社).

1946년 초겨울 그는 혼자 고국으로 돌아온다. 두 번째 애가 태어나려 하고 있었다. 그러나 10년 만에 다시 찾은 조국은 말이 아니었다. 모든 게 엉망진창이었다. 더구나 미군의 군정이 진행되고 있었고, 남북, 좌우익의 대립은 점점 치열해졌다. 해방 따라지인 그에게 서울은 이국 땅이나 다름없는 곳이었다.

꽁꽁 얼어붙은 속에 모두가 깊이 잠들어버린 심야의 거리는 죽음의 도시처럼 비참하게 고요하기만 했다.

해방 직후 서울 풍경이다. 창섭은 평양 사람이고 어린 시절을 만주, 일본으로 떠돌아 다녔기 때문에 이방인이자 비벼댈 언덕도 없는 벌거숭이 그 자체였다. 그를 기다리는 사람은 아무도 없었다. 쟁쟁한 학벌도, 돈도 없었다. 우선 밥 세 끼가 걱정이었다. 끼니는 무료급식소에서 때웠다.

미군 정청의 부산물. 미군 전용 술집이 들어서 있다.

잠은 서울역 대합실에서 잤다. 잘 곳 없는 사람들로 대합실은 언제나 미어지게 초만원이었다. 걸상은 하루쯤 노리고 있어야 어쩌다가 차례에 온다. 언제나 콘크리트 바닥에 무릎을 세우고 쪼그리고 앉아서 잤다.…… 거의가 다 만주나 일본 등지에서 해방된 조국을 찾아 돌아와 의지할 데 없는 사람들이었다.

그나마 서울역에서 쫓겨나면 무턱대고 파출소 안으로 밀고 들어가거나 끌려 들어가서 밤이 새도록 지드럭거리며 난롯불을 쪼이는 혜택도 입었다. 더 이상 망가질 게 없었다.

삶의 질곡 속에서

초가을 추석 무렵이었다. 그는 엿장수가 되기 위해 인천의 엿 도가(都家. 같은 장사를 하는 상인들이 모여 계나 장사 등에 관한 의논을 하는 집)를 찾아간다. 무작정 걸어서 가는 길이다. 하지만 인천의 엿집 찾기가 쉬운 일이 아니었다. 엿장사도 마찬가지였다.

귀국한 지 1년 반이 지나서 만주, 일본 등지에서 온 '해방 따라지'들이 모였다. 그 중 20여 명은 자치건설대(自治建設隊)라는 자활건설

1948년의 남대문부터 서울역에 이르는 길. 남대문 옆에 고층 건물이 들어서 있다.

대 단체를 만들었다. 용산 역 앞 조그만 적산가옥에 초라한 간판을 내걸고, 가족까지 100여 명이 공동생활을 시작했다. 건설대의 간부가 시청 사회과를 비롯해 각 기관과 단체, 그리고 회사를 찾아다니며 일자리를 교섭했다. 밀가루 포대를 받아 옮기는 하찮은 잡역이라도 마다하지 않았다.

먹는 일 다음으로 큰 문제는 집이었다. 그 숱한 대원 가족이 기거를 하자면 제법 큰 건물이어야 했다. 천신만고로 웬만한 적산가옥을 하나 점령하고 겨우 자리를 잡을 만 하면, 유력한 무슨 단체가 경찰을 앞세우고 와서 퇴거 명령을 내리는 것이다. 심한 때는 한 달에 세 번이나 쫓겨난 일이 있었다. 노유와 부녀자가 반이 넘는 근 백 명의 대식구들을 이끌고, 노두를 방황하노라면 악밖에 치받치는 것이 없었다.

권력자, 공무원, 경찰들은 언제나 협잡의 배후였다. 창섭은 그것을 눈감을 수 없었다. 그는 다시 조국의 경찰을 두들겨 팬다. 용기였는지 만행인지 모르겠다.

그는 대전을 거쳐 여수로 도망친다. 여수경찰서 경위로 행세깨나 하고 있는 중학교 동창 백기택을 찾아서였다. 기택은 일본 밀항의 뒷줄을 대고 있었다. 일본을 왕래하는 뱃길을 잘 알고 있었던 것이다.

1947년 여름 콜레라가 창궐한다. 서울로 돌아온 그는 또 우연찮은 일에 연루되어 서대문형무소에 갇히는 신세가 된다. 잡범들과 뒤섞인 감방 생활이었지만, 오히려 숙식이 해결되는 유복하다면 유복한 생활이었다.

출소한 그는 38선을 넘어 고향 평양으로 간다. 서울에서 함흥까지 노숙을 하며 19일이 걸렸다. 함흥에서는 기차로 평양에 들어갔다. 그곳에는 소학교 동창이 있어 2년간 비벼댔다. 그러나 그곳도 더 이상 있을 곳이 못 되었다. 반동분자로 찍히자 도망치듯 다시 서울로 내려온다.

한편 그의 부인 치즈코는 어린것들을 친정의 호적에 올리고 애들을 맡겨놓고 남편을 찾아 한국으로 들어온다. 여수항으로 온 그녀는 기택에게 겁탈을 당한다. 여수순천반란사건이 한창일 때였다. 기택은 빨갱이들에게 피살된다.

그리고 6·25가 터졌다. 피난민들은 남으로 남으로 밀려내려왔다. 창섭은 부산을 찾아온 치즈코와 우연히 부산 거리에서 만나게 된다. 둘은 만수사(萬壽寺)가 있는 뒷산에 오른다. 그녀는 그동안 식모살이

1951년 서울 시청 앞. 왼쪽이 지금 프라자 호텔 자리이고 오른쪽에 남대문이 보인다. 옆의 사진은 1950년 평양. 왼쪽이 평양 시청이다(자료: 국정홍보처).

를 전전했으며 일인수용소에 정식 귀국 신청을 밟아놓고, 어느 피복 공장의 임시 여공으로 지내면서 일본으로 송환될 날만을 기다리고 있었다. 이것이 그의 자서전의 끝이다.

손창섭 그 자신의 인생은 한 편의 소설 같았다. 그는 문학을 하려고 문학하는 따위의 사람이 아니었다. 스스로 그냥 써댄 것이라 말하고 있다. 개똥 같은 권위의식, 형식주의, 선민의식에 신물이 났다. 비사회성 인간형, 그 자신이 가엾은 사람, 잉여인간이었는지도 모른다. 유명해지는 것에 겁을 내고 나서는 것을 싫어해서 1972년 일본으로 도피해버린 게 아닌가 생각한다.

1984년 일본에 살고 있음이 확인되었고, 1996년에도 도쿄에서 부인과 함께 살고 있다고 했다(〈작가연구〉, '특집 손창섭', 창간호, 1996). "성경과 불경을 읽으며 마음에 드는 구절들을 발췌해 공원에서 나누어주는 일을 하고 있다는 소문만이 출판계에 나돌 뿐이다"라는 게 최근에 접한 유일한 소식이었다(〈연합뉴스〉, 2001. 4. 3, 김형근 기자).

필자는 최근 일본의 문학 관계자에게 그와 그의 가족에 대해 알아봐 달라고 했으나, 아쉽게도 더 이상의 소식은 없었다.

김승옥의 《무진기행(霧津紀行)》

지도에도 없는 도시,
안개만이 자욱한 그 도시

어둠의 시대

아마 지금 글깨나 쓴다 하는 사람치고 청년 시절 문학청년이 아니었던 사람은 없으리라. 그리고 그들 대부분은 '신춘문예'라는 네 글자에 목숨을 던졌을 것이다. 그러나 그들 중 몇 명만이 정월 초하루 스타로 탄생하곤 했다. 신문사는 여러 면을 할애하여 당선자의 이름과 얼굴을 세상에 내보냈다.

김승옥(金承鈺, 1941.12.23~)도 그렇게 탄생했다. 그는 1962년도 한국일보 신춘문예에 당선되고 〈사상계〉의 '신춘문예 당선작가 단편선'이란 이름으로 단편소설 《무진기행(霧津紀行)》(〈사상계〉, 139호, 1964.10)을 발표하게 된다. 이 소설 한 편은 스물세 살의 그를 스타 중의 스타로 만들었다. 이후는 김승옥의 문학 시대였다고 평한다.

그즈음 김승옥은 보통의 학생들과 다를 바 없이 동숭동과 신촌 자취

방 그리고 이화여대 앞 파리 다방을 오가던 '먹물 룸펜'
축이었다. 그는 대학 4학년을 휴학하고 고향 순천(順天)
으로 내려와 골방에 처박혀 《무진기행》을 썼다고 한다.

어쨌든 이 소설은 40여 년이 지난 지금도 평론가들에
의해 한국 현대 문학사상 가장 탁월한 단편소설로 평가되
고 있다.

〈사상계〉에 발표된 《무진기
행》의 삽화(禹慶熙 그림).

1960년대는 내내 '안개'란 말이 유행하던 시절이었다. 박정희 시대
가 한창이었기 때문이다. 중앙정보부(KCIA)란 무서운 권력이 사회를
지배하고 있던 때였다. '중정'은 정치가들뿐 아니라 지식 계급도 주무
르고 있었다. '쥐도 새도 모르게 사라진다'는 말이 당시 유행어였다.
당시 우리나라는 내내 안개에 뒤덮여 있었다. 우리는 모두 우물 안 개
구리 신세였다. 빠져나갈 구멍은 아무 데도 없었다. 배운 사람들에게
유일한 탈출구는 미국뿐이었다. 그럴 여건도 안 되는 사람들은 미국
영화, 프랑스 영화를 통해 대리 만족해야 했다.

'안개'라는 노랫말도 유행했다. 정훈희의 〈안개〉가 그것이다.

괜찮은(?) 결혼

김승옥은 어렸을 때부터 독서광이었다. 그는 순천 남국민학교 재학
시절이던 1948년 여수와 순천 지역에서 일어난 '여순반란사건'
(1948.10.20~27)을 경험하게 된다. 이때 순천 시가지가 불타 올랐다.

저자 자신은 무진기행에서 주인공 윤희중으로 대체된다. 희중은 무
진의 중학교를 졸업하고 서울의 대학에 다니기 위해 상경해 있었다.
그즈음 6·25 전쟁이 일어나 서울에서 무진까지 1,000여 리를 걸어 내
려왔다. 서울의 대학이 모두 문을 닫았기 때문이기도 했지만 의용군
징발, 국군 징집을 피해 내려온 것이었다. 그 후는 떳떳치 못하게 무진

의 집 골방에 처박혀 있었다. 전쟁이 끝날 때까지―.

6·25 이후 희중은 제약회사의 경리로 있으면서 '희(姬)' 라는 여자와 동거했다. 그러나 그는 백 좋고 돈 많은 과부 '영'과 결혼한다. 3년쯤 전이었다. 이제 그는 제약회사 사장을 장인으로 둔 덕에 앞으로 며칠 후면 그에겐 가당찮은 높은 자리인 전무 자리에 오르게 된다. 누구나 한번쯤 꿈꿔본 행운이었다.

희중은 당시 서울의 대표적 부촌인 신당동(新堂洞)에 살고 있었다. 신당동이 잘사는 동네가 된 데는 다음과 같은 사연이 있다. 일제시대 동척은 무려 52개사라는 방대한 관련 회사를 휘하에 두고 있었다. 이 회사들은 전기·광산·철도·주조·조선(造船)·제분·방적·창고·이민·척식 등 전분야에 걸쳐 있었다. 그 중 부동산 경영과 관련된 회사로는 중국 청도(靑島)에 산동기업(山東起業), 대련(大連)에 홍업공사(鴻業公司), 신경(新京)에 만주방산(滿洲房産)을 두었고, 서울에는 조선도시경영회사(朝鮮都市經營會社)를 두었다. 조선도시경영회사는 1931년 10월 설립되었다.

조선도시경영회사가 설립되기 전인 1931년 봄부터 동척은 경성의 동부 신당리(新堂里) 신당정(新堂町)에 '사쿠라게오카(櫻丘)' 라는 신주택지를 건설하고 있었다. 이곳은 동척의 사유지(社有地)로 장충단(奬忠壇)과 광희문(光熙門) 사이에 있었다. 이 사업을 계기로 조선의 부동산 경영에 관한 업무는 모두 조선도시경영회사로 넘어가게 되었다.

조선도시경영회사는 이곳 대지에 폭 3~4칸 약 10미터 정도의 도로를 종횡으로 내고, 한 구획을 100평 정도씩 나누었다. 수도, 가스도 연결하고, 아동유원지를 조성하고 일본인 소학교도 만들었다(猪又正一, 《나의 동척 회고록》, 龍溪書舍, 1978, 87~98쪽, 171~174쪽).

그들은 일본에서 유행하던 이른바 '문화주택
(文化住宅)'을 집단으로 지었다. 서양식과 다
다미방이 혼재한 화양절충형 일본식 집이었다.
이 문화주택 단지는 도쿄 우에노(上野) 공원의
'사쿠라가오카(櫻丘)'를 흉내낸 것이다. 서울
에서는 최고 가는 이상적 문화주택 단지가 되
었다. 이 신당동 주택들은 해방 후 대부분 적산
가옥이 되었는데, 당시 친일파들과 힘있는 자,
가진 자들이 대부분 불법 취득하여 사유화해버
렸다. 희중이 살던 1960년대만 해도 신당동에

여순반란사건 당시 불타는
순천 시내 건물들.

산다는 것 자체가 부의 상징이 될 정도였다. 오늘날 아마 압구정동에
산다는 의미와 같을 게다.

6 · 25 이후 10여 년이 지난 1960년대 초반 6월 하순의 어느 날, '대
회생 제약회사'의 간사인 희중은 어머니의 산소를 찾는다는 명분으로
번잡한 서울을 떠나 고향 무진을 다시 찾는다. 1주일의 휴가였다. 그
의 나이 33세였다. 마지막으로 이곳을 찾은 것은 몇 년 전 1년간의 폐
병 요양 생활을 할 때였다. 신당동 집을 나선 희중은 서울역에서 호남
선 기차를 탄다. 이튿날 이른 아침 광주에서 내린 그는 시외버스로 갈
아탄다. 자갈이 깔린 시골길을 달려온 버스가 산모퉁이를 돌아 10킬로
미터를 더 달려 도착한 곳이 '무진(霧津)'이었다. 무진이라는 가상의
이정비(里程碑)가 길가에 꽂혀 있었다.

순천은 광주, 벌교, 하동, 그리고 여수로 가는 전남의 4통 8달 요지
였다. 1960년대까지만 해도 이 도시들은 2등도로로 연결되어 있었다.
주인공 윤희중은 지금 광주에서 여수로 가는 2등도로를 달리고 있는
것이다.

지도에도 없는 도시

'무진'은 김승옥이 우리에게 선사해준 도시명이다. 그는 지도에도 없는 새로운 도시 하나를 만들어냈던 것이다. 여기에서 우린 소설가의 위력을 볼 수 있다. 나는 그 점 하나만으로도 그를 칭송해야 한다고 믿고 있다.

서양의 소설가들은 간혹 유토피아를 찾기 위해 '이상도시'를 그려냈다. 그러나 그것은 가볼 수도 살아볼 수도 없는 공상과학의 세계이기도 했다. 하지만 무진은 우리 이웃에 있는 도시였다. 비록 만들어진 도시이지만 현실을 반영한 도시였다.

무진읍의 인구는 5~6만 정도였다. 촌에서 보면 그래도 읍은 도회지였다. 읍은 산으로 둘러싸여 있었다.

물이 가득한 강물이 흐르고 잔디로 덮인 방뚝이 시오리 밖의 바닷가까지 뻗어나가 있고 작은 숲이 있고 다리가 많고 골목이 많고 흙담이 많고, 높은 포플라가 에워싼 운동장을 가진 학교들이 있고 바닷가에서 줏어온 까만 자갈이 깔린 뜰을 가진 사무소들이 있고 대로 만든 와상(臥床)이 밤거리에 나앉아 있는 시골을 생각했고 그것은 무진이었다.

무진은 아마 작가의 고향 순천이었는지도 모른다. 김승옥은 순천에서 학교를 다녔다. 인안동(仁安洞) 방죽길도 그래서 그에게 남아 있던 것이리라. 방죽은 제방(堤防), 둑을 말하는데 방뚝이라고도 불린다.

희중은 저 멀리서 해풍에 밀려오는 소금기를 맡아본다.

"바다가 가까이 있으니 항구로 발전할 수도 있었을텐데요?"…… "수심(水深)이 얕은데다가 그런 얕은 바다를 몇 백 리나 밖으로 나가야만 비로

가상도시인 무진은 아마도 작가의 고향인 순천이 모델이었을 것이다. 사진은 1960년대 순천(현) 성동교 옆 도로(자료; 순천시).

1960년대 순천읍 호남 약국 앞.

소 수평선이 보이는 진짜 바다다운 바다가 나오는 곳이니까요." "그럼 역시 농촌이군요." "그렇다고 이렇다 할 평야가 있는 것도 아닙니다."

버스는 이제 무진읍내로 들어서고 있다.

기와지붕들도 양철지붕들도 초가지붕들도 유월 하순(下旬)의 강렬한 햇볕을 받고 모두 은빛으로 번쩍이고 있었다. 철공소(鐵工所)에서 들리는 쇠 망치 두드리는 소리가 잠깐 뻐스로 달려들었다가 물러났다. 어디선지 분뇨(糞尿) 냄새가 새어들어왔고 병원 앞을 지날 때는 크레졸 냄새가 났고, 어느 상점의 스피커에서는 느려빠진 유행가가 흘러나왔다. 거리는 텅 비어 있었고 사람들은 처마 밑의 그늘에 쭈그리고 앉아 있었다.…… 읍의 포장(鋪裝)된 광장도 거의 텅 비어 있었다.

검은 거리의 표정

낭만적인 듯한 소설 제목과는 달리 척박한 무진이 전개된다. 안개 자욱한 런던과 같은 이미지를 풍기는 도시가 아니라, 농어촌이 혼재된 우리 바닷가의 어디일 수도 있는 그런 표정이었다. 무진의 유일한 명산물은 안개뿐이었다.

검은 풍경 속에 냇물은 하얀 모습으로 뻗어 있었고 그 하얀 모습의 끝은 안개 속으로 사라지고 있었다…… 아침에 잠자리에서 일어나서 밖으로 나오면, 밤 사이에 진주(進駐)해 온 적군(敵軍)들처럼 안개가 무진을 삥 둘러싸고 있는 것이었다.

읍의 중심지에는 신문 지국들이 몰려 있다. 시체가 썩어가는 듯한

산과 강을 끼고 장대하게
펼쳐진 1960년대 순천시가.

순천 1960년대 옥천동.
《무진기행》의 배경이 되는
대대포구, 매산학교 등이
있는 곳이다.

무진의 냄새가 스며들고 있었다. 밤이 깊지 않았는데도 거리는 적막했다. 한길의 저 끝이, 불빛이 드문드문 박혀 있는 먼 주택지의 검은 풍경들이 점점 풀어져가고 있었다. 밤이 정말 멋있는 고장이었다. 밤 12시면 통금 사이렌이 불었다. 적막만이 밤의 읍내 거리를 누른다. 희중은 이모 댁에 묵는다.

무진의 골목, 흙담, 학교 등이 있는 거리는 김훈, 박래부의《문학기행》(한국일보사, 1987)에 의하면 금곡동(金谷洞) 154번지 일대다.

필자가 순천을 찾은 것은 1973년 여름이었다. 친구의 옥천동(玉川洞) 한옥집에 며칠간 묵으면서 순천의 이곳 저곳을 구경했다. 주머니에는 물론《무진기행》이 달랑 달려 있었다.

시내를 돌고 대대포구도 구경가곤 했다. 매곡동에 있는 사립 매산학교(梅山學校)도 이때 구경했다. 일제 때인 1911년부터 있던 돌집 교사가 매우 인상적이었다. 금곡동의 '순천중앙예배당'도 그때 가 보았다.

"서울로 가고 싶다"

희중은 그곳에서 모교 음악 선생인 하인숙을 만난다. 서울의 어느 음대를 졸업하고 내려온 여자였다. "어디서 굴러온지도 모를 말라빠

돌로 지은 매산학교. 일제 강점기인 1911년에 지어졌다.

진 선생"이라고 했다. 더구나 그녀는 가난했다. 오페라보다는 뽕짝 등 유행가를 부르는 날이 더 많았다. '어떤 개인날'은 어울리지 않는 노래였다. 꿈만 있었을 뿐이다.

인숙은 희중이 이곳에 머무르는 1주일 동안만 사랑하기로 한다. 둘은 다리를 건너 논 곁을 지난다. 논에서는 개구리가 울고 있다. 그녀는 서울로 가고 싶어한다. 그녀에게 무진은 미칠 것 같이 답답한 곳일 뿐이었다.

그들은 방죽을 건너 옛날에 희중이 머물던 집을 찾아간다. 해풍이 불어오고 있었다.

세월이 그 집과 그 집 사람들만은 피해서 지나갔던 모양이다…… 그 집 주인 부부는 내가 들어 있던 방을 우리에게 제공해주었다……. 그 여자는 처녀는 아니었다. 우리는 다시 방문을 열고 물결이 다소 거센 바다를 내어다보며 오랫동안 말없이 누워 있었다.

이별하는 순간 하인숙은 냇물을 따라서 뻗어 나간 길로, 희중은 곧장 난 길로 각각 걸음을 옮겼다.

대대포구에서

무진기행은 1967년 영화화되었다. 제목은 '안개'였다. 김수용 감독이 메가폰을 잡고 각본은 김승옥이 직접 썼다. 신성일이 희중, 윤정희가 하인숙 선생 역이었다. 그들이 걷던 길이 아마 대대동(大垈洞)에 있는 대대포구(大垈浦口)였을 것이다.

이튿날 아침 희중은 읍내에서 좀 떨어진 산에 있는 어머니의 산소를 찾는다. 산에는 잔디가 곱게 깔린 방죽이 펼쳐져 있었다.

영화 '안개' (자료:《한국영화 70년 대표작 200선》). 두 주연배우 신성일과 윤정희가 대대포구를 걷는 모습.

순천은 순천평야를 중심으로 남쪽에 순천만을 두고 있었다. 대대포구는 백제 시절에는 무역선이 드나들던 마을이었고, 일제 때는 일본과의 왕래도 잦았던 곳이다. 요즘은 강폭이 10~20미터 정도로 줄어들어 작은 고깃배만 드나들 뿐이다. 대대포구 앞의 강물은 순천 시내를 관통해 흐르는 동천(東川)과 순천시 남서쪽을 감싸안고 흐르는 개천이 합류해 바다로 흐르는 종착역이다. 대대포구 위 약 2킬로미터 지점에서 합류한 이들 물줄기 양쪽으로 방죽이 쌓여 있고, 이 방죽 안쪽 물줄기 양옆의 갯벌 둔덕을 따라 넓고 길게 끝을 가늠하기 어려울 정도의 갈대밭이 형성되어 있다. 약 17만 평에 이르는데 이것이 '순천만 갈대밭'이다. 과거 가난했던 시절 갈대는 땔감으로 쓰이거나 빗자루 등의 재료로 이용되었다. 이 대대포구가 아마 무진의 한 장소였을 것이다.

나는 9년 전 베트남 여행길에 운 좋게도 김승옥과 동행할 수 있었다. 1995년 7월 중순 하노이에서 하이퐁, 하롱베이를 거치는 여행 팀에 섞였는데 며칠간을 함께 해야 하는 일정이었다. 그 말고도 유명한 소설가 몇 명이 더 있었다. 여행길과 숙소에서 여러 얘기도 나눴다. 그런데 그는 의외로 종교 얘기뿐이었다. 실례지만 내가 생각해오던 김승옥은 아니었다. 어딘가 날카롭고 차가우리라고 생각했는데, 오히려 이웃집 아저씨 같았다. 그는 나 같은 무명자에게도 스스럼없이 대해주었다. 어쨌든 그 며칠은 매우 즐거운 시간이었다. 나는 베트남 건축에 대해 좀 아는 체할 수도 있었다.

베트남 여행길, 하이퐁 극
장 앞 광장에서 김승옥 일
행과. 왼쪽 끝이 김승옥.

과거는 안개 속으로

읍내에는 동창이 세무서장으로 있는 세무서가 있다. 동창은 그 어렵
다는 고등고시를 패스한 관리였다. 희중과는 별종이었다.

두 사람의 대비가 아마 1960년대 당시의 현실이었을지도 모르겠다.
지금도 일약 성공을 위해 많은 젊은이들이 전공을 버리고 고시에만 매
달리고 있지 않은가?

덜컹거리며 달리는 뻐스 속에 앉아서 나는, 어디쯤에선가 길가에 세워진
하얀 팻말을 보았다. 거기에는 선명한 검은 글씨로 '당신은 무진읍을 떠나
고 있습니다. 안녕히 가십시오'

나홀로 걸어가는 안개만이 자욱한 이 거리
그 언젠가 다정했던 그대의 그림자 하나
돌아서면 가로막는 낮은 목소리
바람이여 안개를 걷어가다오

아~아~아~아~ 그 사람은 어디에 갔을까

안개 속에 눈을 떠라 눈물을 감추어라

. 안개 나루(霧津)를 지금 찾을 필요가 있을까 생각해본다. 상상으로
족하지 않을까. 1960년대는 벌써 오랜 과거가 되었다. '안개' 가 소리
가 되어 들릴 뿐이다.

이호철의《서울은 만원이다》
1960년대 창녀촌 풍경,
잘사는 것은 하늘의 별따기

소설가 이호철(李浩哲, 1932~)은 함경남도 원산 출신으로 원산고등학교 3학년 때 일어난 6 · 25 전쟁에 끌려나갔다. 인민군으로 참전했다가 국군 포로로 북송되던 중 풀려나 1950년 남하했으며, 이후 다양한 삶의 굴곡을 넘나들었다.

그의 소설은 오래 전 신문 소설로 읽었다. 신문 연재소설이 한창 인기를 끌고 있을 때 그도 그 반열에 있었다. 정연희, 최인호 등등이 특히 기억에 남는다. 이호철의 소설은 가식이 없고 사람 사는 냄새가 물씬 나 좋았다. 그러나 젊은이들에게 그렇게 인기가 있는 것 같지는 않았다. 아마 서민 사회를 많이 그려서였을 것이다.

장편소설《서울은 만원이다》는 1966년 〈동아일보〉에 연재되었다. 필자가 갖고 있는 것은 1982년 서음출판사(瑞音出版社) 판이다.

소설은 1965년과 1966년의 서울을 그리고 있다. 해방된 지 20년이

서음출판사 판《서울은 만원이다》표지. 이호철이 1966년〈동아일보〉에 연재했던 소설이다.

지나는 동안 6·25, 4·19, 5·16이 스쳐 지나가고 있었다. 당시 서울의 인구는 380만이었다. 지금에 비하면 금석지감(今昔之感)이 있다. 9개 구에 가(街)와 동(洞)이 380개, 이 속에서 북적거리며 살았다.

동쪽으로는 청량리 너머로 망우리, 동북쪽으로는 의정부를 바로 지척에 둔 수유리, 우이동, 서쪽으로는 인천 가도 중간의 영등포 끝, 동남쪽으로는 한강 건너의 천호동 너머, 서남쪽으로도 시흥까지 이렇게 굉장한 면적을 차지하고 있다.

가는 곳마다 이르는 곳마다 사람들로 꽉꽉 차 있다. 만원(滿員) 즉, 'Seoul is full' 이었다.

거리에는 사철 차들이 붐비고 여관마다 다방마다 음식점마다, 술집·극장·당구장·바둑집이 우글우글한다. 입으로는 못 살겠다고 저저금 아우성인데 다방도 음식점도, 바둑집도, 당구장도, 삼류 극장도 늘어만 가고 있다.

타관살이, 시궁창인가 수렁인가

우리의 주인공은 25세의 길녀(吉女)인데 성도 모른다. 그간 이름만큼 길한 인생을 산 것은 아니다.

그녀는 3년 전 통영에서 상경 서울역에 내렸다. 당시는 혁명 직후여서 서울역에서 그녀를 맞아준 것은 '귀농민 환송대회' 라는 것이었다. 시내 거리에서는 한일회담 반대 데모가 한창이었다. 그녀는 그게 다 뭐하는 것인지 알 수가 없었다. 세종로 국회의사당 쪽에서는 스피커 소리가 왕왕 울려왔다.

길녀는 서울역을 빠져나와 서울살이에 들어갔다. 먹고 살기 힘든 시대라 별수 없어 을지로의 화식(和食)집에서 일하기 시작했다. 어차피 여자는 십중팔구 다방이나 요릿집이나 바·맥주 홀 등속밖에 갈 곳이 없을 때였다. 을지로의 '보림', 화신 뒤에 '왕궁'. 그리고 낙원동(樂園洞) 시장 안의 술집, 다옥동(茶屋洞)이 그녀가 거친 길이다. 이런 직종에서는 잘 나가야 마담이었다. 그것도 한 인물에 수완이 있어야 가능한 것이지 아무나 되는 게 아니었다. 길녀는 안국동(安國洞)에 40이 넘은 사람의 첩으로 들어가 1년을 버티다 그 후 요릿집에 나갔다.

길녀는 이런 고단한 길을 거쳐 이제 창녀가 되어 있다. 소설은 그녀의 창녀 생활을 중심으로 그려지고 있다. 물이 귀한 시대 그녀는 노랑색 대야를 끼고 살고 있다.

늙은 기와집이 더 늙어 보이는

시골서 상경하는 사람에게 있어 서울은 더러운 시궁창이나 술술 빠져드는 수렁과 다를 바 없었다. 트랜지스터 라디오에선 김희갑, 구봉서의 목소리, 동백아가씨, 총각김치 등의 유행가가 흘러나오던 무렵이다. 상표도 없이 야미〔闇〕로 만드는 광석 라디오가 유행할 때였다. 나무통에 어떻게 기술 좋게 조립해서 파는 것이었다. 이것만 있어도 밤 12시까지는 살 만했다.

벽 너머로 이웃집의 얘기소리나 노파의 가래침 뱉는 소리가 왁자지껄 시끄럽고, 뜰 가생이의 검정색 낡은 판자울타리 틈으로 옆집 노인의 벗어진 대머리가 삐죽 내밀기도 하여 오금을 펼 수 없듯이 답답하였으나 차츰 익숙해졌다.

1966년 서울 변두리의 야
간 노점.

옛 서린동(瑞麟洞) 골목 풍경이다. 길녀가 묵고 있는 곳은 50살깨나 나가는, 먹고 살만한 서울 장사치 집이다. 늙은 기와집이 더 늙어 보이는 그런 곳이었다. 먼지가 앉은 지붕이며 대문짝 등이 을씨년스러웠다. 그러나 서린동은 명색이 서울의 중심지라, 걸어서 움직이기에는 매우 좋았다. 손님도 끊이지를 않았다.

길녀는 그 집에 방 한 칸 빌려 단골 손님 예닐곱에게 몸 파는 장사를 하고 있다. 기상현(奇相鉉), 남동표(南東杓)도 단골들이었다. 기가(奇哥) 남가(南哥) 다 비슷한 부류의 인간들이었다. 갖은 잡직을 다하며 살기 위해 몸부림치고 있으나 여전히 무직자같이 떠도는 패였다.

목재소에도 있어 보았고, 철물상의 고용원으로도 있어 보았고, 다방 쿡으로도 있었지만, 어디서나 이 새끼 저 새끼하고 개새끼 취급을 당하였다.

남동표는 1949년 17세에 월남했다. 1949년 봄만 해도 이미 38선은 엄중한 경계하에 있었다. 그는 연천에서 안내인을 사서 넘어왔다. 이제 벌써 30줄에 접어들었으나 지금도 거의 무직자 같은 삶이다. 그동안 세파에 휘둘리며 서대문 감방에도 드나들었다. 허우대만은 대단해 78킬로그램이나 나간다.

남동표는 그래도 수완이 좋아 남산 줄기 회현동(會賢洞) 색싯집에 세 들어 산다.

사오십 평도 넘음직한 왜
식 대궐집이었다. 뜰에는 늙
은 은행나무까지 한 그루 서
있고 왜정 때 일본 사람이 고
급 여관을 하던 집이라는 것
이어서 운치는 있었다.……
방은 이층이어서 처억 장안
을 내려다보는 맛도 괜찮은
데다가, 다다미 육조방에 이

금호동의 산줄기를 타고
앉은 집들.

인용 더블 베드에 삼십이공탄 난로까지 있어 안성마춤이었다.

29세의 기상현은 이리(裡里) 근처에서 올라와 5년째 서울살이를 하
고 있다.

당시 시골 남자가 출세하는 길이라야 군청·면사무소 서기나 농협
직원, 순경 자리뿐이었다. 명색이 제대군인인 그가 할 일은 별로 없었
다. 그렇다고 거리의 노점상이나 구두닦이 통을 메고 나갈 수도 없어
채석장 날품팔이, 철물상 고용원을 전전하다가 국도극장 근처 국화 다
방 쿡으로 들어갔던 게 그 다방의 레지로 일하던 길녀와의 인연이 되
었던 것이다. 초가을 어느 날 밤 길녀는 기상현에게 몸을 뺏겼다. 그녀
가 기거하는 주방에서였다.

기상현은 밤색으로 염색한 미군용 야전 잠바를 입고 월부 책장사를
하며 성동구(城東區)의 금호동(金湖洞) 막바지 판잣집 셋방에 몸을 두
고 있다. 금호동은 서울 최고의 변두리였다. 여름에는 길이 진창이 되
고 겨울이면 얼음 강판으로 변하는 곳이다.

금호동에서 불광동(佛光洞) 가는 버스 타기는 하늘의 별따기였다.

을지로를 통과하는 노선이었다. 차장은 대부분 전라도 출신 소녀들. 그녀들은 참 대단했었다. 필자도 신촌을 오갈 때 콩나물 버스를 타고 다녔는데 여차장의 '오라—잇' 하는 소리가 지금도 들리는 듯하다.

사창가 풍경

길녀보다 서울살이 1년 선배인 친구 미경은 마산에서 국민학교만 나오고 서울로 올라왔다. 회현동 은행 간부 집 식모로 있다가 딸 하나만 낳아주고 나와서 이 길로 들어선 것이다. 이래뵈도 학창 시절에는 백일장에도 나갔던 문학소녀였다.

그들은 순화동(巡和洞) 옛 대한일보 뒷골목 싸구려 사창가에서 함께 일했는데, 이제 길녀는 서린동으로 옮겨가고 미경이는 종삼(鐘三)으로 간다.

길녀는 문지방에 턱을 괴고 길게 엎더서 남자의 등 너머로 건너편의 깍아지른 듯한 빌딩 뒷면을 건너다보았다. 엉성하고 지저분하다. 먼지가 보얗게 오른 삼층의 창문에는 붉은 알·흰 알의 당구알이 여럿 그려져 있다.

서린동 길녀의 집 주변 풍경이다. 고층 빌딩이 올라가고 있음을 알 수 있다. 사창가는 서린동 골목, 순화동, 서소문 전매청 개천가에 있었다. 비뇨기과 의사들만 사창가에 드나드는 남자들의 주머니를 뜯어 먹고 살았다. 사창은 종삼의 공창보다 질적(?)으로 형편없었다. 종삼은 단성사 골목에서 종묘까지에 걸쳤다.

종삼에 있는 미경의 집을 구경해보자.

그렇고 그런 골목으로 들어서자, 벌써 시큼털털한 냄새가 코를 찌르고 집집마다 문간 앞에 누렇게 뜬 얼굴로 속옷바람의 여자들이 나앉아 있었다. 길녀는 자기 비위로는 죽으면 죽었지 이리로는 못 올 것 같다는 생각을 하였다.

미경이는 그 종삼에서 죽어 홍제동(弘濟洞) 화장장에서 재가 되어 사라져버린다. 불나방 같은 인생이다.

고층화 병폐, 이때부터

길녀가 서울 구경하는 곳은 으레 시청 앞 대한일보 주변이었다.

순화동 좀 못 미쳐 신문사라는 높은 건물이 거의 완공되고 있었다.……저런 고층 건물이 여기저기 많이 서서 그런지,…… 요 근래에 근처에 서는 건물만도 뉴 코리아 호텔, 대한항공, 대한일보 그리고 대한화재, 십 층 건물들이 연방 올라서고 있다.

대한일보 건물이 거의 완공되고 있었다. 당시 순화동 쪽에는 고층 건물들이 들어서고 있어 서울의 월 스트리트라고 불리기도 했다. 대한일보는 지금 폐간됐지만 당시에는 서울에서 제일가는 고층 빌딩에 자리했었다. 현재는 삼성, 중앙일보 계열 빌딩과 오피스 빌딩들로 둘러싸인 오피스 거리가 되어 있다.

당시 서울시장은 갓 부임한 김현옥(金玄玉)이었다.

부산 거리를 의욕적으로 밀어버리고 계속 두 눈을 부릅뜨고 서울로 전임해온 젊은 시장은 부임하자마자 전 시장이 얼마나 일을 안 하고 빈둥빈둥 놀기만 하였는가, 서울시장으로서 서울시 행정에 얼마만큼 의욕이 없었는

광화문 지하도 공사. 지금은 없어진 국제극장이 보인다.

가, 일부러 강조나 하듯이 우선 교통난 완화에 세종로, 미도파 지하도 공사 착수, 도로 확장 공사가 사방에 착수되었다. 서울 사람들이란 원래가 입만 되까지고 극성이어서 일을 안 하면 안 한다고 타박, 하면 한다고 무슨 흠이라도 잡아서 타박, 저는 트랜지스터 라디오 메고 유원지로나 나돌면서 시장에 대해서도 빗발치듯 여론이 들끓고 있었다.

김현옥은 1962년 4월 현역 육군 준장 신분으로 부산시장 자리에 앉았다. 그 1966년 4월 서울시장이 되어서는 불도저 시장이라고 불릴 정도로 개발 사업을 밀어붙이고 있었다. 1970년 4월 와우 아파트 붕괴로 시장 자리에서 물러났지만, 해임 전까지 세종로, 미도파 앞 지하도 공사, 각처의 육교 공사를 속성으로 해치웠다. 이에 대해 칭찬과 비난이 함께 따라다녔다. 이호철은 비교적 칭찬하는 쪽인 것 같다.

의욕적인 새 시장을 만나 서울은 화려하게 단장이 되고 곳곳에 빌딩은 서고 사람들은 날로 날로 문주란의 노래 같은 것에나 잠겨들기를 좋아하고, 차관은 들어오고, 차관은 무론 유효적절하게 쓰이고 있을 것이다.

그러나 이때부터 서울은 급격히 도시화, 고층화되며 역사도시로서의 모습을 잃어갔다.

뜰 넓은 집

길녀는 전매청 부근의 사창가로 다시 옮겨갔다. 집은 자유당 때 한 자리하던 자의 소유이다. 사창으로 세를 놓고 사는 것이다. 집은 엉성하지만 뜰은 넓었다. 이호철은 그 집을 "시굴의 절깐" 같다고 했다.

서울 집 치고 뜰 하나는 넓어서 좋았으나 검정색 페인트칠을 한 판자집 서넛을 U자형으로 이어놓은 집이어서 볼품없고 멋대가리라곤 없었다. 값이 나간다면 텃값일까,…… 세대가 여럿 되는 푼수로 비교적 복닥거리지 않았다.

대낮이면 흐드러지게 피어 있는 뜰의 국화와 코스모스가 환하게 돋보일 만큼 호젓하고, 큰길로 지나다니는 전차 소리나, 우르릉거리는 전매청 공장의 기계 돌아가는 소리가 집채를 흔드는 것조차 알려졌다.

하긴 세 들고 있는 사람들이 빠아 걸, 요정 기생, 신세계백화점 옆이나 상업은행 옆에 나가서 히빠리(남자를 유인해오는 것)를 주로 하는…… 주로 낮에는 자고 밤일만 하는 사람들이니까.

이곳은 서대문로터리 부근, 지금의 미동초등학교 뒷편 서울경찰청 자리다. 서울역이 가까워 손님이 끊이질 않았다. 이곳이 공권의 철퇴를 맞으며, 주객은 양동(陽洞)으로 옮겨간다.

양동 사창가와 대우 빌딩이 부조화를 이루고 있다.

잘사는 사람만 잘살아

길녀는 서린동 집 주인 늙은이의 첩이 되어 다옥동으로 살림을 낸다.

이 영감님께서도 육십 평생 서울 장안에서 한 발짝도 밖에는 못 나가 본 사람이었다. 조상 대대로 성안의 장사치로 내려온 덕분에다가 오늘날은 서울의 땅값 집값이 올라서, 그것만 믿고 넉넉한 살림으로 늙어온 터이라,……

사실 서울 토박이들은 사는 염려는 그리 없었다. 우선 집이라도 있었고 나름대로 직업도 있었기 때문이다.

서울에 동도 많고 사람도 많지만 사람 사는 고장다운 젖은 정감을 느낄 수 있는 동이 얼마나 될까. 중심가 쪽은 날고 뛰는 신식 도깨비들이 나돌아가는 곳일 터이고 한다한 고급주택이 늘어선 그렇고 그런 동은 썰렁썰렁하게 '공견주의(恐犬注意)' 같은 팻말이나 대문에 붙여놓고 높은 담벼락 위에도 쇠고챙이에 삐죽삐죽한 사금파리나 해 박았을 터이고, 아래 윗집이 삼사년을 살아도 피차 인사도 없고 냉랭하게 지내기 일쑤다.

그 좋은 집에 사는 자식들은 그런대로 공부를 할 수 있었다. 이른바 명문 학교를 다닐 수 있었기 때문이다. 서민들이야 하루 먹고 살기 힘든 시절이었던 터라 제대로 공부시킬 엄두도 내지 못했다.

다옥동 집은 생각했던 것보다 정갈하였다. 새 페인트칠을 한 여염(閭閻)집인데, 우물기와 집이고 얼마 전까지만 해도 요리집이었단다. 방도 뜰도

널찍널찍해서 좋았다.…… 장판방 둘에 부엌이 따로 딸려 있는 딴 채여서 더더구나 길녀는 마음에 들었다.

서울의 변두리

길녀의 이삿짐 꾸리기는 계속된다. 이번에는 서울하고도 외진 용산구 도원동(挑園洞) 쪽으로 나간다.

서울 와서 삼사 년 동안에 주로 중심가 쪽에서만 이곳 저곳 옮겨 다녀보았지만, 며칠 지나 보니 살기는 이 도원동만한 데도 흔하지 않았다.

천주교성당, 박장로 전도관, 천도교회, 그리스도 교회, 침례교회, 장로교회, 감리교회, 그 밖에도 무슨 관(舘), 무슨 성(聖)자 붙고 원(院) 붙은 것, 가지가지 교회도 넘쳐날만큼 많고 가난한 마을이 대개 그렇듯 조무래기 애들도 넘쳐나게 많았지만, 쉬 정(情)드는 구석이 있었다.

이호철 소설 외에는 이곳이 무대가 된 적이 없다. 용산 쪽은 이제나 그제나 서울 사람들도 잘 가지 않던 외진 곳이다.

사람 사는 곳이 다 그렇듯, 이곳에도 복덕방, 연탄가게…… 통술집, 늙은 색시 있는 술집, 이발관, 미장원, 있어야 할 것은 다 있었고 모두가 시골 읍거리의 그것처럼 헙스레하였다. 그 밖에 솜틀집, 침뜸집, 점장이집이 구석구석에 있고 유독 애 업은 할머니들과 성가책, 성경책을 든 할머니들이 많아 보였다.

마포 쪽도 매한가지였다. 그러나 1962년 12월 마포형무소 자리에 마포아파트가 들어서며 새로운 관심 지역으로 떠오른다.

철거되기 전의 마포아파트. 마포아파트는 우리나라 최초의 단지식 아파트로서 새로운 주거 문화의 한 장을 열었다.

마포아파트는 우리나라 최초로 녹지 위에 집단 고층 주거 개념을 도입한 단지식 아파트였다. 1961년 5·16 직후 성안된 제1차 경제 개발 5개년 계획에 의해 주택 사업 중 하나로 세워졌다. 조선주택영단(대한주택공사)이 의뢰를 맡고, 당대의 건축가 김희춘·정인국·강명구·엄덕문 등이 참여하였다.

이로써 우리나라에 아파트라는 새로운 주거 문화 시대가 열린 것이다.

마포아파트가 서 있는 도화동이 저렇게 내려다보이고 그 너머로 한강이 흘러가고 오른편으로 공덕동이 마주 있고, 철길 건너로는 신공덕동, 만리동이 이어지고 벼랑 밑으로 들고 나오는 당인리 발전소로 가는 낡은 기관차 소리도 어딘가 서울 같지 않은 인정을 풍겨주었다.

반면 서민촌은 사람 사는 냄새가 난다.

같은 서민촌하고도 금호동 해방촌 같은 곳은 요 근래에 급하게 부풀어올라서 그런 뜨내기다운 냄새가 풍기지만 도원동, 도화동, 만리동, 공덕동 근처는 서울 본래의 서민 냄새가 물씬물씬 난다.

기상현은 서린동 집을 나와 새로 마포의 도화동(桃花洞) 허름한 집으로 이사한다.

집은 오랜 한식 기와집이지만 페인트칠을 새로 해서 새집처럼 보이고 대문으로 들어가서 오른쪽으로 꺾여진 부엌 달린 주먹만한 방이었다.

이 근처 사람들의 하루하루 열심히 살아가는 모습은 참으로 산다는 실감을 주었다. 서정주는 만리동(萬里洞)과 공덕동(孔德洞)을 노래한 적이 있다.

만리동에 피어나는 아지랑이는 만리동에 사는 이의 사랑의 모습
공덕동에 피어나는 아지랑이는 공덕동에 사는 이의 사랑의 모습

서울은 계속 만원이다

1966년 조국 근대화 사업은 맹렬히 불붙고 있었다. 그 덕분에 서울은 만원이기를 거부한 적이 없다. 38년이 지난 지금도 마찬가지다.

'울어도 서서 울어야 하기 때문에 서울'이라는 말이 있을 정도로 서울은 독해야 산다고 했는데, 부평초(浮萍草) 같은 그녀들의 전 재산은 텔레비전과 전축 그리고 캐비닛뿐이었다. 고향이 그리워도 못 가는 신세였다. 지금도 거리에는 여인들이 넘쳐난다. 밤이면 사람들로 흥청거리는 곳은 술집뿐이다. 도대체가 도시 문화란 게 없다. 누가 이 도시를 진정한 도시 문화로 이끌려고 하지도 않는다. 나리들도 밤이면 그곳을 찾아 게걸거린다. 우리 젊은이들은 어디로 가란 말인가. 이호철은 말했다.

서울이란 곳은 겉으론 화려하고 요란해도 그 속에 우글거리는 것은 인생 말종지물처럼만 보이는 것이었다.

길녀는 소설에서 사라진다. 작가는 우리 모두 잘살게 되는 날, 그녀와 다시 만나자고 했다. 그녀의 나이 이제 60을 넘기고 있을 것이다.

정연희의 《목마른 나무들》

순수의 시대, 4 · 19 현장을 다시 찾다

《목마른 나무들》은 1960년 1월의 서울의 겨울 풍경을 다음과 같이 그리고 있다. 당시 서울은 오늘의 강북을 말한다.

눈 덮인 거리는 사람들의 발길을 아쉬워한다. 쌀쌀한 바람이 눈가루를 날린다. 눈이 녹다가 얼어붙은 거리는 멍이 든 듯 거뭇거뭇 얼룩져 있다. 혼자서 종종걸음을 치는 사람이면 더욱 추워 보인다. 결국, 일월의 얼어붙은 거리는 정(情)을 아쉬워하는 것인가—.

지금 원고를 쓰는 주말 오후 연구실 창 밖으로로 목마른 나무들이 바람을 타고 있다.

정연희(鄭然喜, 1936~)의 장편소설 《목마른 나무들》은 1958년부터 1960년 4 · 19 혁명 때까지를 그린 소설이다. 자전적 소설인 듯하다.

나는 1971년 인문출판사 간으로 이 소설을 처음 읽었다. 나 자신 당시는 순수(純粹)에 탐닉하고 있던 터라 더 절실하게 와 닿았던 것 같다. 그 책을 이번에 다시 빼들었다. 책을 읽던 당시가 오버랩되었다. 잊혀진 시대였다.

정연희는 서울에서 출생, 숙명여고를 거쳐 1958년 이화여대 국문과를 졸업했다. 졸업 전인 1957년 〈동아일보〉 신춘문예에 단편소설 《파류상(破流狀)》이 당선되어 문단에 등단했다. 졸업 후에는 〈세계일보〉, 〈경향신문〉 등에서 기자 생활을 하기도 했다. 그녀의 성장 과정은 아마 당시 모든 여성들의 선망 대상이었을 것이다. 정연희는 자신의 경험담을 이 소설에 쏟아낸 것 같다.

도회(都會)의 요정(妖精)

1958년 3월 회현동 오성우(吳聖禹) 남매의 집에서는 동거하는 서주연(徐珠姸)의 대학 졸업과 신문사 기자 취직을 축하하기 위한 파티가 벌어졌다. 10년 전 시골에서 올라온 주연은 돌아가신 아버지의 친구 아들인 성우의 집에 묵게 되었다. 남산 쪽 회현동 막바지에 있는 집이었다. 주연은 이 집에 얹혀살면서 A여대 영문과를 다녔다. 그녀는 대학교를 수석졸업하고 기자로서 첫발을 내딛은 재기발랄한 여인이었다. 그녀의 표현대로라면, "도회(都會)의 요정(妖精)이요, 파랑새"였다. 화용월태(花容月態)의 모습과도 같았다.

그녀는 오래 전부터 타의적이지만 청교도 같은 성우와의 결혼을 내정하고 있었다. 성우 남매는 대전(大田)의 한 교회 목사의 자랑스런 자제였다. 성우는 신학교를 졸업하고 어떤 주간지의 주간 자리를 몇 년째 해왔다. 그런데 지금 그는 그 매력적인 자리를 내던지고 1958년 봄 미국으로 유학을 떠날 채비를 하고 있는 중이다. 전공은 임학, 랜드

스케이프(조경)·가드닝(조원)을 연구할 예정이었다. 아버지의 교회와 농장에서는 그를 후계자로 맞을 준비가 되어 있었다. 당연히 주연도 성우를 따라 미국에 건너가 신문학(新聞學)을 연구할 예정이었다. 둘의 앞에는 행복한 인생 스케줄이 기다리고 있었다. 성우의 여동생 성희(聖姬)는 의대 학부 3학년에 재학 중이었다.

주연은 S신문사에 첫 출근을 한다.

신문사는 세종로에 있다. 세종로에서 무교동으로 들어가는 사잇길 입구에 신축된 삼층 건물이다. 유리창이 많고, 흰빛의 밝은 건물이다.…… 아래층에 자리잡고 있는 업무국 앞에는 중역실로 가는 계단이 있었고 업무국 옆을 꺾어져 간 곳에 편집국으로 올라가는 계단이 따로 있다. 그 계단은 좁고 어둠침침하다.…… 문화부 방은 유난히도 밝고 투명하기만 하다. 삼 면이 온통 유리로 되어 있어 어항 속 같다. 너무 밝아서 차라리 이쪽의 여유를 가져볼 도리가 없을만치 불안정한 느낌까지 든다. 넓은 편집국에 접한 면도 온통 유리요, 서북쪽은 긴 거리가 환희 내려다보이는 '윈도우'로 둘러져 있다.

가로등이 나란한 광화문, 태평로 거리의 풍경은 한적하고 아름다웠다. 그 길변에 S신문사는 있었다. 1950년대 초 창간된 젊은 신문이었다.

주연은 두 사람이 오르내리기에도 좁아 보이는 신문사 건물 계단을 오른다. 그녀의 자리는 편집국 문화부. 중앙청으로 뻗은 시원한 대로가 한눈에 들어온다. 북악의 모습이 한쪽 창으로 드러나 보이는 곳이다. 그 밑 경무대(景武臺)에는 나라를 거덜낸 늙은 대통령 이승만이 앉아 있었다. 4·19가 가까워 오고 있었다.

필자도 이런저런 일로 신문사에 종종 가는데, 항상 느끼는 바는 사무 환경이 너무 나쁘다는 것이다. 다닥다닥 앉아 일하게 되어 있는 책상 배열도 그렇고 도대체가 프라이버시란 것을 찾아볼 수 없는 곳이 신문사였다. 그런 데서 어떻게 신문을 만들어낼까 궁금하기만 하다. 잡지사, 출판사도 마찬가지지만.

데이트 코스

이제 4월이 되었다. 매력이 물씬 풍기는 사회부 기자 김재훈(金在薰)이 주연의 또다른 상대역으로 등장한다.

신문기자들의 취재 반경은 소공동의 조선호텔, 명동의 미도파 백화점을 비롯한 상류 문화권과 독립문 밖 서대문형무소 등 최악의 상황권을 두루 걸친다. 특권층과 하류층은 항상 가까이 있다.

당시 고급 아베크족들은 몇 군데의 코스를 순례하였다. 다방, 극장 그리고 스카이라운지, 나이트클럽 등 지금과 크게 다를 게 없다. 저자는 질문하고 있다.

서울서 할 수 있는 게 뭐 있어요? 애인끼리라도 기껏해야 저녁이나 먹고 극장이나 가고 캬바레 정도로 가는 곳. 무엇 하나 속이 후련해지도록 즐길 수 있는 게 없을까요?

대부분의 서울쟁이들은 미도파 백화점 부근 다방 '시온'을 찾아든다. 실내 장식이 조촐하여 안정감을 주는 곳이다. 다방 문을 열고 들어서면 샹송이 그들을 맞는다. 미도파는 당시 번화가 명동의 중심이자 서울의 상징적 건물이었다. 이 건물을 지금은 롯데백화점이 인수하여 롯데사 계열의 다른 매장이 들어와 있다.

명동성당도 종교와 관계없이 찾는 곳이다.

　명동성당의 언덕길을 걷던 그는 성당 안으
로 접어들었다.…… 사람의 그림자 하나 없는
성당 앞뜰에 빗겨 비치는 햇살이 쨍하게 외롭
다.…… 높은 천정을 한 실내는 냉기가 돈다.
발소리가 높은 천정에 올려 길게 여운을 남긴
다.…… 닳은 데로 의자 한 끝에 앉았다.

　그 내리막길에 있는 중앙극장도 젊은이들
이 많이 찾던 곳이다. 중앙극장은 광화문의
국제극장, 종로의 단성사, 퇴계로의 대한극
장과 어깨를 겨뤘다.

　요새식으로 다음은 바나 나이트클럽이다.

　도회의 밤하늘이 은은한 포도주빛으로 젖
으면 밤거리는 네온사인과 간데라(촉광. 촛불
의 빛)의 불길에 싸인다. 양품점, 그릴 등은
싸늘한 정열로 숨차하는 네온이 지킨다.

1950년대 명동 거리. 멀리
미도파 백화점이 보인다
(자료: 〈조선일보〉).

　그들은 바 ‘이브닝’이나 나이트클럽 ‘레인보’를 찾는다. 레인보는
규모가 큰 댄스홀이다. 유명한 재즈 밴드가 있고 가수며 ‘땐사’들도
미끈하다고 소문난 곳이다. 자가용족들도 몰려든다. 홀의 문을 열자
‘썸머 타임’의 멜로디가 파도친다. 어둠에 묻힌 홀은 어족 같은 족속
들로 흐물거린다. 프랑스 여배우 시몬느 시뇨레 같은 바이올리니스트
가 바이올린을 켜고 있다.

　역시 마지막은 호텔이다. “아이 디자이어 유우”, 핑계는 통행금지

시간에 걸려!

가진 것 없고 배우지 못한 자들은 한강가, 또는 정능 숲속으로 빠진다. 그러나 주인공들은 을지로 입구에 있는 반도호텔 꼭대기로 올라간다.

1959년 2월의 을지로 입구. 오른쪽이 반도호텔.

호텔 손님용과는 별도로 된 엘리베이터가 있었다. 두 사람은 아무 말 없이 승강기 안으로 들어갔다.…… 밀폐된 좁은 공간 안에 두 사람은 서 있다.…… 상승하는 기체가 잠간 감각을 혼란시킨 것일까?.…… 스카이라운지 쪽으로 뚜벅뚜벅 걸어갔다. 불빛이 은은한 그곳은 열대어를 키우는 어항 속 같았다. 드문드문 자리잡은 손님들은 지극히 조용하게 속삭이고 있었고…… 그 가라앉은 듯한 분위기는 가깝증을 일으켜주기만 한다.

반도호텔은 당시 서울 최고의 건물이었다. 6·25 전쟁 중 반도호텔은 미군사령부로 사용되었다. 이웃하는 조선호텔은 미군 장교 숙소로 쓰였다. 이 일대가 중국, 일본, 그리고 미군의 거점이 되었던 것이다. 그 후로도 이곳은 미국인들의 정치, 경제 중심지였다.

또한 우리 유산 계급의 모임 장소이기도 했다. 사실 웬만한 사람들은 이 건물에 들어갈 엄두도 못 내었다. 이 호텔의 엘리베이터는 보통 사람들에게는 처음 타보는 신기한 물건이었다.

주택과 아파트

저자는 이 소설에서 몇 채의 주거 공간을 그리고 있다. 주인공 주연이 사는 회현동 적산가옥과 시몬느 시뇨레 같은 여류 바이올리니스트가 사는 서대문 밖 영천(靈泉)아파트, 그리고 재훈이 사는 재래식 서민 주택이다.

이제 막 아파트가 대중화되려 하던 때였다. 아직은 나 홀로 3층 아파트에 TV는 없고 라디오뿐이다.

이 한낮의 폭양 속에서 보는 아파아트는, 그날 밤 그 여자를 뒤쫓아와서 바라보던 때와는 별다르게 초라해 보였다. 애초에는 순백이었을 상 싶은 흰 벽이 퇴색하여 누르죽죽하게 보이는 삼층건물은 뜨겁고 눈부신 햇빛 속에서 상이라도 누비고 있는 듯한 인상이었다. 한 옆으로 띄엄띄엄 보이는 도깨그릇과, 질서 없는 행렬과도 같은 빨래들이 구질구질해 보인다.

재훈은 안암동에 살고 있다. 부모가 없는 어려운 환경에서 독립했다. 붐비는 전차에서 내려 전찻길을 건너 안암교를 지나 북쪽으로 걸어 올라가는 곳에 그의 집이 있었다. 개천은 온갖 오물로 더러웠고 역한 냄새가 코를 찔렀다.

개천에서 동쪽으로 꺾여진 골목을 한참 들어가다가 처마가 낮은 기와집 골목엘 다시 들어섰다. 창문은 찌들고 벽에서는 진흙가루가 흘러내릴 정도로 집들이 헐어 있는 어느 낮은 대문 앞에서…… 좁은 마당 한 구석에 도깨그릇을 얹은 장독이 있고, 빨래줄에 빨래들이 걸쳐 있다.

재훈의 동생 재영(在榮)은 1959년 현재 S공대 건축과 4학년 2학기에 재학 중이다. S공대 건축과의 그는 누가 모델일까. 지금 67세 정도의 건축가?

1959년 8월 중순 명동에 독신자 아파트가 준공된다. 번화가 한복판이라고는 생각할 수 없을 만큼 아늑하고 조용했다. 아담한 정원과 산뜻한 건물은 여자들만의 세계를 그대로 들어내는 듯 싶었다.…… 이 아파트에 모인 여자들이 겉으로 보기로야 비지네스 걸들이고, 교양이 있고 게다가 생활 수준이 높은 편이기는 하지만…… 팔자 사나운 여자들의 지붕 밑이지……

이 아파트는 여자들만을 위한 금남(禁男)의 아파트였다. 현재의 사보이 호텔을 말한다.

독재 타도의 소리

1958년 5월 2일, 제4대 민의원 총선거가 치러진다. 김재훈 기자도 그 현장에 선다. 총선은 화사한 계절을 어수선하게 만들어놓았다.

거리거리, 골목골목마다 찢어지는 소리로 외치고 다니는 찦차들, 벽이란 벽, 기둥이란 기둥마다 빈틈없이 붙여논 출마자의 사진들, 기호, 정견 등 어지럼증을 일으켜준다.

자유당이 124석을 얻어 과반수를 넘겼고, 민주당은 78석밖에 얻지 못했다. 그러나 민심은 민주당 편이었다. 당선된 그들은 이제 태평로 국회의사당에 모여들어 국사(國事)를 논한다고 한다.

1960년 3월 15일, 4대 정부통령 선거도 치러진다. 부정 선거 규탄 데모가 대구, 마산 등지로 퍼져나가고 있었다. 규탄 데모는 서울에서도 시작되었다. 4월 18일 오후 늦게 종로 4가 천일(天一)백화점 근처에서 큰 사건이 일어난다. 고려대생들로 이뤄진 부정 선거 규탄 데모대가 정체불명의 깡패 30명의 습격을 받은 것이다.

1960년 4월 19일, 거리의 함성은 경무대 쪽을 향해 가고 있었다. 시위대는 시청과 세종로, 무교동 그리고 광화문까지 꽉 메웠다. 국회의사당 앞이 마치 집결지 같았다. 바로 맞은편의 서울신문사는 불타고 있었다. 동대문경찰서, 태평로파출소도 불길에 휩싸였다.

경무대 초입 효자동 입구 해무청(海務廳) 앞에는 바리케이드가 쳐져 있었고 총소리까지 났다. 재훈도 취재차 이곳까지 나와 있었다.

필자도 이때 생각이 난다. 중학교 1학년 때였던 것 같다. 서대문로터리를 건너 동양극장 앞에 올 즈음 어디선가 총소리가 나기 시작했다. 평동(平洞) 이기붕(李起鵬) 부통령 집에서 불길이 솟고 있었다. 길가에는 무언가 내다 태우는 것이 보였다. 이 주택은 서대문 경무대란 별명으로 불리던 곳이었다. 그 후 방치되다가 1971년 헐린 후 그 자리에 4·19 기념도서관이 세워졌다.

1950~1960년대 태평로의 국회의사당.

4 · 19 혁명의 중심지가 된
광화문 거리(자료: 〈경향
신문〉).

4 · 19 혁명 당시 중앙청
앞에 모인 데모대.

4 · 19 혁명 당시 성난 데모대
에 의해 불타고 있는 동대문경
찰서(위)와 태평로파출소(옆).

효자동 경무대 입구의 데모대. 계엄
군이 시내까지 들어와 수많은 민간
인 희생자가 발생했다.

불타기 전의 이기붕 부통
령 저택. 오른쪽 사진은 서
대문 동양극장 건너편에
자리하던 이기붕 부통령
집이 불타고 있는 모습.

효자동 진명여고 앞에서는 총소리가 콩 볶듯 했다. 쓰러지는 학생들
도 보았다. 오후 5시 저녁녘이 되자 계엄령이 선포되었고 통금이 시행
되었다. 광화문 네거리는 살벌했다. 교통도 차단되고, 정복을 입고 총
을 찬 순경들이 거리를 경비하고 있었다. 밤 11시 계엄군이 시내에 들
어왔다. 혁명인지 전쟁인지 구분이 안 갔다. 그게 4·19 혁명이었다.

주연의 애인 재훈은 데모대의 와중에 끼어 있다가 총을 맞았다. 그
는 곧바로 광화문우체국 옆 S병원으로 후송되었다. 병원에는 환자들
이 줄지어 들어와 있었다. 서울의 큰 병원이라 봐야 서울대병원과 남
대문 옆 세브란스 병원뿐일 때였다.

4·19와 관련된 조지훈(趙芝薰, 1920~1968)의 시가 하나 있다.
시제(詩題)는 〈마침내 여기 이르지 않곤 끝나지 않을 줄 이미 알았
다〉이다.

아아 그것은 파도였다.
동대문에서 종로로 세종로로 서대문으로 역류하는 이 격류는
실상은 민심의 바른 물길이었다.
쓰레기를 구더기를 내어버린 자 그 죄악의 구덩으로 몰아붙이는……

젊은이들은 망우리, 미아리 공동묘지로 실려갔다. 그날 죽은 재훈은 망우리에 묻혔다. 주연만이 서울역 넓은 광장에 혼자 남겨졌다. 4·19로 많은 건물들이 불타거나 파괴되었다. 우리 역사가 낳은 또 하나의 비극이었다.

오정희의 《중국인 거리》

소녀 눈에 비친 1950년대 초 인천의 선창가

흰 것과 검은 것

　오정희(吳貞姬, 1947~)는 1968년 《완구점 여인》(〈중앙일보〉)으로 등단한 1970~1980년대 대표적인 여류작가의 한 사람이다. 단편소설 《중국인 거리》는 1979년 《문학과 지성》에 실려 관심을 끌었던 작품이다. 나는 그것을 오랫동안 챙겨두었다가 지금 다시 꺼내든다.

　《중국인 거리》에는 그녀가 어릴 때 체험한 인천의 모습이 잘 그려져 있다. 작가의 아버지는 1955년 어떤 석유회사의 소장이 되어 인천시 중앙동으로 이주했다. 따라서 그녀는 인천 신흥국민학교 2학년으로 전학해 와 1959년까지 인천에서 살았다고 한다. 필자도 1951년부터 58년까지 인천에서 살았으니 3년이 겹치는 셈이다. 내가 작가와 거의 동년배여서 그런지 소설에 등장하는 장면들은 마치 내가 본 그때 모습인 듯, 착각이 들 정도였다.

소설은 아홉 살 초등학교 2학년 소녀의 눈에 비친 겨울 인천 선창가(船艙街)의 풍경을 묘사하는 데부터 시작된다.

김인승이 1938년 그린 인천항 풍경.

나는 깜깜하게 엎드린 바다를 보았다.…… 밤새워 불어오는 바람, 바람에 실린 해조류의 냄새를 깊이 들여 마셨다.…… 선창에 정박해 있는 크고 작은 배들의 깃발이 색종이처럼 조그맣게 팔랑이고 있는 사이 기중기는 쉬지 않고 화물을 물어 올렸다. 선창에서 멀찌감치 물러나 섬처럼, 늙은 잉어처럼 조용히 떠 있는 것은 외국 화물선일 것이다.

바다를 한 뼘만치 밀어둔 시의 끝, 항만의 북쪽 끝에 있는 제분공장(製粉工場)과 저탄장(貯炭場)이 화자(話者)인 '나' 즉, 오정희가 살던 환경이었다.

1950년대 밀가루와 석탄은 우리의 생명선이나 다름없었다. 먹고 불을 지피는 일은 하루살이의 기초였다. 그 상징이 이런 공장— 그것도 일제가 버리고 간 것들—이고, 그 안에 다시 미국의 원조 물자가 채워졌다. 삶이란 단어는 그 자체가 사치일 때였다.

시를 남북으로 나누며 달리는 철도는 항만의 끝에 이르러서야 잘려졌다. 석탄을 싣고 온 화차(貨車)는 자칫 바다에 빠뜨릴 듯한 머리를 위태롭게 사리며 깜짝 놀라 멎고 그 서슬에 밑구멍으로 주르르 석탄 가루를 흘려보냈다.

외국인 거류지로 설정된
인천 해안가. 앞의 이층 건
물이 1889년 세워진 대불
호텔. 오른쪽 큰 산줄기가
월미도다. 1900년경의 사
진으로 추정된다.

북풍에 실린 저탄장의 탄가루는 인천 한 변두리 '중국인 거리'를 연기가 서리듯 눅눅한 어둠에 잠겨들게 하고 있었다. 제분공장에는 하역된 밀이 잔뜩 쌓여 있고, 저탄장에는 시커먼 탄가루가 날리고 있다. 백과 흑의 세계였다.

철로 너머 제분공장의 굴뚝에서 울컥울컥 토해내는 검은 연기는 6·25 전쟁으로 부서진 도시의 하늘에 전진(戰塵)처럼 밀려들고 있었다. 이 동네에 사는 어린이들은 입에 풀칠하기 위해 밀가루와 탄가루를 훔친다. 그러다보니 몰골은 흰둥이 아니면 검둥이다.

해안촌(海岸村) 혹은 중국인 거리라고도 불리어지는 우리 동네는 겨우내 북풍이 실어나르는 탄가루로 그늘지고, 거무죽죽한 공기 속에 해는 낮달처럼 희미하게 걸려 있었다.

중국인 거리

주인공의 가족은 2학년 봄에 어떤 시골 읍내에서 트럭 하나에 이삿

짐을 싣고 도회지 인천의 중국인 거리로 이사를 왔다. 속칭 청관(淸館) 거리라고도 했는데 현재는 중구 북성동(北城洞) 일대다. 아버지가 석유 소매업소의 소장으로 온 것이다. 말이 소장이지 동네에서 석유를 파는 장사꾼이었다. 남편에게 기댈 수만은 없는 어머니는 첫 새벽에 장사를 나간다. 오빠와 네 살짜리 남동생 등 일곱 형제는 이곳에서 새로운 삶을 꾸려나가야 했다. 더구나 계모 뱃속에는 여덟째 아이가 들어 있었다. 없는 살림에 소대병력이다.

집 언덕바지에서 20발자국 정도만 뜀박질하면 갑자기 중국인 거리는 끝나고 부두가 눈 아래 펼쳐진다. 중국인 거리는 검게 그을린 목조 적산가옥이 채우고 있었다. 이 동네 아이들에게 중국인들은 한없는 상상과 호기심의 효모(酵母)였다.

뒷통수에 쇠똥처럼 바짝 말아붙인 머리를 조금씩 흔들며 엄청나게 두꺼운 귓불에 은고리를 달고 전족한 발을 뒤뚱거리며 여자들은 여러 갈래로 난 길을 통해 마치 땅거미처럼 중국인 거리를 향했다.…… 통틀어 중국인 거리라고 불리우는 동네에, 바로 그들과 인접해 살고 있으면서도 그들 중국인에게 관심을 갖는 것은 아이들뿐이었다. 어른들은 무관심하게 그러나 경멸하는 어조로 '뙤놈들' 이라고 말했다.

필자는 어렸을 때 그곳에서 전족(纏足)으로 뒤뚱거리는 중국 할머니 모습을 많이 보고 자랐다. 지금도 눈에 선하다. 홀아비 중국인의 푸줏간이 있었고 잇대어 후추나 흑설탕, 근으로 달아주는 중국차 따위를 파는 잡화점이 있었다.

여기서 '뙤놈' 은 대인(大人) 즉, 중국인들을 비하하는 말이었다. '짱께', '짱꼴라' 라는 말이 함께 쓰였다. 짱께는 한문으로는 장궤(掌

櫃), 원음으로는 즈앙꾸에이 즉, 돈 만지는 중국인이라는 의미다. 쨩꼴라는 일본인들이 중국놈이라 비하해서 부르던 말이다(〈회색빛이 애잔한 풍경화, 인천 중국인 거리〉, 《김정동 교수의 근대건축기행》, 푸른역사, 1999).

목조 주택이 있는 거리

사람이 못 살 쑥밭 같은 동네 속에 흙먼지가 부옇게 앉은 낡은 목조 이층집이 그녀의 보금자리였다. 아래층은 길가에 연해 상점들처럼 몇 쪽의 유리문으로 되어 있었다.

전쟁사에 길이 남을 치열했던 인천상륙작전의 함포 사격에도 제 모습을 고스란히 지니고 있는 것은 중국인 거리라고 불리는, 언덕 위의 이층집들과 동네 낡은 적산가옥들뿐이었다. 이 집의 소유자는 불하받은 자, 불법 점거한 자 등 각양각색이었다.

폭이 좁은 길을 사이에 두고 조그만 베란다가 붙은, 같은 모양의 목조 이층집들이 늘어선 거리는 초라하고 지저분했다. 길의 양켠은 가건물인 상점들을 빼고는 거의 빈터였다. 드문드문 포격에 무너진 건물의 형해(形骸)가 썩은 이빨처럼 서 있을 뿐이었다.

소설의 시점이 된 1959년 5월의 중국인 거리(자료; 최성연). 낡은 목조 이층집들이 죽 늘어서 있다.

길을 사이에 두고 각각 여남은 채씩 늘어선 같은 모양의 목조 이층집들은 우리집을 마지막으로 갑자기 끝났다. 그리고 우리집에서부터 완만한 경사로 이루어진 언덕이 시작되었는데 그 언덕에는 바랜 잉크 빛깔이나 흰색 페인트로 벽을 칠한 커다란 이층집들이 길을 사이에 두고 나란히 마주보고 서 있었다.

집 앞을 지나는 길은 언덕으로 이어져 있고 언덕이 시작되는 첫째 집은 거의 주인공의 집과 이웃해 있었다.

그러나 넓은 벽에 비해 지나치게 작은, 창문이나 출입문이라고 볼 수 있는 문들은 모두 나무 덧문이 완강하게 닫혀져 있어 필시 빈집이 거나 창고라는 느낌이 짙었다. 밤 12시면 전깃불이 나가고 야경꾼의 딱딱이 소리만 거리를 울린다. 찹쌀떡, 당고 장사꾼과 함께—.

큰 덩치에 비해 지붕의 물매가 싸고 용마루가 밭아서 이상하게 눈에 설 고 불균형해 뵈는 양식의 집들이었다. 그 집들은 일종의 적의로 냉담하고 무관심하게 언덕 아래를 내려다보며 서 있었다. 언덕을 넘어 선창으로 향 하는 사람들의 발길에도 불구하고 언덕은 섬처럼 멀리 외따로 있었으며 갑 각류의 동물처럼 입을 다문 집들은 초라하게 그러나 대개의 오래된 건물들 이 그러하듯 역사와 남겨지지 않은 기록의 추측으로 상상의 여백으로 다소 비장하게 바다를 향해 서 있었다.

거리에는 회칠이 된 한쪽 벽만 고스란히 남아 있는 건물이 을씨년 스럽다. 그것도 금방 헐릴 예정이다. 벽돌과 철근은 발라져 내다 팔릴 것이다. 전후라 건축 자재는 거의 없었고, 있다 해도 기껏해야 회반죽 정도였다. 시멘트는 금처럼 귀했다. 유리도 수입품이라 서민에게는 언감생심이었다.

아버지는 피난 시절의 셋방살이 혹은 다리 밑이나 천막에서 아이들을 끌어안고 밤을 새우던 기억에 복수라도 하듯 끊임없이 집 손질을 했다. 손바닥만한 마당을 없애며, 바느질을 처음 배운 계집애들이 가방의 안 쪽이나 옷의 갈피짬마다 비밀 주머니를 만들어 붙이듯 방을 들이고 마루를 깔았다.

집이 아니라 몸을 감출 칸막이가 필요했던 것이다. 주택은 커녕 주가(住家) 수준도 안 되는 원시적인 집이었다.

사람들은 개미처럼, 열심히 집을 지어 빈터를 다스렸다. 반 자른 드럼통마다 조개탄을 듬뿍 써서 해인초를 끓였다.

해인초는 해조(海藻)에 석회를 비벼 만든 것으로, 집을 지을 때 벽에 회반죽을 바르기 위해 쓰인 자연 건축 재료였다.

자유공원에 세워진 맥아더 동상. "노병은 죽지 않는다. 다만 사라질 뿐이다"라는 명언을 남긴 맥아더 장군은 실패할 확률이 높았던 인천상륙작전을 성공적으로 수행해내 국민적 영웅으로 칭송받았다.

소녀의 미래

미용사가 꿈인 그녀는 버짐투성이에다 얼굴은 노랬다. 아마 회가 동해 산토닌을 먹어 그런 것 같다.

그 소녀가 찾는 유일한 곳은 중구 송학동(松鶴洞) 응봉산(鷹峯山)에 있는 만국공원(萬國公園)이었다. 만국공원은 인천의 상징인데, 1888년 러시아인 건축기사 사바친(Afanasij Ivanobich Scredin Sabatin)이 측량하고 조성한 공원이었다. 1914년에는 니시고엔(西公園)이라는 이름을 갖고 있었고, 1950년 9월 15일 인천상륙작전시에는 관측고지(Observatory Hill)란 이름이 붙어 있었다. 그러다가 1957년 9월 15일 이곳에 맥아더 원수 동상이 세워지며 자유공원(Public Garden)이란 이름으로 바뀌었다.

어린 소녀의 눈에는 한없이 뻗어 있던 만국공원의 층계. 그 공원의 꼭대기에는 전설로 길이 남으리라 모두들 믿었던 상륙 작전의 총지휘관 맥아더 동상이 있다.

월미도를 포격하고 있는
미 해군 순양함. 오른쪽은
인천상륙작전시 불타고 있
는 인천시가.

　미 해군 순양함 톨레도(Toledo) 호가 인천 시내를 향해 함포를 쏘아
댔다. 인구 25만의 인천에서 수많은 시민이 이유도 모른 채 죽어갔다.
시가지와 건물은 온통 유엔군의 함포 세례를 받았다. 미국 뉴욕 헤럴
드 트리뷴지 특파원인 마그리트 히긴즈(Marguerite Higgins)는 "마치
전 시가 불타고 있는 듯 하다"고 표현할 정도였다.

　우리 어린 시절의 영웅이었던 더글러스 맥아더(Douglas MacArthur,
1880~1964)는 마운트 매킨리(Mount McKinley) 호를 타고 들어와 작전
을 성공적으로 수행한 후, '다그라스 맥아더'란 이름으로 동상이 되었
다. '물 위를 걷는 남자', 맥아더는 필리핀에서도 볼 수 있었다. 그는
상륙작전에서 성공하면 반드시 사진을 찍었는데, 꼭 바짓자락을 물에
적신 모습을 찍게 했다. 쇼맨쉽이 강한 정치적인 군인이었던 것 같다.

　아직 겨울이고 깊은 밤이어서 나는 굳이 사람들의 눈을 피하지 않고도
쉽게 장군의 동상에 올라갈 수 있었다. 키를 넘는, 위가 잘려진 정사면체의
받침돌에 손톱을 박고 기어올라 장군의 배 위에 모아 쥔 망원경 부분에 발
을 딛고 불빛이 듬성듬성 박힌 시가지를 내려다보았다.

　그곳에서는 시가지 전체가 한눈에 들어왔다.

공원 뒤쪽 아래에 있는 성당에서 종소리가 울렸다.

도라아보는 발거름마다 눈무울 젖은 내애 처엉춘, 한마아는 과거사를 도리켜보올 때에 아아 산타 마리아의 종이 우울리인다.

종이 울리고 있는 이 성당은 답동(畓洞)성당을 말한다. 1937년 프랑스인 시잘레 신부에 의해 세워졌다. 박문(博文)초등학교와 이웃하고 있는데, 현주소는 중구 답동 3번지이다.

시의 동쪽 공설운동장에서는 "체코, 폴란드 물러가라"라는 구호가 들려왔다. 체코, 폴란드는 중립국 감시위원단 중 공산 측이 추천한 나라였다. 유엔군 측의 정치적인 선동이었다.

프랑스인 시잘레 신부가 세운 답동성당. 사적 제287호로 지정(1981. 9. 25)되어 있다.

필자의 어머니도 가끔 여기에 동원되어 나가셨다. 언젠가는 월미도까지 가셨다가 이리 밀리고 저리 밀리는 인파에 쓸려 가방과 신발을 잃어버리고 돌아오셔서 크게 한탄하시는 소리를 들은 적이 있다. 우리 어머니는 그런 정치적인 것을 아실 리가 없는 분이었다. 자식새끼 세끼 밥이나 안 굶게 하면 족하셨던 분이었다. 부모님은 당시 배다리시장에서 쌀장사와 고추장사를 하셨는데, 어느 날 밤 도둑에게 가게를 다 털려 낙망하셨던 것이 지금도 기억에 생생하다. 그래서 나에게 인천은 슬프고도 아련한 옛 추억이 담긴 곳이다.

약소국 국민의 설움

필자가 초등학교 다닐 땐 참 고아가 많았던 것 같다. 대부분이 전쟁고아로, 성당·교회 등의 고아원에 소속되어 있었다. 창영초등학교 근처의 고아원이 가장 컸다. 그래서 고아 아닌 게 큰 행복인 때였다. 집 근처에는 미군 부대가 있었다. 내 친구도 미군 부대에 끌려갔는데, 그 후 '슈샨 뽀이(구두닦이)'가 되었다는 소문이 돌았다. 아마 미국에 건너갔을지도 모른다. 그렇다면 지금은 50대 후반이 되어서 고국을 그리워하고 있을 게다.

런닝 셔츠 바람의 지아이(GI)들이 미군 부대 안의 테니스 코트에 모여 칼 던지기를 하고 있었다.

그들은 심심한 시간을 때우러 고양이를 산 채로 죽이는 놀이를 하고 있었던 것이다. 소녀들은 식겁해서 도망친다. 이 당시 젊은 여자들의 삶이란 참으로 비참했었다. 인물 있는 여자면 대부분 갈보(蝎甫)가 되었는데, 그 중에서도 양갈보(洋蝎甫)가 많았다.

이곳 거리의 적산가옥에 사는 주민들은 양갈보에게 방을 세주고 받은 돈으로 살아갔다. 이웃에 사는 치옥은 그녀의 유일한 친구였다. 치옥의 집은 양갈보 집으로 불렸다. 치옥은 그 시대를 산 또 하나의 소녀다. 그녀의 아버지는 제분공장에 일하러 다니는데, 피댓줄에 다리가 감겨 다리를 잃었다. 치옥은 초등학교 6학년의 어린 나이에 미장원으로 일하러 나간다.

치옥의 집 이층에는 매기라는 여인이 미군 검둥이와 세들어 살았다. 매기는 제니라는 백인 혼혈아를 낳아 기르고 있었다. 다섯 살짜리 여 아니까 6 · 25 때 얻은 아이였을 것이다.

미제(美製)는 그녀의 유일한 생계수단이었기에 미군과 사는 것 외에는 별 도리가 없었을 것이다. 매기는 검둥이와 국제결혼해 미국에 갈 희망에 부풀어 있었다. 그러나 쓴물 단물 다 빨아먹은 미군이 그것을 호락호락 허용할 리 없었다.

　매기는 검둥이에게 살해당한다. 검둥이가 그녀를 집 밖으로 내던진 것이다. 그녀는 길가에 대자로 떨어져 죽었다. 미군 지프차가 달려온다. 엠피(MP)는 검둥이를 싣고 달아나듯 어딘론가 달려갔다. 그 후 어떻게 됐다는 소식이 없다.

3부

우리 삶 속의 문학동선

근대 시(詩) 속에서 다시 찾는

우리가 걷던 도시,
기웃거리던 건축물들

보라는 시는 안 보고

나는 〈현대시(現代詩)〉 쪽에서 '시와 건축'에 대해 원고 청탁을 받고 바로 쓰겠다고 용기 있게 대답했다. 그런데 그 후 이런저런 곳에 묶여 있는 시를 뒤적거려보며 나는 거의 공포(?)에 빠져들어갔다. 거의 절망 상태여서 두통까지 생길 정도였다.

우리 시(詩)에는 도시·건축 어느 것 하나 확실히 나오는 게 없었기 때문이다. 시 제목을 보고 이거다 하고 들어가면 내용은 전혀 다르기 일쑤였다. 시는 소설과는 또 달랐다. 소설에서는 그런대로 도시와 건축물이 등장하건만……. '이제 못 쓴다고 하자'라고 생각했으나 마감도 다가오고 있어 그럴 처지도 못 되었다. 내가 그동안 시를 너무 우습게 안 게 아니었나? 나름대로 시깨나 읽어봤다고 자부했는데…….

그런데 내가 시에 대해 이런저런 말을 할 계제는 아니나 좀 안타까운 점도 있었다. 왜 시에는 도시와 건축 이런 게 들어가면 안 되나 하는 것이다. 내가 전공 관계로 관심을 갖게 된 시는 대부분 도시시와 건축시 등이었다.

아마 시인들은 이런 넋두리를 하고 있는 나에게 "어디서 놀다 온 놈이 무슨 그런 객소리를 하고 있나" 하고 야단칠 것이다. 시의 본질을 망각한 꼴이기 때문에 시인들에게는 불경스런 인간일 것이다.

내가 시를 읽는 행태를 하나 고백하고자 한다. 신라 향가 '처용가'를 예로 들어보겠다.

> 서울 밝은 달밤에
> 밤 깊도록 놀고 지내다가
> 들어와 잠자리를 보니……

이 글줄에서 나의 관심은 '서울' 뿐이다. 여기서 서울은 물론 경주였을 테니 놀고 지낸 곳은 경주 시내일 것이고, 그 집은 경주의 한 한옥이었으리라. 이부자리도 거기 깔렸고—. 나의 수준은 이런 정도에서 벗어나지 않는다.

폴 발레리의 건축시

외국의 경우는 어떤가? 우리와 상반되게 프랑스의 경우는 시와 시인이 건축·도시 묘사의 제1선봉이 되고 있다. '시인의 고향', '시의 고향'이란 간판이 도시마다 건물마다 줄지어 세워져 있으며, 자연히 관광 상품으로 활용되고 있다.

사실 우리나라에서도 이런 시도가 없는 것은 아니다. 나름대로 문학 속에 등장하는 장소를 명소화하는 작업들을 해오고 있다. 그런데 왜

피부에 와 닿지 않은가. 우리가 한번 곰곰히 생각해볼 점이다.

여기서 외국 시인 예를 하나 들어보자.

프랑스 시인 폴 발레리(Paul Valéry, 1871~1945)는 온통 도시와 건축으로 시상(詩床)을 차리고 있다. 그래서 나는 '건축과 시인' 하면 제일 먼저 발레리를 생각하게 된다.

20세기 초 프랑스 지성의 대표주자로 불리는 폴 발레리는 프랑스 남부 지중해 연안 항구 도시 세트(Sète)에서 태어났다. 세트는 마르세유 다음의 큰 항구이나 우리에게는 거의 알려져 있지 않은 곳이다.

그는 어린 시절 세트에서 경험했던 여러 건축물, 자연 환경에 대한 추억을 시로 써냈다. 그 중 대표적 시가 〈해변의 묘지〉였다. 이 시는 공동묘지에 대해 묘사한 것이다. 공동묘지에서 보이는 해안 등대, 지중해 바닷가 등등이 시의 소재였다.

발레리는 이탈리아계다. 아버지는 코르시카 사람이었고 어머니는 제노아 사람이었다. 그래서인지 발레리는 부모의 고향과 시적 인연이 깊었다. 〈제노아의 한 밤〉이란 시는 제노아를 노래한 것이다. 발레리는 남부 프랑스와 북부 이탈리아를 시로 노래해 전 세계에 알렸다. 누구보다 큰 문화 전령사가 된 것이다. 발레리는 특히 "시는 건축이다"라고 고백한대로 평생을 건축적 시의 창작에 매달렸다. 건축가가 벽돌을 한 개 한 개 쌓아올려 건물을 짓듯, 낱말 하나 하나를 손질하여 시를 만들었다(加藤邦男, 《건축과 시》, 朴在森 역. 원본은 교토대학 건축과 박사학위논문, 〈폴 발레리의 건축론적 연구, 구축에 대하여―〉, 1977).

그는 "건축은 나의 정신이 안고 있는 최초의 애정 속에 큰 지위를 차지하고 있다"(〈암피온의 유래〉), "움직이는 것 위에서 움직이고 있는 한 집을 세우는 건축 기술보다 민감한 건축 기술은 전혀 없다"(〈바다를 바라본다〉)고 말하였다.

오 나의 침묵이여!······ 영혼 속의 건물

그러나 수천의 기와가 물결치는 황금의 지붕이여!

그는 건축 예찬론자였다. 이는 비단 프랑스 건축가에게만 고마운 일
이 아니다.

건축가도 시인이어야

오늘날 건축과 지망생들 대부분은 돈을 벌러 건축과에 온다. 건축가
라는 직업이 멋있어 보여서 오는 경우도 때론 있다. 아름다운 건축물
을 제 손으로 설계하는 기쁨을 맛보러 와야 하는데 말이다. 사실 이들
은 진실을 보게 되면서 차츰 좌절하게 된다. 건축계의 판도는 이미 말
릴 수 없는 지경까지 와 있기 때문이다.

건축가는 시인이어야 하는데 우리는 그럴 수 없는 풍토에 살고 있다.
우리 건축, 우리 시의 비극은 거기서 태어나는 걸 게다.

시인들은 우리 도시에 산다. 그리고 그곳에서 건축을 경험한다. 우
리 시인, 근대시를 보아도 시인이 처한 환경은 건축을 노래할 수 있는
상황이 아니었다. 아름다운 건축이 모여 아름다운 도시를 이루었다면
시인들은 수많은 건축시·도시시를 읊었을 것이다. 그러나 먹고 사는
문제가 더 시급했던 시절, 더구나 식민지시대에 그것은 불가능한 일이
었다.

아마 내가 처음 접한 시는 교과서에 실린 애국시·전쟁시 등이었을
것이다. 그래서 시하면 얼핏 떠오르는 게 저항시였다. 서정시·서사시
는 사춘기 소년 때 이야기였을 뿐이다. 민도(民度) 역시 결국 시에 귀
납된다. 해방 후 우리 국민 모두가 아름다운 건축물을 짓는 데 정성을
쏟았다면 해방 후 시도 달라졌을 것이다. 독재와 부정부패가 없는 세

상이었다면 저항시도 나오지 않았을 것이다. 따라서 우리 시를 슬프게 만든 원죄는 우리 모두에게 있다.

1993년인가 일본에서 '이상(李箱)과 건축'에 대해 강의를 할 때 어떤 일본인 건축과 학생이 물었다. "이상은 어떤 시인이었습니까." "이상은 천재시인이었습니다." "그럼 윤동주는 민족시인이었습니까?" "잘 알고 있군요!"

발레리는 천재시인이라고도 민족시인이라고도 하지 않는 것 같다. 그래도 평생을 시를 위해 바친 이 프랑스 시인은 행복한 시인이었던 모양이다.

몇 편의 시를 읽으며

이제 도시와 건축물을 그린 시 몇 편을 꺼내보기로 하자. 일반적인 시집에서 무작위로 추출하였을 뿐, 평론가의 전문적인 시각으로 뽑은 것은 아니다. 고인의 시를 위주로 했고, 전재하진 않고 나름대로 일부 생략했다.

먼저 심훈(沈熏, 1901~1936)의 〈그날이 오면〉(1932)이 있다. 얼마 전 사정이 있어 천안 독립기념관에 갔었는데, 그 초입에 이 시비가 혼자 비를 맞으며 서 있었다. 그가 쓴 친일 수필 〈홍대(鴻大)하압신 성은(聖恩)〉(〈매일신보〉, 1943. 8. 3)은 벌써 잊었는가.

그날이 오면
그 날이 오면, 그 날이 오면은
삼각산이 일어나 더덩실 춤이라도 추고
한강물이 뒤집혀 용솟음칠 그 날이
이 목숨이 끊어지기 전에 와 주기만 하량이면

나는 밤하늘에 날으는 까마귀와 같이
종로의 인경을 머리로 드리받아 울리오리다……

그날이 와서, 오오 그날이 와서
육조 앞 넓은 길을 울며 뛰며 뒹굴어도
그래도 넘치는 기쁨에 가슴이 미어질 듯하거든
드는 칼로 이 몸의 가죽이라도 벗겨서
커다란 북을 만들어 들쳐 메고는
여러분의 행렬에 앞장을 서오리다……

일제 치하 1930년대 심훈의 눈에 비친 서울이기도 하다. 삼각산과
한강, 그리고 종로와 육조 거리가 서로 다른 스케일로 대치되고 있다.
요즘도 광화문 거리에서 삼각산을 바라보는 사람이 있을까.
다음은 유치환(柳致環, 1908~1967)의 〈의주ㅅ 길〉이 있다. 의주 길
은 서대문에서 독립문을 거쳐 의주로 가는 서울의 북방 루트이다.

의주ㅅ 길
장안을 나서서 북쪽가는 천 리 길
아카시아 꽃수술에 꿀벌 엉기는
이 길을 떠나면 다시 오지 안하리니……

천리 길 너 생각에 하염없이 걷노라면
하늘도 따사로이, 뒷등도 따사로이
가며가며 쉬어쉬어 울 곳도 많아라.

서울 장안을 나서 의주까지 천릿길을 걷는다. 가는 길 쉬어가며 울 곳도 많다고 했는데 어디서 울까나. 개성, 평양…… 지금은 갈 수 없는 길이지만, 언젠가 통일되면 우리 역사를 생각하며 무한정 걷고 싶다.

김소월(金素月, 1902~1934)이 그린 〈왕십리〉도 흥미롭다. '강변 살 자' 던 그가 왕십리를 다룬 것이다. 왜 왕십리를 썼을까 궁금하다. 서울 왕십리—. 사실 그곳은 서울 시민들에게조차 소외된 지역이다. 김소월은 1934년 이전의 왕십리를 우리에게 남겨주고 갔다. 나 자신 그 시가 없었다면 왕십리에 대해 아무런 관심도 없었으리라. 고작 "왕십리 파리" 하면서 말이다.

왕십리
비가 온다.
오누나
오는 비는
올지라도 한 닷새 왔으면 좋지.

여드레 스무날엔
온다고 하고
초하루 삭망이면 간다고 했지.
가도 가도 왕십리 비가 오네.

웬걸, 저 새야
울랴거든
왕십리 건너가서 울어나 다고,

비 맞아 나른해서 벌새가 운다.

천안에 삼거리 실버들도
촉촉히 젖어서 늘어졌다네.
비가 와도 한 닷새 왔으면 좋지.
구름도 상마루에 걸려서 운다.

비가 오는 날 왕십리를 찾아가고 싶다. 그 길 변에 남은 것은 하나도 없겠지만—. 왕십리와 천안은 이 시로 이어지고 있다.

좀 구체적으로 도시와 건축을 노래한 시를 찾아보자. 파인(巴人), 김동환(金東煥, 1901~?)의 〈승천(昇天)하는 청춘〉(1925)이다.

승천하는 청춘

새벽에 장안 만 호를 가라 타고 있다. 북(北) 백악(白岳)에서 앞 남산까지 창(娼)년 가치 네가 달 쭉버린 서울이 가을밤 깁흔 새벽에 목마를 타고 눕고 잇다.

총독부, 청년회관, 대한문, 경복궁 대궐안, 종각 모퉁이, 남대문 교회당, 진고개 배오게…….

우뚝 뿌뚝 올니민 돌집, 기와집, 양남집, 초가집, 공그리도 길, 돌다리 길, 오솔 길……

그는 1920년대 초 서울의 도시 풍경과 새로이 들어선 건축물을 스케치하고 있다. 조선총독부 청사는 1926년 10월 1일 11시에 준공되었다. 김동환은 공사 중인 이 건물을 벌써 시에 담고 있다. 청년회관은 종로 YMCA를 말한다. 거리의 길바닥과 집 모양도 묘사하고 있다.

이상재(李商在, 1850~1927)는 1927년 신간회사건으로 서대문형무소에 투옥되어 받았던 옥고를 생각하며 다음과 같은 시를 남겼다.

구치감 차 속에서 읊다
함거(函車)가 서쪽으로 나아갈 때
해는 이미 저물었다.

독립문아, 오직 너만이 우뚝 서
20여 년 지난 일……

김광섭(金珖燮, 1905~1977)도 1941년 학생들에게 민족의식을 고취시켰다 하여 일제에 의해 서대문형무소에 투옥되었다. 3년 8개월 1,300여 일을 연옥(煉獄) 같은 형무소에서 복역했다. 독방 62호실이었다. 그의 시 〈벌(罰)〉을 읽어본다.

벌
나는 이천이백이십삼번
죄인의 옷을 걸치고
가슴에 패를 차고
이름 높은 서대문 형무소
제3동 62호실
북편 독방에 홀로 앉아……

똥통과 세숫대야와 걸레
젓가락과 양재기로 더불어

추기 나는 어두운 방
널판 위에서 살아왔다.

서대문형무소를 노래한 시는 대부분 독립지사들의 것이다. 붉은 벽
돌담, 감금한 문, 옥창(獄窓), 철창, 자물쇠와 빗장 그리고 두터운 벽
과 쇠고랑이 묘사된다. 강도, 살인범, 소매치기의 시는 없다.
김광섭은 노래한다.

일본아 너는 물러 갔느냐
나는 너의 나라를 주어도 싫다

해방이 되고, 이어 6·25를 맞았다. 서울은 적의 손에 들고 피난민
들 앞에는 가시밭길이 펼쳐졌다.
6·25 때 지방 도시를 제목으로 한 시가 있다. 김동명(金東鳴,
1900~1968)의 피난시첩 중의 〈大田〉이다. "1950년 7월 상순 어느 날,
나는 피난 보퉁이를 질머지고 이곳을 지났었다"가 부제다. 〈사상계〉
(1959.1)에 실려 있다.

大田
멋 없이 헤벌어진 품이
흡사 露天劇場

그러나 오늘날은
우리의 臨時首都,

歷史를 漂流하는 집씨 무리의
슬픈 寄留地어라.

장독대 앞에 石榴꽃 한송이
비에 저는 저므럼

詩人은
부처님을 등지고,

섬돌 위의
낙수물 소리를 듣는다.

　도시가 개발되고 건축물이 들어서며 그리운 고향 마을들이 파괴되는 것을 보고 안타까워하는 시들도 있다.
　이호우(李鎬雨, 1912~1970)가 쓴 〈살구꽃 핀 마을〉을 읽어본다.

살구꽃 핀 마을
살구꽃 핀 마을은 어디나 고향 같다.
만나는 사람마다 등이라도 치고지고.
뉘 집을 들어서면은 반겨 아니 맞으리.

바람 없는 밤을 꽃그늘에 달이 오면,
술 익는 초당마다 정이 더욱 익으리니,
나그네 저무는 날에도 마음 아니 바빠라.

우리 모두 이렇게 오랫동안 흙을 밟고 살아왔다. 그렇게 산다는 것은 거의 신앙적인 믿음이었다. 그러나 지금은 다 사라지고 없다. 우리 모두 도시 농촌 개발 등에 밀려 고향을 잃고 있는 것이다. 추석날만 고향이 존재했다. 고향 땅에서는 이제 땅값 계산하기 바쁘다. 살구꽃 냄새는커녕 온통 시궁창 냄새뿐이다. 골목 어귀도 잡쓰레기 더미로 채워져 있다. 그 골목길을 자가용이 횡행한다. 우리는 왜 우리 것을 보존하지 못하는가. 우리만 살다 가면 그만인가. 다정한 이웃과 술 익는 초당(草堂)에서 한 잔 걸치며 담소를 나누면 얼마나 좋을까.

김상용(金尙鎔, 1902~1950)의 〈남으로 창을 내겠소〉에서는 1939년 이전의 교외 풍경을 볼 수 있다.

남으로 창을 내겠소
남으로 창을 내겠소
밭이 한참 갈이
괭이로 파고
호미론 풀을 매지요.

구름이 꼬인다 갈 리 있소.
새 노래는 공으로 들으랴오.
강냉이가 익걸랑
함께 와 자셔도 좋소.

왜 사냐건
웃지요.

우리는 앞마당이 있는 남향집, 그것을 우리 주거의 표본으로 생각한다. 이제 우리나라의 대부분은 온통 아파트로 채워지고 있다. 농촌·산촌·어촌도 아파트가 그 아름다운 경관을 망치고 있다. 김상용이 나에게 왜 사냐고 물어오거든, "그냥 살지요"라고 밖에 할 말이 없을 것 같다.

신석초(申石艸, 1909~1975)도 산수 파괴에 피를 토한다. 〈사상계〉(1963.11)에 실린 〈신흥주택가〉를 다시 읽어본다.

新興住宅街
골패 짝 같은 것들. 물감들인
종이 쪼각 같은 것들.
立春날 액맥이로 뿌려논
종이 돈 같은 것들.

줄줄이 늘어 서서,
모다 꼭 같은 문, 꼭 같은 담,
모다 꼭 같은 창
類型의 人間집들이여.

드러 난 볼기짝만한
이 터전은
하루 아침에 '불도자'로
언덕배기를 밀어 젯친 것이다.

날씬한 이 材木들은
카나다나 칼리포니아에서

원조물자로 얻어 온 것,
얄팍얄팍한 이 壁은
'부로크' 위에다 횟가루를
발러 놓은 것이다.

달을 바라보며 임을 기다릴
숲이 없고나.
조용히 기대 설 정자도 없고
아침 이슬을 길을 蓮못도 없고
비밀한 몸짓을 가리울
완자창도 없고나.

그래도 알량한 이 거리에
최신형 고급 세단차와
새나라차가 드나든다.
오, 낯이 부끄러운
다락같은 산수의 둘레여.
한국의 푸른 하늘밑이여.

남의 집 같은 이 뜰악에서
우리는 아들 딸들을 길러야 한다.
뒷날 나라가 번영하여
이곳에 소슬大門이 서고
꽃밭이 우거질 것을 꿈꾸며
우리는 살아가야 한다.

다음은 성북동을 노래한 김광섭의 〈성북동 비둘기〉다. 아마 제일 많이 읽히는 시이리라. 성북동 사람들도 읽고 있는지는 모르겠지만―. 한번 성북동을 상상하며 읽어본다.

성북동 비둘기
성북동 산에 번지가 새로 생기면서
본래 살던 성북동 비둘기만이 번지가 없어졌다.……

성북동 메마른 골짜기에는
널찍한 마당은 커녕 가는 데마다
채석장 포성이 메아리쳐서
피난하듯 지붕에 올라 앉아
아침 구공탄 굴뚝 연기에서 향수를 느끼다가
산 1번지 채석장에 도로 가서
금방 따낸 돌 온기에 입을 닦는다.……

이제 산도 잃고 사람도 잃고
사랑과 평화의 사상까지
낳지 못하는 쫓기는 새가 되었다.

35년 전인 1969년 성북동은 신주택가로 개발될 시점이었다. 성북동 난개발의 시작이었다. 성북동의 돌산들은 건축업자들에 의해 파헤쳐졌다. 김광섭은 시인의 눈으로 그 횡포를 고발한 것이다. 지금도 도처에서 이 같은 일이 반복되고 있다. 우리가 시를 안 읽어서 도시가 황폐해져가고 있는가? 단정할 수는 없지만 생각해볼 점이다.

여기 또 우리 주변 공간을 시로 읊은 이가 있다.

한성기(韓性祺, 1923~1984)의 〈역〉. 이 시는 조그만 시골역을 그렸다. 그는 의자 하나 없는 빈 대합실에 서 있다.

역
푸른 불 시그널이 꿈처럼 어리는
거기 조그마한 역이 있다.

빈 대합실에는
의지할 의자 하나 없고
이따금
급행열차가 어지럽게 경적을 울리며
지나간다.……

아득한 선로 위에
없는 듯 있는 듯
거기 조그만 역처럼 내가 있다.

요즘은 시골 간이역도 다 사라지고 있다. 몇 년 전 나주역을 보존한다는 뉴스가 있었다. 늦은 감이 있지만 어쨌든 다행이다. CF에서나 가끔 볼 수 있는 시골역이다. 시골역은 우리의 과거가 농축된 장소다. 서울로 혹은 부산으로, 목포로―. 작게는 한 가족사가 크게는 한 시대사가 담겨 있다.

지금 신촌역도 신음 중이다. 이화여대와 연세대 사이에 끼어 갈등하고 있다. 우리 모두 함께 지켜내야 할 역사(歷史)이자 역사(驛舍)다.

기독교 교인이었던 윤동주(尹東柱, 1917~1945)는 우리에게 교회당을 보여주고 있다. 아마 어린 시절을 생각하며 쓴 것 같다.

십자가
쫓아오던 햇빛인데
지금 교회당 꼭대기
십자가에 걸리었읍니다.

첨탑이 저렇게도 높은데
어떻게 올라갈 수 있을까요.

종소리도 들려오지 않는데
휘파람이나 불며 서성거리다가,……

지금 이런 교회당 건물은 크리스마스 카드에나 남은 게 아닌가. 교회당 종소리도 사라진 지 오래다. 교회는 커다란 몸집에 욕심이 가득 찬 곳으로 변해가고 있다. TV에서 보는 종교 집회는 덕이 안 되고 있다. 힘겨운 개척 시절을 보낸 목사는 과거를 잊고 세습으로 덧칠을 하고 있고ㅡ.

김종문(金宗文, 1919~1981)의 〈의자〉는 실내 가구를 묘사한 것이다. 왜 그는 의자에만 집착하는가. 그가 접한 신문화란 그것뿐이었는가.

의자
내가 서양 문명의 혜택을 입었다면
그것은 단 한 가지, 의자이다.

그렇지만 나의 의자는

바로크풍이나 로마네스크풍과는 거리가 멀고

더우기 대감들이 즐기던 교의 따위도 아니다.

나의 의자는 강원도산 박달나무로

튼튼한 네 다리와 두터운 엉덩판과 가파른 등이

나의 계산에 의해 손수 만들어졌고

칠이라고는 나의 손때 뿐이다.……

낮을 밤에 이어 시를 쓰노라면

나의 의자에서 시가 우러나며

나의 다리, 나의 엉덩판, 나의 등이 되어

때로는 지하 8척 아래로, 때로는 구중의 탑 위로

나를 운반하지만

나의 의자는 항시 제자리에 있다.

나의 의자는 세계의 축, 나의 만세반석이다.

세상에는 빈 것이 하도 많지만

나의 의자는

비록 공석중이라도 비어 있지 않다.

시 속에 도시가 있고 건축물이 있다. 시는 짧아서 소설보다 더 선호도가 높다. 이것들은 죽어 있는 것이 아니다. 다시 태어나야 하는 것들이다.

시는 우리네 삶의 표현이기도 하지만, 나 같은 이에게는 역사 연구의 한 교본이 되기도 한다. 근대 건축사 연구에 좋은 자료가 되기 때문이다. 영창(影窓)을 열고 신작로(新作路)로 나서고 싶다.

우리 문학 작품에 나타난
'문학동선(文學動線)'*

문학과 건축 사이에서

건축물은 우리 삶의 질을 결정한다. 아름다운 건축물은 풍요로운 인생살이를 가능케 해준다. 그러나 우리의 건축이 사람들을 만족치 못하게 한 원인은 건축학과 인문학 양자 간의 거리감에서도 찾을 수 있다. 건축물은 건축가만 이용하는 것도, 즐기는 것도 아닌데 우리는 건축을 건축가의 몫으로만 넘기고 있다.

식민지 도시·건축에 대한 의도적 무관심은 세기말을 지나 오늘에 이어지고 있다. 인문학자들은 도시·건축을 다루는 데 인색하다. 문학가들이 도시·건축에 대해 관심을 갖고 밖으로 표현해낼 때, 우리 도시와 건축은 사람들에게 한층 가까이 다가갈 수 있을 것이다.

후대의 우리는 지난 세대의 소설 속에서 많은 장소성을 찾을 수 있을 것이다. 분명 우리 근대 문학 속에서 도시·건축은 우리의 역사를

* 《문학 속 우리 도시 기행》 1, 2권을 저술하게 된 목적과 배경 및 본문에서 다룬 문학 작품의 문학동선 등을 체계적으로 정리하여, 독자들이 본서를 한층 깊이 이해하도록 돕는 장이다(출처 : 김정동, 〈목원대학교 논문집〉 제43집, 2003.8).

담는 그릇이 될 것이다.

우리는 장소성*으로 우리와 연결되는 도시·건축을 읽어야 한다. 이제 노하우(Know-How)보다 노웨어(Know-Where)가 더 중요한 시대다. 역사가 숨쉬는 장소성은 의미 있고 값지기 때문이다. 우리의 건축을 보는 눈도 여기 맞춰져야 한다.

우리 근대 건축사를 연구하다보면 자료 수집에 있어 종종 한계를 느끼게 된다. 연구를 하려면 실제로 보고 만지고 느낄 수 있는 실물이 필요한데 그게 없는 것이다. 건축물은 나이를 먹으면 헌집이 되어 헐려나가고, 도로를 낸다며 일시에 한 줄로 뜯겨져버리기도 했다. 그래서 우리 근대사의 흔적은 거의 다 사라져버렸다. 종로 거리가 바로 그런 경우다.

김일엽(金一葉, 1896~1971)은 1933년 어느 글에서 다음과 같이 적고 있다(〈청춘을 불사르고〉, 범우사, 1976, 52쪽).

……어떤 선생은 종로 네거리로 활보하는 무리가 60년만 지나면 전멸할 것이고, 60년 후에 종로를 걷는 사람은 죄다 새 사람일 것이라는 말씀을 하셨다.……

이제 60년 이상의 세월이 지나갔다. 그동안 많은 사람이 나고 죽고, 셀 수도 없는 건물들이 세워졌다 허물어졌다. 종로는 지금 이름만 남아 있다.

그런 가운데 그나마 희망이 된 것은 근현대 소설들이었다. 작가들이 소설 속에 도회지(都會地), 농어촌뿐 아니라 각종 건축물을 그려놓은 것이다. 더구나 해방 전 소설들은 북한이 무대가 된 경우도 많았다. 비록 소설적 상상력과 형용사적인 표현으로 장소와 건물을 가상으로 그리고 있으나, 이만큼 현실적 단서가 되는 자료도 없다.

따라서, 필자는 이러한 근대 문학 작품 속의 도시와 건축을 중심으로 문학과 사회를 읽음으로써, 우리 근대사 속의 '문학동선'을 찾고자 했다. 문학 작품에서 건축과 도시를 '먼저 맛보기(foretaste)' 하는 것이다. 일종의 사전 '훑어보기(skimming)'인 셈이다. 이는 우리 근대 도시와 건축 공간에 대한 이해의 폭을 넓힘과 아울러, 문학 작품을 통해 다시금 건축이 지닌 문화적 코드로서의 가능성을 확인하는 계기가 되리라 기대한다.

본문에서는 우리나라 근·현대 시기를 소재로 한 문학 작품 중 소설을 주로 다루었다. 내용적 범위로는 크게 근대 시기에 씌어진 작품과 근대 이후의 것이라 할지라도 근대 시기를 다룬 작품은 대상에 포함하였다. 작품의 지역적 범위는 한정하지 않고, 가상의 공간을 포함하되, 가급적 공간 및 건축 등에 대한 묘사가 사실적인 작품을 선별·분석함으로써 본서의 목적에 더욱 부합할 수 있도록 작업을 했다. 아울러 작가나 작품의 친일·식민적 성향은 장소성 분석에 직접적인 영향 요소가 아닌 만큼 대상에서 제외하지 않았다.

이러한 기준을 바탕으로 필자가 그간 출간 및 기고를 통해 다루었던 41건의 문학 작품을 대상으로 했다.*

본서는 대상 작품 41건 속에 등장하는 '장소'에 대한 분석에 초점을 맞추었다. 이를 위해, 작품 속에서 언급된 '장소'를 크게 공간적 배경이 되고 있는 '도시'에 대한 관점과 그 속에 구체적으로 드러나고 있는 '건축물을 비롯한 시설물 및 지명' 등으로 구분하여 접근하였다.

공간적 배경이 '도시'의 경우, 줄거리상의 관련성을 분석하고, 아울러 이야기 진행상 동선의 이동이 발생하고 있는지를 확인하였다. 이동 동선이 확인될 경우, 경로를 추적하였으며, '건축물을 비롯한 시설물

* 졸저 《문학 속 우리 도시 기행》 1권, (옛오늘, 2001) 과 〈월간 포아〉에 연재 (2000. 3~ 2002. 9)한 〈김 정동의 문학동선〉 등을 중심으로 했다.

및 지명'의 경우, 실존하거나 가상의 것이라 하더라도 실존 대상을 모델로 설정하여 어떻게 묘사되고 있는지에 대해 살펴보았다.

우리 문학 속 도시와 건축

동·서양의 건축은 도시 속에 실체로 존재해왔기 때문에 당대를 살아가는 사람들에게 흥미로운 관심거리였다. 따라서 도시·건축은 종종 그 자체가 문학·미술·영화 등의 주제가 되곤 했다.

우리는 지난 세대의 소설에서도 많은 장소성을 찾을 수 있고, 그것이 우리의 삶에 어떠한 영향을 끼쳤는지도 살펴볼 수 있다. 우리 문학에서 근대적 개념의 도시·건축 도입은 1876년 개항 이후부터였다. 이 배경이 의식적 또는 선택적으로 처음 나타난 것이 개화기 소설이었다.

서양 문학에서는 유럽이라는 큰 대륙을 무대로 하고 있기 때문에 더 구체적이고 작업의 틀도 크다. 우리 문학에서는 우리나라, 중국, 일본이 주무대였다. 미국과 유럽은 거의 등장하지 않는다. 보통 지명 정도만 거론되는 정도다. 이광수의 《무정》에서 시카고, 베를린 대학의 경우가 그 예다. 우리의 도시 공간 역시 막연한 도시명에 이름 없는 건축물이 주를 이루는 등 구체적이지 않고 개념적으로 흐른 경우가 대부분이다.

근대에 서울을 비롯한 도시라는 장소는 결코 자랑스러운 곳이 아니었다. '서울이 아름답다'는 인식도 거의 없었다. 먹고 사는 것에 매달려 도시·건축은 인식 대상도 아니었다. 따라서 긍정적인 측면보다 부정적인 면이 더 부각되곤 했다. 집은 초가이고 길거리는 불결하고, 우마차가 거닐고…… 등등의 수준이었다.

우리 문학가들은 근대사를 그리며 몇 가지 고민에 빠졌다. 근대화 시기에는 어떻게 민중을 계몽하여 문명 개화(開化)할 것인가. 또한 어떻게 하면 전통적인 봉건 사회를 청산하고 새로운 근대 사회로 발전할 수 있을 것인가 하는 것이었다.

> "어두운 잠에서 밝은 시대로, 새로운 바람이 우리를 일깨우는 거야. 이젠 오랜 겨울이 가고 새봄이 온 것이라고 사람들은 말하고 있잖아." (이미륵, 《압록강은 흐른다》)

전통과 근대, 혼돈과 질서가 어지러이 충돌하고 융합하였던 근대화 과정 속에서 그래도 우리는 희망을 잃지 않고 있었다.

소설의 주제는 근대화에 맞춰졌다. 주변 국가에서의 독립, 교육 계몽, 주거 개선 등이 주 내용이었다. 이것을 무대로 삼은 공간이 바로 개항장·서울·평양 등의 도시와 건축이었다. 화륜선·신작로·철도 등의 도시 시설과 학교·정거장·우체국·교회·경찰서·형무소·온천장·카페 등 건축적인 것들이 그것이었다. 이 장소들이 구체적으로 드러나는 경우가 많아졌다.

식민 치하에서 일제의 간악무도함을 드러내거나 어떻게 독립을 이룰 것인가 하는 주제는 항상 두 줄의 붉은 선으로 그어졌다. 도시화와 사회 문제 등 병리적인 현상들에 대한 비판 역시 억제 당했다. 또한 식민지 도시·건축에 대한 자랑은 식민지 정책에 뇌화부동하는 것으로 인식되어 비판받을 수밖에 없었다. 따라서 대부분의 저자들은 역사에 대한 간접적인 은유나 도시·농촌 빈민층의 모습을 그리는 데 그칠 수밖에 없었다. 현실적 공간을 주축으로 삼아 사랑과 결혼, 그리고 농촌 계몽 등을 제한적으로 다루었다.

해방 후, 시대 상황 전개가 서민들의 삶을 고통스럽게 했던 것은 일제시대와 별다르지 않았다. 6·25 전쟁을 겪으면서는 미·소 이데올

로기 대립의 문제와 가난을 극복하는 게 급선무였다. 문학가들은 서민의 좌절과 방황을 장소 도시라는 피난지를 통해 보여주었다. 그들은 산비탈로 올라가야 하는 절박한 현실 속에 살아보려고 발버둥치는 사람들에게 위안을 주려 했다. "너만 그런 것이 아니다" 하는—. 그러나 그 공간에서조차 우리 손으로 된 건축물은 거의 없었다. 외세(外勢)와 왜세(倭勢)의 건축물들뿐이었다. 도시 공간 구조의 변화 속도는 너무 느렸다.

이인직의 《귀의 성》에서부터 오정희의 《중국인 거리》까지

본문에서 다룬 문학 작품을 발표 연대순으로 정리하면 옆의 〈표 1〉과 같다.

우리 근대 문학 작품 속의 무대는 이제 세월이 흘러 우리 눈에 보이지 않는 경우가 대부분이지만, 글 속에는 그것이 원향(原鄉)처럼 남아 있다.

문학가들이 도시·건축에 대한 관심을 갖고 표현해낼 때 우리 도시와 건축은 사람들에게 더 가까이 다가갈 수 있을 것이다. 필자가 우리 근대 문학에서 우리의 역사적 현장을 찾는 것도 바로 그런 이유에서다.

분석 대상 문학 작품 속에 나타나는 시대적 배경은 〈표 2〉와 같다 (288쪽 참고).

1930년대의 것이 13건으로 가장 많았고, 다음으로 1950년대 7건, 1920년대 6건, 1940년대와 1960년대가 각각 4건 등으로 나타나 일제 시대 전후를 배경으로 한 작품이 약 26건으로 전체 중 62퍼센트를 차지하고 있다. 1900년대를 배경으로 한 작품은 없다.

분석 대상 중 김동인의 《백마강》의 경우, 백제기를 다룬 소설로서

〈표 1〉분석 대상 문학 작품

연번	도서명 및 저자	출간 및 기고	문학적 분류 및 평가	주요 인물
01	《귀의 성》, 이인직(李人稙, 1862~1816)	1906년 ; 〈만세보〉 1906.10~1907.5	신소설	강길순 : 주인공, 강동지의 딸, 김 승지의 첩 강동지 : 강길순의 부친, 평범한 가장, 복수극 주도 김 승지 : 춘천군수, 무능 오리의 전형.
02	《무정》, 이광수(李光洙, 1892~1850)	1917년 ; 〈매일신보〉, 126회, 1917.1.1~6.4	장편소설 ; 우리나라 최초의 장편소설. 한국 근대 문학의 기점	이형식 : 주인공, 경성학교 교사, 김선형의 가정교사 김남작 : 친일파, 경성학교 설립자 김광현 : 친미파, 서울예수교회 장로, 재산가 김선형 : 김광현의 딸, 정신여학교 졸업생 박영채 : 박 진사의 딸, 19세의 기생, 순종적 여인 김병욱 : 반봉건적, 진취적인 신여성
03	《환희》, 나도향(羅稻香, 1902~1926)	1922년 ; 〈동아일보〉 1922.11.21~3.21	장편소설 ; 우리나라 최초의 대중적 베스트 셀러	이영철 : 주인공 이혜숙 : 이영철의 여동생 김선용 : 이영철의 친구, 이혜숙을 흠모하는 문학청년
04	《만세전》, 염상섭(廉想涉, 1897~1863)	1924년 ; 〈시대일보〉, 59회, 1924.4.6~6.7	장편소설 ; 여로소설	나(이인화) : 주인공, 도쿄 W대학 문과 재학 중인 22세 　　　　　의 문학청년 아내 : 순종적 여인, 정자–술집 여급으로 이지적이고 진 　　　취적인 인물, '나'의 애인 을라 : 고베 C음악학교 학생, 25~26세의 신여성
05	《고향》, 현진건(玄鎭健, 1900~1943)	1926년 ; 〈조선일보〉, 1926.1.4	단편소설 ; 액자소설	나 : 화자 그 : 주인공, 식민지 농민의 전형 그녀 : 농촌의 황폐화로 창녀촌에 팔려간 여성
06	《낙동강》, 조명희(趙明熙, 1894~1838)	1927년 ; 〈조선지광〉, 7월호	단편소설 ; 민족 해방 투쟁의 전망을 보여준 이정표적 작품	박성운 : 주인공, 구포의 가난한 어부의 손자이자, 농부 　　　의 아들, 항일독립운동가 로사 : 박성운의 연인, 백정(白丁)의 딸, 신여성
07	《과도기》, 한설야(韓雪野, 1900~1979)	1929년 ; 〈조선지광〉, 4월	단편소설	창선 : 주인공, 만주로 이주한 조선인
08	《누이동생을 따라》, 최서해(崔鶴松, 1901~1932)	1930년 ; 〈신민〉, 2월호	단편소설 ; 액자소설	박순남 : 주인공, 평북 영변 출신
09	《구름을 잡으려고》, 주요섭(朱耀燮, 1902~1979)	1930년 ; 〈동아일보〉	장편소설	박준식 : 주인공, 개발회사 직원 순애 : 박준식의 처 쯤미 : 박준식의 아들

연번	도서명 및 저자	출간 및 기고	문학적 분류 및 평가	주요인물
10	《마도의 향불》, 방인근(方仁根, 春海, 1899~1875)	1932년 ; 〈동아일보〉, 11.5~6.12	도시소설	영철 : 주인공, 경성제국대학 학생 김애희 : 영철의 애인, 이화여전 학생 이달 : 영철의 라이벌, 남작의 아들
11	《삼곡선》, 장혁주(張赫宙, 1905~?)	1934년 ; 〈동아일보〉, 1934.9.26~ 1935.3.2	장편소설 ; 친일통속소설	윤창진 : 주인공, 도쿄 유학생, 시인 강정희 : 자유연애주의자 이상수 : 금성당 서점주, 유부남, 강정희 흠모 김종택 : 무위도식형 재산가, 유부남, 강정희 흠모 서영주 : 기독교관리인여학교 출신, 정숙한 여성
12	《헐어진 청년회관》, 박화성(朴花城, 1904~1988)	1934년 ; 〈조선청년〉, 창간호	단편소설	효주 : 주인공
13	《김 강사와 T교수》, 유진오(兪鎭午, 1906~1987)	1935년 ; 〈신동아〉, 1월	단편소설 ; 최초로 대학캠퍼스를 무대로 한 소설	김 강사(김만필) : 주인공, 동경제국대학 독일문학과 졸 업, S전문학교 시간강사 T교수 : 출세주의 속물형 일본인 교수
14	《상록수》, 심훈(沈薰, 1901~1936)	1935년 ; 〈동아일보〉	장편소설 및 계몽소설 ; 동아일보 창간15주 년 기념현상공모 당선 작	박동혁 : 주인공, 고등농림학교 학생, 농촌계몽운동가 채영신 : 박동혁의 연인, 농촌계몽운동가 강기천 : 고리대금업을 하는 친일 지주
15	《추회》, 엄흥섭 (嚴興燮,1906~?)	1936년 ; 〈문학〉, 4월호	단편소설	나 : 주인공, 소설의 화자, 강경 출신 방순이 : 나의 어린 시절 여자친구
16	《장산곶》, 강경애(姜敬愛, 1906~1943)	1936년 ; 〈오사카마이 니치(大阪毎日)〉, 1936.6.6~10	단편소설	김형삼 : 주인공, 일인어업조합 어부 요시오(吉尾) : 일본인, 어장 주인 시무라(志村) : 일본인 어부, 김형삼의 친구
17	《천변풍경》, 박태원 (朴泰遠, 1909~86)	1936년 ; 〈조광〉, 전편 1936.8~10 속편 1937.1~9	장편소설 ; 리얼리즘의 확대(최재서), 세태소 설적 경향의 작품(임 화)	재봉이 : 15, 6세의 이발소 사환. 민주사 : 50대 사법서사, 배금주의자. 하나코 : 20세의 카페 여급
18	《날개》, 이상(李箱, 김해경, 1910~1937)	1936년 ; 〈조광〉, 9월호	단편소설 : 건축가가 쓴 소설. 1930년대 대 표적 도시건축소설	나 : 주인공, 무기력한 남성상 아내 : 나의 아내, 매춘부, 가학적 여성상
19	《따라지》, 김유정 (金裕貞, 1908~37)	1937년 ; 〈조광〉, 2월호	단편소설	주인공 : 경무과 제북공장 직공의 동생, 소설가 아끼꼬 : 창씨개명한 조선 여인

연번	도서명 및 저자	출간 및 기고	문학적 분류 및 평가	주요인물
20	《복덕방》, 이태준 (李泰俊, 1904~?)	1937년 ; 〈조광〉, 3월호	단편소설	안(安) 초시(初試) : 주인공, 복덕방 주인 안경화(安京華) : 안 초시의 딸 서(徐) 참의(參議) : 복덕방 공동운영 박희완(朴喜完) : 복덕방 공동운영
21	《탁류》, 채만식(蔡萬植, 1902~1950)	1937년 ; 〈조선일보〉, 1937.10.12~ 1938.5.17	장편소설 ; 근대 시기 대표적인 풍자소설(항 일의식 은유화)	정초봉 : 주인공, 정 주사의 맏딸, 비극적 인물 정계봉 : 정초봉의 여동생 정(丁) 주사 : 도시 하층민, 무능한 가장 고태수 : 은행원, 호색 방탕아 장형보 : 고태수의 친구, 간특하고 교활한 곱추 남승재 : 의사 지망생, 사회주의자
22	《은은한 빛》, 이효석(李孝石, 1907~1942)	1940년 ; 〈문예〉, 일본	단편소설	현욱 : 주인공, 골동품상 호리(堀) : 평양박물관 관장, 일본인 후쿠다(福田) : 미술애호회 회원, 친일파 남월매 : 기생
23	《천마(天馬)》, 김사량(金史良, 1914~1950?)	1940년 ; 〈문예춘추〉, 6월호	단편소설	현룡 : 주인공, 3류 소설가 오무라(大村) : 일본 관리 출신 제국주의자, 잡지사 운영 다나카(中田) : 일본 문단의 중견작가
24	《경영》과 《맥》, 김남천(金南天, 1911~1953)	1940년 ; 〈문장〉, 10 월호(경영) / 1941년 ; 〈춘추〉, 2월호(맥)	연작소설	최무경 : 주인공, 야마도 아파트의 여 사무원 오시형 : 최무경의 약혼자, 평양 부유층의 심약한 청년
25	《백마강》, 김동인(金東仁, 1900~1951)	1941년 ; 〈매일신보〉 1941.7.9~ 1942.1.31	친일소설	봉니수 : 주인공, 백제 왕실 인척으로 백제 종실(宗室) 복신(福信)의 딸 오리메 : 왜국(倭國) 내신(內臣) 호소(呼素)의 딸
26	《술》, 황순원(黃順元, 1915~2000)	1945년	단편소설	준호 : 주인공, 나카무라 양조장 직원 건섭 : 나카무라 양조장 서기, 준호의 라이벌
27	《압록강은 흐른다》, 이미륵(李彌勒, 1899~1850)	1946년 ; 〈피페(piper)〉, 독일	성장소설 장편소설	나 : 주인공, 작자의 투영(投影)
28	《현해탄》, 김달수(金達洙, 1919~1997)	1952년 ; 〈신일본문학〉		서경태 : 주인공, 농촌 출신 청년 오이 기미코 : 서경태의 연인, 지방 세무서 관세과에 근 무하는 전형적 일본여성 백성오 : 대지주의 3대 독자, 항일운동

연번	도서명 및 저자	출간 및 기고	문학적 분류 및 평가	주요인물
29	《자유부인》, 정비석(鄭飛石, 1911~1991)	1954년 ; 〈서울신문〉 1954.1~1954.8	장편소설	오선영 : 주인공 장태연 : 오선영의 남편, 42세, S대학 국문과 교수 오병헌 : 오선영의 오빠, 국회의원 오명옥 : 오병헌의 딸, 대학생 신춘호 : 오명옥의 애인 한태석 : 40대의 이재에 밝은 정상배, 오병헌의 물주, 오선영을 흠모 박은미 : 26세의 여성, 남자친구를 위해 장태연을 유혹
30	《밀다원 시대》, 김동리(金東里, 1913~1995)	1955년	단편소설	이중구 : 주인공, 30대 중반의 문인
31	《213호 주택》, 김광식(金光植, 1921~)	1956년 ; 〈문학예술〉	단편소설 ; 제2회 현대문학신인상수상작	김명학 : 주인공, 경성고공(경성공업학교) 기계과 출신, 현대 문명 속에서의 강한 소외의식 표출
32	《오발탄》, 이범선(李範宣, 1920~1981)	1958년	단편소설	송철호 : 주인공, 계리사(計理士) 사무실의 서기 송영호 : 송철호의 동생, 대학 휴학생 송명숙 : 송철호의 동생, 양공주
33	《크리스마스 전야의 풍경》, 전영택(田榮澤, 1894~1868)	1960년	단편소설	백인수 : 주인공, 예비역 대위(군목), 무직자
34	《광장》, 최인훈(崔仁勳, 1936~)	1960년 ; 〈새벽〉, 10월호	장편소설 ; 분단문제를 비판적으로 다룬 소설	이명준 : 주인공, 대학 철학과 3학년 변성제 : 은행 점장 변영미 : 변성제의 딸, 이명준을 흠모 변태식 : 변성제의 아들, 부르주아 강윤애 : 이명준의 옛 애인, 변태식 처
35	《신(神)의 희작(戱作)》, 손창섭(孫昌涉, 1922~)	1961년	단편소설	손창섭 : 주인공, 편모슬하에서 성장한 방랑인 치즈코 : 손창섭의 처, 일본인
36	《목마른 나무들》, 정연희(鄭然喜, 1936~)	1964년	장편소설	서주연 : 주인공, A여대 영문과 졸업, 기자 오성우 : 서주연의 정혼인, 청교도적 신학생, 유학 준비 중 오성희 : 오성우의 여동생, 의대 학부 3학년생 김재훈 : S신문사 사회부 기자, 서주연의 연인

연번	도서명 및 저자	출간 및 기고	문학적 분류 및 평가	주요인물
37	《무진기행(霧津紀行)》, 김승옥(金承鈺, 1941~)	1964년 ; 〈사상계〉, 10월호	단편소설 ; 가상도시 무진을 창조	나(윤희중) : 주인공, 제약회사 간사 영 : 부와 권력을 지닌 윤희중의 처 하인숙 : 윤희중 모교의 음악선생, 윤희중 연인 조 : '나'의 시골 학교 동창생, 무진 세무서장 박 : '나'의 중학 후배, 교사, 하인숙을 흠모
38	《서울은 만원이다》, 이호철(李浩哲, 1932~)	1966년 ; 〈동아일보〉	장편소설	길녀 : 주인공, 25세, 통영 출신의 매춘부 남동표 : 33세, 무직자 기상현 : 29세, 다방의 주방장
39	《나목》, 박완서(朴婉緖, 1931~)	1970년	장편소설 ; 성장소설	이경 : 주인공, 미8군 PX(현 신세계백화점) 초상화부 근무, 자책감과 고독함에 사로잡힌 인물. 옥희도 : 미군 초상화를 그리는 3류 화가 황태수 : 이경의 남편
40	《캘리포니아 90006》, 홍의봉(洪義峰, 1943~)	1975년 ; 〈열화당〉	장편소설	정태인 : 주인공, 예비역 유학생(미국 캘리포니아 대학) 서경식 : 정태인의 고교 동창, 불법 체류자 김진영 : 정태인의 고교 동창, 유학생(피아노 전공)
41	《중국인 거리》, 오정희(吳貞姬, 1947~)	1979년 ; 〈문학과지성〉	단편소설 ; 성장소설	나 : 주인공, 소설의 화자, 열두 살의 소녀 치옥 : 나의 '급우', 의붓자식이며 매기의 동생 매기 : 양공주, 동거하던 흑인 병사에 의해 살해됨.

근대 문학 작품으로 볼 수 없으나, 1940년대 씌어졌고, 현재 남아 있는 부여 지역의 백제시대 유적 및 유물 등에 대한 당시의 기록 및 시각을 확인해볼 수 있기 때문에 분석 대상에 포함하였다.

다음으로 분석 대상 문학 작품의 이야기 진행 과정 즉, 서사구조(Narrative)를 살펴보면, 김승옥의 《무진기행》의 경우, 가상도시 '무진'이라는 비현실적인 공간적 배경을 설정하고 있으나, 도시 및 경관 묘사에 있어 당대의 유사한 경관을 대입하는 등 작품에 현실감을 부여하고 있었다.

아울러 다른 작품의 경우, 실재 도시를 배경으로 한층 사실적인 공

〈표 2〉분석 대상 문학 작품의 시대적 배경

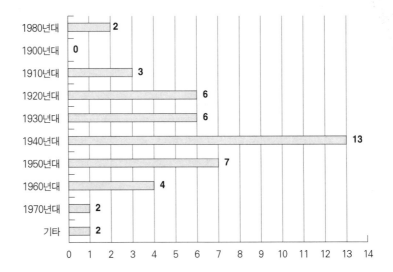

간 및 사물의 묘사가 이루어지고 있음을 확인할 수 있었으며, 특히 11
건이 자전적이거나 1인칭 주인공 시점을 취하고 있어 사실성이 더 뚜
렷이 강조되었다.

　대상 문학 작품 속에 등장하는 도시는 이야기 전개상 크게 '정주형
(定住形)'과 '이동형(移動形)'으로 나눌 수 있다.
　여기서 '정주형'이란 이야기 전개가 해당 도시에서만 이루어지거나
또는 등장하는 도시가 주된 공간적 배경으로 나타나는 경우를 정의한
것이고, '이동형'이란 주된 이야기의 흐름이 주인공의 도시 이동 과정
을 통해 형성되고 있는 작품으로 대상 도시에 따라 '국내'와 '국외'로
구분하였다.
　이러한 기준을 바탕으로 문학 작품을 분석해본 결과는 〈표 3〉과 같다.

〈표 3〉 문학 작품 속 도시의 등장 형태

구분		계	소설명
도시정주형 (都市定住形)	서울	16	《환희》, 《마도의 향불》, 《김 강사와 T교수》, 《천변풍경》, 《날개》, 《따라지》, 《복덕방》, 《천마》, 《경영》과 《맥》, 《자유부인》, 《213호 주택》, 《오발탄》, 《크리스마스 전야의 풍경》, 《목마른 나무들》, 《서울은 만원이다》, 《나목》
	부산	1	《밀다원 시대》
	대구	1	《삼곡선》
	인천	1	《중국인 거리》
	전남	1	《헐어진 청년회관》(목포)
	전북	1	《탁류》(군산)
	충남	2	《추회》(논산 강경), 《백마강》(부여)
	평양	2	《은은한 빛》, 《술》
	황남	2	《장산곶》(용연), 《압록강은 흐른다》(해주)
	미국	1	《캘리포니아 90006》(로스엔젤레스)
	계	28	
도시이동형 (都市移動形)	국내	2	《고향》, 《과도기》
	국외	10	《귀의 성》, 《무정》, 《만세전》, 《낙동강》, 《누이동생을 따라》, 《구름을 잡으려고》, 《상록수》, 《현해탄》, 《광장》, 《신의 희작》
	기타	1	《무진기행》
	계	13	
총계		41	

'도시정주형'이 28건, '도시이동형'이 13건으로 나타나 비중에 있어 눈에 띄게 편중됨을 확인할 수는 없었으나, 도시정주형의 경우, 서울 지역을 배경으로 한 작품이 16건으로 나타나 당시 서울이 문학 작품의 주된 배경이었음을 확인할 수 있었다.

'도시이동형'의 경우, 특징적이라 할 수 있는 것은, 국내를 배경으로 한 작품보다 국외 지역을 배경으로 한 작품이 월등히 많다는 점이다. 이는 문학 작품의 배경으로 설정된 시대가 주로 일제시대인 점을 감안할 때 우리 민족의 민족사적 애환을 담아내기 위해 우리나라와 인접한 일본, 만주 그리고 간도 등이 작품의 무대로 사용되었음을 반증하는 것이다.

김승옥의 《무진기행》의 경우는 문학동선상 서울에서 무진으로 여행 과정을 그려 우선 이동형으로 분류하였으나, '무진'이라는 가상도시를 배경으로 한다는 점에서 '기타'로 구분했다.

다음으로 작품의 제목이 주된 공간적 배경이 되고 있는 경우를 살펴보면, 도시정주형 작품의 경우, 《천변풍경》, 《복덕방》, 《213호 주택》, 《서울은 만원이다》, 《밀다원 시대》, 《중국인 거리》, 《헐어진 청년회관》, 《백마강》, 《장산곶》, 《압록강은 흐른다》, 《캘리포니아 90006》 등 11건으로 이중 도시는 3건, 하천 및 거리가 4건, 그리고 건물이 4건으로 나타났으며, 도시이동형의 경우, 《낙동강》, 《현해탄》, 《무진기행》 등이 있다.

공간적 배경과 줄거리와의 관련성을 살펴보면, 대상이 되는 문학 작품 41건 중 11건을 제외한 30건이 대체적으로 이야기 구도에 공간적 배경이 되는 도시와 건축물 등이 영향을 미치고 있다.

옆의 〈그림 1〉, 〈그림 2〉는 도시정주형 문학 작품의 공간적 배경이 되는 지역을 지도상에 표시한 것이다.

그림을 통해 도시정주형으로 구분된 작품 중 홍의봉의 《캘리포니아 90006》을 제외한 나머지 문학 작품은 한반도를 중심으로 한 동아시아를 주된 공간적 배경으로 설정하고 있다.

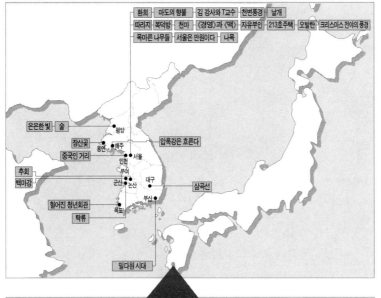

〈그림 1〉 국내 도시정주형
문학 작품 분포도.

환희　마도의 향불　김 강사와 T교수　천변풍경　날개
따라지　복덕방　천마　《경영》과 《맥》　자유부인　213호주택　오발탄　크리스마스 전야의 풍경
목마른 나무들　서울은 만원이다　나목

은은한 빛　술
장산곶
중국인 거리
추회
백마강
헐어진 청년회관
탁류

평양
용연　해주
인천　서울
부여
군산　논산
목포
부산
대구

압록강은 흐른다

삼곡선

밀다원 시대

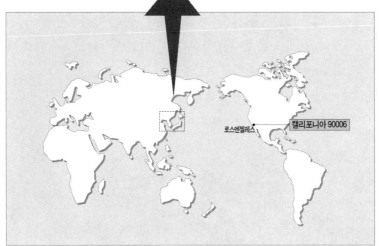

〈그림 2〉 국외 도시정주형
문학 작품 분포도.

로스엔젤레스　캘리포니아 90006

* 작품명이 음영 처리된 것
은 정주형 작품임.

〈그림 3〉《귀의 성》의 문학 동선.

〈그림 3〉부터 〈그림 17〉까지는 도시이동형 작품들의 문학동선을 발표된 순으로 지도상에 표시한 것이다. 1890년대를 시대적 배경으로 한 《귀의 성》의 문학동선을 살펴보면, 춘천에서 출발하여 서울~부산(초량)~서울~부산~원산~블라디보스토크 순으로 이동하며, 몰락 양반 계급의 가정적 갈등을 매개로 피지배 계급의 항거를 다루고 있다.

《무정》은 1916년을 전후하여 서울의 안동(안국동)에서 평양~도쿄~시카고~베를린까지를 공간적 배경으로 활용한, 대상 문학 작품 중 가장 이동 범위가 넓은 작품이다.

《만세전》은 1919년을 전후로 도쿄~고베~부산~김천~영천~대전~서울~도쿄 순으로 동선을 구성하고, 《고향》에서는 1920년대를 배경으로 대구에서 서울까지의 여정을 담아내고 있다.

《낙동강》은 부산 구포에서 출발하여 간도를 거쳐 다시 부산 구포로

〈그림 4〉《무정》의 문학동선 (한국~일본).

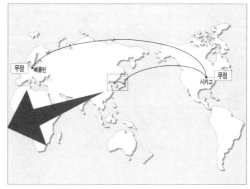

〈그림 5〉《무정》의 문학동선 (일본~미국~독일).

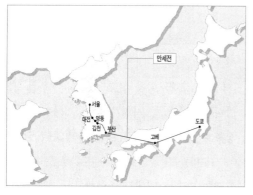

<그림 6> 《만세전》의 문학동선.

<그림 7> 《고향》의 문학동선.

돌아오는 동선을 보이며, 《과도기》의 경우, 주로 만주 지역의 이야기를 중심으로 함흥 창리~만주~함흥 창리~함흥 구룡리~장진으로 이어지는 동선을 취하고 있다.

《누이동생을 따라》는 대상 문학 작품 중 가장 많은 도시가 등장하는 작품으로 영변을 기점으로 평양~진남포~목포~회령~청진~만주

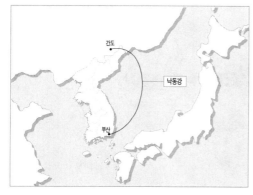

<그림 8> 《낙동강》의 문학동선.

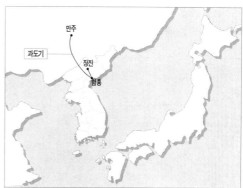

<그림 9> 《과도기》의 문학동선.

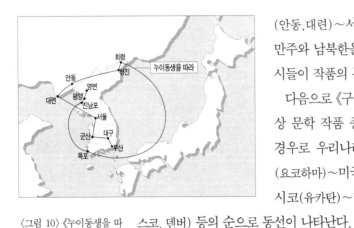

〈그림 10〉《누이동생을 따라》의 문학동선.

(안동,대련)~서울~군산~대구~부산 등 만주와 남북한을 막론하여 각 나라 주요 도시들이 작품의 무대가 되고 있다.

　다음으로《구름을 잡으려고》의 경우는 대상 문학 작품 중 가장 많은 국가를 이동한 경우로 우리나라(제물포)를 출발하여 일본(요코하마)~미국(하와이, 샌프란시스코)~멕시코(유카탄)~미국(로스엔젤레스, 샌프란시스코, 덴버) 등의 순으로 동선이 나타난다.

　《상록수》는 비교적 간단한 경로를 유지하고 있는데, 주인공의 주 활동 무대는 청석골로 잠시 일본의 요코하마가 등장하며,《현해탄》은 부산과 시모노세키를 연결하는 관부연락선을 중심으로 이야기를 전개하고 있다.

　《광장》은 서울과 평양 그리고 원산을 거쳐 거제도 포로수용소에서 마카오로 향하는 과정까지를 무대로 설정하고 있다.

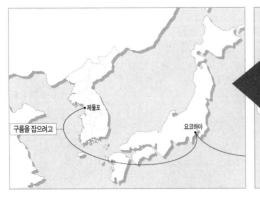

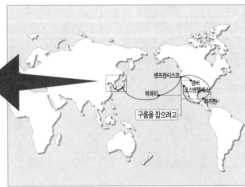

〈그림 11〉《구름을 잡으려고》의 문학동선(한국~일본).　　〈그림 12〉《구름을 잡으려고》의 문학동선(한국~미국).

〈그림 13〉《상록수》의 문학동선.

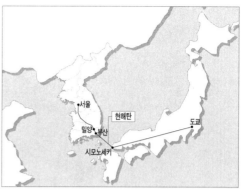

〈그림 14〉《현해탄》의 문학동선.

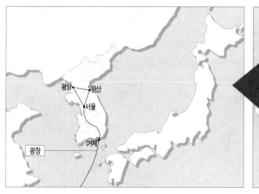

〈그림 15〉《광장》의 문학동선(한국).

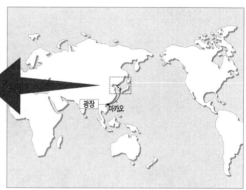

〈그림 16〉《광장》의 문학동선(한국~마카오).

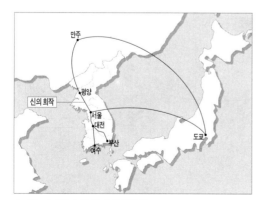

〈그림 17〉《신의 희작》의 문학동선.

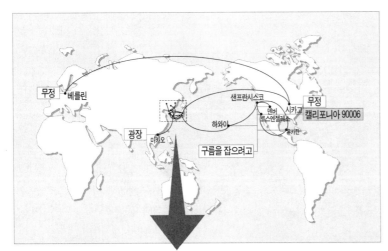

〈그림 18〉 근대 문학 작품 속의 도시와 문학동선(국외 지역).

〈그림 19〉 근대 문학 작품 속의 도시와 문학동선(국내 및 주변 지역).

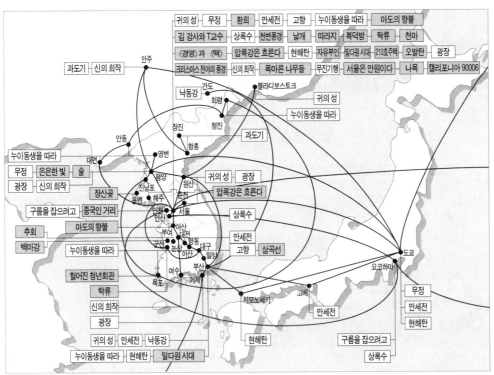

《신의 희작》은 평양을 출발하여 만주~도쿄~서울~대전~여수~서울~평양~부산의 순으로 동선의 이동을 보이고 있다.

〈그림 18〉〈그림 19〉는 대상 문학 작품의 문학동선을 종합한 것이다. 도시가 중첩되는 것은 연대별로 나열하고, 동선이 중복되는 것은 단선으로 정리하였으며, 정주형 작품의 작품명에 음영 처리를 하여 구분하였다.

소설 속 근대 건축물, 거리 그리고 도시

하나, 근대 건축물

대상 작품 중 현존하거나 실존했던 건축물의 실명(實名)이 종종 등장하는데, 이광수의 《흙》을 보면 우리의 땅과 새봄에 싹트는 이 땅의 흙 냄새를 읽을 수 있다. 야학선생 허숭(許崇)이 서울에 왔다.

"경성역에 내린 때에는 숭은 꿈에서 깬 것 같았다. 바쁜 택시의 떼, 미친 년 같은 버스, 장난감 같은 인력거, 얼음 가루를 팔팔 날리는 싸늘한 사람들……. 숭은 전차를 타고 삼청동 윤 참판의 집으로 들어왔다……. 청년 남녀들이 땅을 팔아 가지고 부모는 굶기면서 종로로, 동아, 삼월, 정자옥으로 카페로, 피땀 묻은 돈을 부리고 다니는 것을 보면 일종의 비참을 느끼지 아니할 수 없지 아니하냐……. 넓히 뚫린 신작로, 그리고 달리는 자동차, 철도, 전선, 은행, 회사, 관청 등의 큰 집들, 수없는 양복 입고 월급 많이 타고 호강하는 사람들, 이런 모든 것과 나와 어떠한 관계가 있나 하고 생각도 하여 본다."

멀지 않은 과거 우리 땅의 모습이다.

이미륵의《압록강은 흐른다》는 다섯 살 때인 1904년경 해주 자신의 고향집을 회상하는 것에서 시작한다.

　"이 뒤뜰에는 우리들 놀이터 외에도 남새밭과, 물이 말라 버린 얕은 우물과 큼직한 창고가 있었다.……우리 집에는 여러 군데 뜰이 있었다. 뒤뜰은 집 뒤에 있었기 때문에 그렇게 불렀다.

　원형으로 지어진 집채는 방이 여섯, 부엌과 마루가 있었고 한 가운데 뜰이 있으며 여자들이 쓰는 안마당이 있었다. 거기에는 화분과 오리집과 비둘기장이 있었다. 몸채 앞에는 중문이 있는 낮은 담으로 갈리어진 두 뜰이 있었다. 바른편쪽의 아버지의 사랑에 이르는 마당은 샘뜰이라고 불리었다. 거기엔 우물이 있었기 때문이었다. 높은 문과, 줄지은 객실로 둘러싸인 왼쪽 뜰은 바깥뜰이라고 불리었다. 우리들은 뒤뜰에서만 놀 수 있었다."

이태준의《복덕방》을 보자.

　"지금은 중개업자도 많이 늘었고 건양사(建陽社)같은 큰 건축회사가 생겨 당자끼리 직접 팔고 사는 것이 원칙처럼 되어가기 때문에 중개료 외 수입은 전보다 훨씬 줄은 셈이다.…… 서 참의가 늘 지나다니는 식은관사(植銀官舍)에는 울타리가 넘게 피었던 코스모스들이 끓는 물에 데쳐낸 것처럼 시커멓게 무르녹고 말았다."

　'건양사'는 정세권(鄭世權)이 운영하던 건설회사로 건설업과 주택 건설업을 병행했다. 1935년 준공된 배재학당 강당도 그가 공사한 것이다. '식은관사'는 '식산은행 사택'을 말하는 것으로 1922년 조선식산은행에서 일본인들을 위해 지은 고급 주택이다.

방인근의 《마도의 향불》에는 서울의 '낙원카페'에 대한 묘사가 나온다.

"찬란하게 꾸며노은 울긋불긋한 꽃 사이서 흐르는 오색영롱한 전깃불이 거기에 일본 옷, 조선 옷을 입은 분을 하야케 한 여급들이 독갑이처럼 출몰하였다. 서울에 천으로 헤일 카페 중에도 서울의 심장은 종로 조선 거리에 모든 카페를 압도할 만하게 차려노코 거기에는 칠십여 명이란 녀급의 살은 꽃을 장식하였다."

당시 서울에 카페가 1,000개나 되었다고 한다. 낙원카페의 경우, 카페 걸 숫자가 70여 명이나 되었다. 낙원카페는 종로 2가 77번지에 있었다. 이층짜리 벽돌조의 모던한 디자인의 건물로 건평 47평에 연면적이 94평짜리였다. 1931년 9월 5일 착공해 11월 30일 준공되었다. 설계시공은 일본인 건설회사 오다 공무소(多田工務所)였다.

"이층에는 아래층의 몃 갑절 크고도 더 벅적거리었다.…… 정면 무대 우에는 벽돌 집을 만들엇는데 집웅에는 솜으로 만든 눈이 하야케 덥히고 조고만 뜰에는 잣나무가 여기저기 섯는데 역시 눈이 소복소복 고엿다. 그 여페는 수염이 허연 싼타크러쓰 할아버지가 붉은 옷에 흰 모자를 쓰고 등에는 프레센틀르 잔득 메고 그 집 굴둑으로 들어가려고 한다."

카페의 내부 공간은 문학가의 눈을 휘둥그레하게 한다. 그런데 방인근은 이것을 "악마가 뒤끓는 서울 장안 풍경이다"라고 했다.

정비석의 《자유부인》에서는 창경원 내 식물원 쪽 연못가에 있던 수정궁(水晶宮)에서 펼쳐지고 있는 댄스파티를 묘사하고 있다.

"창경원 문 앞에 들어서자 울창한 나무 숲 사이로 밴드 소리가 유랑하게 흘러나온다. 유서 깊은 옛 궁터에서 새 시대의 음악을 듣는 맛이란 별다른 아취가 있었다.…… 홀 안의 광경은 눈이 부시도록 호화찬란하였다. 넓디 넓은 홀을 휘황찬란하게 비쳐주고 있는 샹들리에 밑에서는, 육십여 명의 남녀들이 아름다운 고기떼처럼 춤을 추며 돌아가고 있었다."

당시 덕수궁과 운현궁은 결혼식장으로 이용되었고, 창경원 수정궁은 댄스장으로 쓰여졌다. 이후 창경원은 창경궁으로 이름이 바뀌었고, 수정궁은 철거되었다.

최인훈의 《광장》에서는 서울의 부촌 남촌에 있던 한 '적산주택' 을 그리고 있다.

"넓은 뜰을 가운데 끼고 'ㄷ' 자로 세워진 일본집. 경사가 심한 높은 지붕 중턱에 비죽이 내민 창이 달린, 이층 4조반이 그의 방이었다. 그는 이 방을 좋아했다. 창을 열면 양옆이 모두 기와였다. 갇히고 치우친 맛이 좋았다. 이런 짖음새가 원래 왜식은 아닐 테고, 그림에서 눈익은 서양식이겠지.…… 뜰은 전혀 왜식 그대로였다. 못이며 돌로 된 꾸미개에서 인조 동산까지 달라진 것이라곤 아무 것도 없었다."

정연희의 《목마른 나무들》에는 인테리들의 근무처인 신문사 풍경이 그려졌다.

"신문사는 세종로에 있다. 세종로에서 무교동으로 들어 가는 사잇길 입구에 신축된 삼층 건물이다. 유리창이 많고, 흰빛의 밝은 건물이다.…… 아래층에 자리잡고 있는 업무국 앞에는 중역실로 가는 계단이 있었고 업무국 옆을 꺾어져 간 곳에 편집국으로 올라가는 계단이 따로 있다. 그 계단은 좁고 어둠침침하다.…… 문화부 방은 유난히도 밝고 투명하기만 하다. 삼면이 온통 유리로 되어 있어 어항 속 같다. 너무 밝아서 차라리 이쪽의 여유를 가져볼 도리가 없을만치 불안정한 느낌까지 든다. 넓은 편집국에 접한 면도 온통 유리요, 서북쪽은 긴 거리가 환희 내려다보이는 '윈도우'로 둘러져 있다."

주인공이 근무하는 S신문사 내부 묘사이다.

둘, 거리

대상 작품 중 거리에 대한 묘사는 대부분 서울의 번화가를 중심으로 나타나는데, 방인근의 《마도의 향불》에 나오는 서울 정동(貞洞) 거리에 대한 묘사를 살펴보자.

"영철은 서대문 턱에서 탓든 전차를 차내 버리고 정동 골목으로 들어섰다. 이 골목에 들어서면 벌서 서양촌이란 노랑 냄새가 풍기고 학교촌이란 푸른 기운이 도는 것 가텃다. 그러면서도 한가롭고 깨끗한 늣김을 주엇다. 이 골목은 장차 오는 조선의 주인공인 남녀학생이 아츰 저녁으로 수천만 번 그 힘찬 발자욱으로 다지고 다진 골목이다.

괴로운 바다와 가튼 세상을 다지나 래세의 천당을 동경하고 땅 우에도 천국을 건설하려는 신남신녀가 찬미성경을 끼고 묵상하며 종소리를 따라가고 오는 서울에도 이름난 정동골목이다.

이 골목 안에는 조선에 하나요 등대처럼 노피 서서 빗을 내는 녀자전문학교가 녀왕처럼 군림하엿다. 마즌 편 음악실에서는 여름이거나 가을이든 봄이든 주야로 요량한 피아노 소리와 아름다운 노래의 멜로디가 나뷔처럼 날어 담을 넘어서 지나가는 사람의 고달픈 가슴에도 안기는 파라다이스 골목이다."

김사량의 《천마》에서는 주인공 현룡이 하세가와죠(長谷川町, 현 소공동길)를 지나는 장면을 다음과 같이 묘사하고 있다.

"그는 광장을 건너 맞은편 조용한 하세가와죠쪽으로 들어섰다. 잠시 걸어가니 오른쪽에 높은 옛날식 담이 이어지고, 고색창연한 웅장한 대문이 우뚝 나타난다. 그 문을 넘어 들어가면 넓은 정원 안에 구한국 시대 어느 나라의 공사관이었다던가 하는 훌륭한 서양식 건물이 있었다."

현룡의 동선은 종로로 이어진다.

"하얀 벽돌로 지은 조선인이 경영하는 커다란 은행 앞을 지나 어느 새 종로 4가쯤 가까이 왔다.…… 백화점 화신과 장안 빌딩 등 고층 건물을 기점으로 하여 동대문 쪽으로 대로를 끼고 거창한 건물들이 해협처럼 이어지고 있었다. 마침 네거리에 서 있는 구세기 유물인 종각 앞에 나오자…… 장안 빌딩 앞 부근부터는 길거리가지 밤의 노점상이 나와 있고 사람들의 물결로 복잡하다."

개화기 이전 종각은 서울의 제일가는 중심지였다.

셋, 도시

문학 작품 속에서 가로(街路)와 도시의 묘사는 구분하기 어려울 때가 많다. 그래서 가로의 동선 길이가 길거나, 특정한 가로에 대한 묘사를 벗어나 다수의 가로를 대상으로 묘사하고 있는 작품을 도시적 스케일로 접근하였다.

이러한 측면에서 김달수의 《현해탄》의 경우, 종로 일대를 중심으로 한 주인공의 동선을 자세히 묘사함으로써 도시의 향취를 느끼게 하고 있다.

"성오는 셔터를 내린 화신백화점 옆 골목을 빠져나왔다. 종로는 불이 켜져, 완전히 밤풍경으로 변해 있었다. 네온사인은 없어진 지 이미 오래여서, 거리는 전체적으로 어둡고 네거리에서 교차하는 전차가 파란 스파크를 흩날리고 있었다.

맞은 편 보도에 동대문쪽을 향하여 야시장이 서 있고, 그 야시장의 등불과 상점의 드문드문한 불빛이 한데 어울려 간신히 밝아져가는 가운데 사람들이 모여 있었다.……

종로의 야시장을 따라 동대문쪽으로 걸어갔다.……신설동이다. 어둡고 질퍽거리는 신개발지의 길, 오른쪽에는 희미한 8촉짜리 전구가 켜진 전당포 간판, 왼쪽에는 흙담이 이어진 골목, 다시 왼쪽으로 구부러지면 막다른 골목, 오른쪽의 초가집……"

홍의봉의 《캘리포니아 90006》에서는 로스앤젤레스에 대한 묘사를 통해 당시 이국의 낯선 도시에 대한 인식을 가늠케 해준다.

"차는 다시 웨스턴 가에서 빠져나가 좌회전을 해서 올림픽 가로 올라가고 있었다. 한국인의 대부분은 올림픽 가를 중심으로 웨스턴 가와 버어몬트 가 사이에 많이 모여 살았다.……한국인들은 흑인들이 사는 동네를 흑석동이라고 부르며 웃곤했다. 킹슬리 가에는 주로 한인들과 멕시칸들이 세를 들어 사는 아파아트가 인접해 있었다."

다음으로 이상의 《날개》 속 무대는 1936년 서울, 때는 5월 신록이
움트는 때이다. 그가 몸담고 있는 33번지라는 곳은 남산 줄기 어느 빈
민가일 것이다.

"이렇게 생긴 三十三번지 대문에 그들 十八가구의 문패를 몰아다 부치
는 것은 의미가 없다. 그들은 어느 사이엔가 俗 미닫이우 백인당(百忍
堂)이니 길상당(吉祥堂)이니 써부친 한겉에다 문패를 붙이는 풍속을 가
져버렸다.
   내 방 미다지우 한겉에 칼표딱지를 넷에다 낸 것만한 내— 아니! 내 안해
의 명함이 붙어 있는 것도 이 풍속을 좇은 것이 아닐 수 없다.…… 나는
또 회탁의 거리를 나려다보았다."

볕도 안 드는 지역에 일각대문을 들어서면 함석지붕을 이고 있는 18
가구의 묘사가 아주 리얼하다.

"이 十八가구를 대표하는 대문이라는 것이 일각이저서 외따로 떨어지기
는 했으나 있다. 그렇나 그것은 한번도 닫친 일이 없는 행길이나 마창가지
대문인 것이다. 왼갖 장사아치들은 하로 가운데 어느 시간에라도 이 대문
을 통하야 드나들 수가 있는 것이다. 이네들은 문ㅅ간에서 두부를 사는 것
이 아니라 미다지만 열고 방에서 두부를 사는 것이다."

26세의 젊은 건축가의 눈에 비친 도시 풍경이다. 1936년에는 이미
건축물에 유리와 강철과 대리석 등이 쓰였다. 이른바 모던 서울로 변

모하고 있었던 것이다.

이상에서의 분석 내용을 종합적으로 정리하기 위해 구분 틀을 설정하면, 먼저, 분석 대상 작품에 따라 공간적 배경을 주된 장소와 부수적 장소 그리고 동선 등으로 구분하고, 이러한 공간적 배경과 주제와의 연관성을 따져 나누었다.

시간적 배경은 구체적인 연도가 작품 속에 기록되었거나, 혹은 시대사적 사건(예를 들면, 8 · 15 해방, 6 · 25 전쟁 등)이 나타나는 경우는 이를 명기하고, 그 외의 것은 10년 단위의 연대별로 구분하였다.

이야기의 전개 과정, 즉 서사 구조는 작품 분석의 전제 조건이기도 하였던 사실적 묘사 구조를 이루고 있는지를 중점적으로 분석하여 이를 정리하였으며, 작가의 서술 시점을 확인하여 작가의 작품 이입 비중을 가늠함으로써 작품이 사실적이고 체험적인 구성을 이루고 있는지를 구분하였다.

작품 내용 분석의 경우, 크게 작품을 통해 작가가 이야기하고자 하는 주제어를 도출하고, 이를 전개해나가는 주요 이야기 구도를 정리하였으며, 이러한 과정 속에 등장하는 공간인 도시 · 건축, 그리고 주요 지명 등에 대한 내용을 세부적으로 기술하였다. 〈표 4〉(306쪽 참고)는 이러한 구분 틀을 토대로 내용을 종합적으로 정리해본 것이다.

장소의 기억

조사를 하며 아쉬움으로 남는 것은 문학 작품의 무대가 정확하지 않다는 것이었다. "이쯤 저쯤"이란 표현, "어느 도시"라든가, "집 몇 채"라는 식이었다. "T시" "K군"으로 씌어진 경우도 많았고, "화동(花洞) 십5번지 골목집" 등 구체적인 주소가 없는 경우도 있었다. 또한 장소, 이름 등을 가명으로 바꿔놓은 경우도 많았다. 특히 카페, 다방 등 상업

〈표 4〉 대상 문학 작품 분석

도서명	공간적 배경		시간적 배경	서사구조 (Narrative)	내 용
	주:부:동선	연관			
《귀의 성》	동선 : 춘천~서울~부산(초량)~서울~부산~원산~블라디보스토크	보통	1890년대	사실적; 3인칭 전지적작가 시점	• 주제어 : 파란만장한 공간을 떠도는 그 소리 • 주요구도 : 몰락 양반 계급의 가정적 갈등을 매개로 하여, 피지배 계급의 항거를 다룸 • 주요장소 : 한성병원-1895년 조선 정부 위생고문이던 세노와키가 명동에 세운 병원 : 봉은사
《무정》	동선 : 안동(현, 안국동)~다동골(현, 다동)~청량리~평양~도쿄~시카고~베를린	보통	1916년 이전	사실적; 3인칭 전지적작가 시점	• 주제어 : 문명의 망치 소리를 기다리는 개명자들 • 주요구도 : 신구 사상 사이의 갈등을 계몽주의로 해소시키려 함 • 주요장소 : 경성학교-서울 북부 안동(현, 안국동)에 있는 2층으로 된 가상의 중학교 건물, 친일파(김남작)가 세운 사립학교 : 김광현 가옥-한양절충식의 양반가옥 : 교동의 객주(客主)가옥 - 주인공(이형식)의 하숙집, 벽돌조 2층 건물 : 철물교-종로2가 종로경찰서 부근 : 청량사-우물과 암자가 있는 불교 사찰로 기방 출입 젊은이들의 데이트 코스 : 광통교, 대동문, 평양경찰서, 선화당, 남대문역
《환희》	주 : 서울	보통	1920년대	사실적	• 주제어 : 20세 청년이 본 1920년대의 종로 거리 • 주요장소 : 전반부-서울 종로 네거리와 YMCA와 동대문 밖, 그리고 종로구 도렴동에 있는 종교교회(琮敎敎會)이다. 그곳들을 잇는 전차는 소설의 중요한 장치임 : 후반부-무대가 확장되어 충남 대전, 두계, 논산, 부여로 이어짐
《만세전》	동선 : 도쿄~고베~부산~김천~영동~대전~서울~도쿄	보통	1919년 전후	사실적; 자전적; 1인칭 주인공 시점	• 주제어 : 한 문학가의 1919년 전후 도시 묘사 • 주요구도 : 한 도쿄 유학생의 귀국 여행기를 통해 식민지로 퇴락하는 조선의 암울한 현실을 공동묘지로 묘사한 문학적 보고서로 건축적 묘사는 적지만, 주인공을 통한 당시 우리 도시들의 면모를 가늠할 수 있음 • 주요장소 : 부산 거리-부산역, 일식 2층 가옥 : 대전역, 남대문정거장

도서명	공간적 배경		시간적 배경	서사구조 (Narrative)	내 용
	주·부·동선	연관			
《고향》	동선 : 대구~서울	보통	1920년대	사실적; 1인칭 관찰자 시점	• 주제어 : 삶의 터전을 잃은 사람들의 이야기 • 주요구도 : 기차 안에서 두 남자가 주고받는 대화를 통해 일제하 한 민족의 빼앗긴 고향과 그로 인한 비참한 생활 고발 • 주요장소 : 기진야도(寄進屋), 동양척식주식회사, 간도
《낙동강》	동선 : 부산(구포)~ 서간도~부산(구포)	밀접	1920년대	사실적; 3인칭 전지적 작가 시점	• 주제어 : 어진 사람들의 삶이 흐르던 칠백 리 물길 • 주요구도 : 식민지하 피폐한 농촌 현실과 이를 개혁하고자 했던 혁 명가의 비극적 삶 • 주요장소 : 동양척식주식회사 창고 : 형평사(衡平社)-1923년 5월 경상남도 진주군에서 백 정에 대한 차별 철폐를 목적으로 조직된 사회운동단체
《과도기》	주 : 만주 동선 : 함흥(창리)~ 만주~함흥(창리)~ 함흥(구룡리)~장진	밀접	1920년대	사실적; 3인칭 전지적 작가 시점	• 주제어 : 근대화의 변두리, 북쪽 농어촌에서 벌어진 일들 • 주요구도 : 근대 시기 자본주의적 공업화 과정에서 농어민 계층이 노동자 계급으로 전락하는 과정 • 주요장소 : 함경역, 함경북도 도청
《누이동생을 따라》	동선 : 영변~평양~ 진남포~목포~회령 ~청진~만주~서울 ~군산~대구~부산	보통	1926년	사실적; 자전적	• 주제어 : 남매의 처절한 이동기(移動記), 영변에서 해운대까지 • 주요구도 : 어른들의 부도덕함과 무책임으로 인해 불행한 삶을 살 게 된 오누이의 인생 유전 과정
《구름을 잡으려고》	동선 : 제물포~요코 하마~하와이~샌프 란시스코~멕시코 유 카탄~로스엔젤레스 ~샌프란시스코~따 뉴바(덴버)	밀접	1899년	사실적; 3인칭 전지적 작가 시점	• 주제어 : 제물포에서 먼 나라로 떠난 사람들 • 주요구도 : 개발회사에 속아 해외로 노역을 간 동포 1세대들의 고 난과 역경
《마도의 향불》	주 : 서울 부 : 충남 온양(아산)	밀접	1930년대	사실적; 권선징악	• 주제어 : 밝음과 어둠이 겹치는 도회의 풍정 • 주요장소 : 정동길, 경성소방서, 낙원회관, 온양온천
《삼곡선》	주 : 대구	보통	1934년	사실적	• 주제어 : 땅을 잃어버린 사람들 • 주요구도 : 남녀 간의 애정을 주제로 당시 젊은이들의 세태를 풍자 하고, 가진 자와 없는 자의 갈등 구조를 표출

도서명	공간적 배경		시간적 배경	서사구조 (Narrative)	내용
	주:부:동선	연관			
					• 주요장소 : 금성당-3층 양옥(1층:서점 및 양품부, 2층:운동구, 3층:창고) : 화신연쇄점, 유성온천, 해운대온천
《헐어진 청년회관》	주 : 전남 목포	밀접	1920년대	사실적	• 주제어 : 적당하게 쓸 곳을 얻지 못해 헐리는 집들 • 주요구도 : 조선의 현실을 허물어져가는 청년회관에 빗대어 은유적으로 표현 • 주요장소 : 청년회관-1925년 3월 지역 유지들의 모금에 의해 세워진 대지 100평에 건축면적 57평 규모의 건물
《김 강사와 T교수》	주 : 서울 S전문학교	밀접	1930년대	사실적; 3인칭 전지적 작가 시점	• 주제어 : 일제 하의 경성제대와 보성전문학교 풍경 • 주요구도 : 타락한 현실과 그 속에서의 지식인의 갈등 구조 • 주요장소 : 경성제국대학-1924년에 개교한 친일 관료 양성학교 : 전문학교-보성전문학교를 모델로 함 : 총독부 H과장집-팔판동에 있는 총독부 관사촌 : 혼마치(本町 현 충무로) 메이지야(明治屋)
《상록수》	동선 : 서울~한곡리, 청석골~일본 요코하마~청석골	밀접	1932년	사실적; 3인칭 전지적 작가 시점	• 주제어 : 종소리는 더 이상 들리지 않는다 • 주요구도 : 남녀의 순결한 애정과 농촌계몽운동의 헌신적 의지를 주된 이야기로 구성 • 주요장소 : 송월동 문화주택 : 한곡리, 청석골-농촌 현실을 대변하는 장소로서, 동혁과 영신의 민중계몽과 농촌개혁운동의 주 대상지
《추회》	주 : 충남 논산 강경	밀접	1936년	사실적; 자전적; 1인칭 주인공 시점	• 주제어 : 강경으로 가는 기찻길에서 • 주요구도 : 화자의 회상을 빌어 고향인 강경과 옛 동무를 추억 • 주요장소 : 만동학교-미국인 선교사 우리암(禹利岩)이 1908년 6월에 세운 이양식 학교로 동흥리 72-3번지에 있었으나 멸실 : 채운산, 옛날 간장회사, 호남병원, 한일은행 강경지점, 황산예배당
《장산곶》	주 : 황남 용연	밀접	1930년대	사실적	• 주제어 : 〈몽금포 타령〉이 울려 퍼지는 곳 • 주요장소

도서명	공간적 배경		시간적 배경	서사구조 (Narrative)	내용
	주·부·동선	연관			
					: 몽금포의 작은 어촌을 배경으로 일본인 어부와 조선인 어부 간의 짧은 연.
《천변풍경》	주 : 서울 청계천	밀접	1930년대	사실적; 에피소드형	• 주제어 : 1930년대 청계천 주변 삶의 모습 • 주요구도 : 청계천변에 사는 약 70여 명의 인물들이 벌이는 일상사 • 주요장소 : 청계천, 수표교, 수표석주(水標石柱), 광통교, 근화식당
《날개》	주 : 서울	밀접	1936년	사실적; 자전적; 1인칭 주인공 시점	• 주제어 : 경성 거리를 방황하던 26세의 젊은이 • 주요구도 : 내부의 일상적 자아와 본질적 자아 간의 갈등 구조 : '방' 은 사회성이 결여된 유폐된 공간으로, '거리' 는 자아 회복 공간으로, 그리고, '외출' 은 전도된 질서에서의 탈출과 자폐적 생활에서의 해방을 상징 • 주요장소 : 해가 들지 않는 서울의 33번지 구석방–단순한 공간적 배경을 넘어 앞으로 전개될 상황의 외부적 억압과 어둠 속에서 방황하는 '나' 의 내적 풍경 암시 : 유곽, 경성역, 미쓰코시백화점
《따라지》	주 : 서울 사직동	밀접	1937년	사실적	• 주제어 : 하층민들의 하루 살아가기 • 주요장소 : 사직공원
《복덕방》	주 : 서울	밀접	1930년대 중반	사실적; 3인칭 전지적 작가 시점	• 주제어 : 가난한 사람들의 길, 거간군의 길 • 주요구도 : 소외 계층인 노인들의 삶을 통해 부동산 투기의 허황함을 고발하고, 이기적인 딸과 소심한 아버지의 모습을 통해 무너져가는 가족 관계를 폭로 • 주요장소 : 식은사택, 건양사(建陽社)
《탁류》	주 : 전북 군산 동선 : 군산~대전~서울	밀접	1930년대 후반	사실적; 작가 관찰자 시점	• 주제어 : 30년대 군산을 휩싼 몰락과 타락의 물줄기 • 주요구도 : 1930년대 후반 식민도시라는 공간에 투영된 우리 서민의 일상 • 주요장소 : 째보선창, 싸전, 약국, 병원, 정(丁) 주사 집, 구 조선은행 군산 지점, 미두장(米豆場)
《은은한 빛》	주 : 평양	보통	1940년대 전후	사실적	• 주제어 : 우리 문화재를 지켜낸 이름 없는 영웅 • 주요구도

도서명	공간적 배경		시간적 배경	서사구조 (Narrative)	내용
	주;부;동선	연관			
					: 한국인 골동품상과 일본인 박물관장 사이에서 펼쳐지는 문화재급 고검을 둘러싼 이야기 • 주요장소 : 청량정, 평양박물관, 을밀대, 부벽루, 전금문
《천마》	주 : 서울	보통	1930년대	사실적	• 주제어 : 살려고 발버둥치던 패배자 문인이 걷던 경성 거리 • 주요장소 : 양춘관(陽春館), 천주교회당(명동성당), 혼마치(현, 충무로), 하세가와죠(長谷川町), 조선호텔
《경영》과 《맥》	주 : 서울 충정로	밀접	1930년대 후반	사실적; 자전적	• 주제어 : 아파트를 무대로 한 첫 소설 • 주요장소 : 경성감옥-1908년10월21일 금계동(현 현저동)에 건립되어 1923년 이후 새 옥사를 신축, 서대문형무소라 칭함 : 야마도 아파트-실제 있었던 경성대화숙(京城大和塾)을 모델로 한 아파트
《백마강》	주 : 충남 부여 동선 : 일본~부여	밀접	백제 말 (650년대)	사실적	• 주제어 : 백제를 감싸고 흐르는 강 • 주요장소 : 왕흥사, 마바위, 망해정, 반월성, 고란사, 대왕포, 법륭사
《술》	주 : 평양 서성리	밀접	1940년대 전후	사실적; 3인칭 전지적 작가 시점	• 주제어 : 해방 직후 평양의 일본인 양조장을 둘러싼 갈등 • 주요구도 : 양조장의 소유권을 놓고 펼쳐지는 인간군상의 이야기 • 주요장소 : 나카무라 양조장
《압록강은 흐른다》	주 : 황남 해주 부 : 서울	밀접	1910년대	사실적; 자전적; 1인칭 주인공 시점	• 주제어 : 평화가 깃들었던 해주의 옛 풍경 • 주요장소 : 신광사, 유리관(신식학교), 경성의학전문학교
《현해탄》	동선 : 서울~밀양(삼랑진)~부산~관부연락선~시모노세키~도쿄	밀접	1943년	사실적	• 주제어 : 1942년 경성, 일그러진 시대의 도시 풍경 • 주요구도 : 군국주의 시대 현해탄을 넘나드는 한일 인간군상 이야기 • 주요장소 : 경성일보사-1924년에 준공된 붉은 벽돌조의 4층 건물로 서경태의 근무지
《자유부인》	주 : 서울	밀접	1950년대	사실적; 3인칭 전지적 작가 시점	• 주제어 : 1950년대 서울, '사랑의 길'을 거닐며 • 주요구도

도서명	공간적 배경		시간적 배경	서사구조 (Narrative)	내 용
	주:부:동선	연관			
					: 당시의 절실한 사회 단면을 파헤침으로써 지성의 힘을 각성시킬 의도로 구성 • 주요장소 : 아서원-박동진이 1934년에 설계한 건물로 당시 우리나라 최고급 요릿집 중 하나(현 을지로 롯데호텔 터) : 영성문고개, 파리양행, LCI(해군장교구락부), 수정궁
《밀다원 시대》	주 : 부산 광복동 동선 : 서울~부산	밀접	1950년대	사실적; 3인칭 전지적 작가 시점	• 주제어 : 천 일간의 임시수도, 부산에서 일어났던 일들 • 주요장소 : 밀다원-1층은 문총지국 사무실, 2층은 다방 : 스타다방, 금강다방
《213호 주택》	주 : 서울 영등포구 상도동	밀접	1950년대	사실적; 3인칭 전지적 작가 시점	• 주제어 : 일본인들, 주택에도 내선일체 • 주요구도 : 현대 문명에 예속되어 규격화된 삶의 틀에 적응하지 못하고 소외된 인물의 존재의식을 심층적으로 접근 • 주요장소 : 조선주택영단, 을호주택
《오발탄》	주 : 서울 용산	밀접	1950년대	사실적; 작가 관찰자 시점	• 주제어 :해방촌에 해방은 없었다 • 주요구도 : 전후 한국 사회의 암담한 현실을 고발하고, 전쟁으로 인해 파멸해가는 인간상과 내면의 허무를 표출. • 주요장소 : 서울역, 남대문, 화신백화점, 한국은행, S병원, X경찰서
《크리스마스 전야의 풍경》	주 : 서울 동선 : 서울 명동~돈암동	밀접	1950년대	사실적; 3인칭 전지적 작가 시점	• 주제어 :흥청거리는 도심과 그 뒤편 • 주요구도 : 크리스마스 전야의 무절제하고 화려한 사회 풍조 비판 • 주요장소 : 부촌(富村) 풍경-미도파백화점, 시공관, 돈암동 주택가 : 빈촌(貧村) 풍경-돈암동의 방공호
《광장》	동선 : 서울~평양~원산~서울~거제도 포로수용소~마카오	밀접	1960년대	사실적; 3인칭 전지적 작가 시점	• 주제어 :남북 어디에도 없는 광장 • 주요구도 : 광장-사회적 삶의 공간 : 밀실-자신만의 내밀한 삶의 공간 • 주요장소 :적산주택, 서울 S경찰서, 거제도 포로수용소
《신의 회작》	동선 : 평양~만주~도쿄~서울~대전~여수~서울~평양~부산	보통	193,40년대	사실적; 자전적	• 주제어 : 어려운 시대를 산 한 작가의 자화상 • 주요장소 : 일본 대학, 서울역 대합실, 자치건설대, 일인수용소
《목마른 나무들》	주 : 서울	보통	1960년	사실적; 자전적	• 주제어 :순수의 시대, 4 · 19 현장을 다시 찾다 • 주요장소 : 신문사~세종로에서 무교동으로 들어가는 사잇길 입구

도서명	공간적 배경		시간적 배경	서사구조 (Narrative)	내 용
	주·부·동선	연관			
					에 신축된 3층 건물 : 회현동 적산가옥, 영천아파트, 안암동 서민주택, 명동성당, 반도호텔, 사보이호텔
《무진기행》	주 : 무진 동선 : 무진~서울~무진	밀접	1960년대	사실적; 자전적; 1인칭 주인공 시점	• 주제어 : 지도에도 없는 도시, 안개만이 자욱한 그 도시 • 주요구도 : 세속적이고 현실적인 서울을 떠나 몽환의 세계인 무진에서의 2박 3일의 여정을 마치고 다시금 현실로 회귀하는 여로(旅路) 구조 • 주요장소 : 무진(霧津)-가상의 도시이나 서구적 이상 도시가 아닌 친숙한 현실의 도시로 서울에 대한 상대적 개념의 도시로 묘사
《서울은 만원이다》	주 : 서울 서린동 일대	밀접	1965년	사실적; 3인칭 전지적 작가 시점	• 주제어 : 1960년대 창녀촌 풍경, 잘사는 것은 하늘의 별따기 • 주요장소 : 서울의 유곽촌-을지로 '보림', 화신 '왕궁', 낙원동시장 안의 술집, 다옥동, 서린동, 종삼집, 도원동
《나목》	주 : 서울 동선 : 서울 명동~회현동~을지로~화신백화점~계동~연지동	밀접	1950년대	사실적; 1인칭 주인공 시점	• 주제어 : 1950년대 초 '양(洋)의 세계', 신세계백화점에서 • 주요구도 : 전쟁으로 황폐해진 정신적 상처를 치유하는 과정 묘사 • 주요장소 : 신세계백화점- 원래 일본 굴지의 재벌인 미쓰이(三井) 소유였던 미쓰코시(三越) 백화점
《캘리포니아 90006》	주 : 로스엔젤레스 동선 : 서울~미국(로스엔젤레스)	밀접	1970년대 초	사실적	• 주제어 :1970년대의 로스앤젤레스, 코리아 타운 • 주요장소 : 미공보관도서실, 국립중앙도서관, 우미관, 경남극장, 명동극장, 서강대학, 캘리포니아 대학, 웨스턴가, 로스앤젤레스 공항, 썬셋 거리, 베니스비치, 킹슬리가
《중국인 거리》	주 : 인천	밀접	1950년대 초	사실적; 1인칭 주인공 시점	• 주제어 : 소녀 눈에 비친 1950년대 초 인천의 선창가 • 주요장소 : 청관(淸館) 거리-중국인 거리(현 인천 중구 북성동) : 만국공원-1888년 러시아인 건축기사 사바친이 측량하고 조성한 공원 : 답동성당-1937년 시잘레 신부(佛)에 의해 세워진 성당

건축물 이름이 그러했다. 저자가 나름대로 작명해놓은 까닭이다.

일제의 침략기관이었던 통감부, 조선총독부, 일본군 부대, 경찰서 등을 다룬 소설은 거의 없다. 아마 썼더라도 일제의 검열을 통과할 수 없었기 때문이리라. 그러다 보니 그런 건물에 주목한 소설은 아예 나올 수 없었던 것이다. 그래서 소설은 농촌계몽운동, 한 많은 떠돌이의 삶, 연애 등으로 소재가 제한되어 있었다. 이것이 우리 근대 문학의 한계였는지도 모르겠다.

또 하나, 분석 중 문학사적으로 놀라웠던 것은 저자의 고향 주소, 생년월일 등이 나타나지 않거나 틀린 경우가 많았다는 것. 또한 이상(李箱)의 작품에는 그동안 알려져왔던 것에서 오역이 발견되기도 했다.

그간 문학평론가는 문학적 관점에서 소설을 봐왔기에 나에게는 그런 글들이 거의 도움이 되지 않았다. 평론가들에 의해 명작으로 판정받은 것도 나에게는 별 상관 없는 일이었다.

나는 최근 몇 년간 건축학과 대학원생들을 통해 우리나라 근대 문학가에 대한 관심도를 조사해보았다. 그 결과 대학원생들에게 최고 인기 작가는 박태원이었다. 그의 《천변풍경》과 《소설가 구보 씨의 일일》은 높은 관심 대상이었다.

그 다음이 이상이었다. 특히 《날개》는 압도적이었다. 아마 이상이 건축가였기에 우선 흥미를 끈 탓도 있지만 이상이라는 인물이 가진 매력이 우선하는 것 같았다. 그의 작품 속에 장소나 건축물이 많이 나오기 때문인 듯도 하다.

그 다음이 채만식의 《탁류》와 《레디메이드 인생》이다. 이태준, 현진건의 《운수 좋은 날》과 《적도》, 염상섭의 《만세전》, 《삼대》, 《표본실의 청개구리》, 나도향 등이었다. 의외였던 것은 건축과 학생들은 이광수, 이효석 등에게 별 관심이 없었다는 점이다.

마지막으로 필자는 하나의 바람을 갖고 있다. 현역 소설가들이 작품을 쓸 때 장소와 건물을 좀더 구체적으로 밝혀주었으면 하는 것이다. 먼 훗날의 독자들 중에도 나 같은 작업을 하는 사람이 분명 있을 텐데, 그때는 그만큼 사료 가치가 큰 작업도 없을 것이다. 문학 속 무대는 우리가 사는 장소에 기억 하나를 더 추가해줄 뿐 아니라, 후대가 살아보지 못했던 역사를 재현하는 데 중요한 토대가 되기도 하기 때문이다.

ㅊ

ㅋ

ㅌ

문학 속 우리 도시 기행 2

2005년 1월 21일 초판 1쇄 인쇄
2005년 1월 25일 초판 1쇄 발행
글쓴이 ─────── 김정동
펴낸이 ─────── 박혜숙
책임편집 ─────── 이소영
영업 및 제작 ─────── 양선미
인쇄 ─────── 백왕인쇄
제본 ─────── 정민제본
용지 ─────── 화인페이퍼
펴낸곳   도서출판 푸른역사
         ⊖ 140-170 서울시 용산구 동자동 5-1 성사빌딩 207
         전화: 02)756 · 8956(편집부) 02)756 · 8955(영업부)
         팩스: 02)771 · 9867
         E-Mail: bhistory@hanmail.net
         등록: 1997년 2월 14일 제13-483호